熊本学園大学経済学部・九州財務局 編

熊本経済と 財政・金融を 学ぶ

大学と九州財務局による 提案型授業の成果

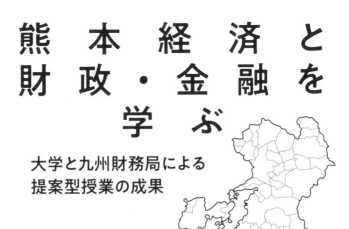

勁草書房

はしがき

　本書は平成 26（2014）年度から今日まで熊本学園大学経済学部で行われてき
た熊本学園大学経済学部と九州財務局による共同授業の成果です。巷間の大学
と外部講師による連続講義は特に目新しくはありませんが，熊本学園大学と九
州財務局による特別講義は，講義内容に触発された学生たちが自らテーマを選
び，それに基づいて，政府への政策提言を含むプレゼンテーションをすること
で完結することに大きな特徴があります。講義内容は日本や熊本の財政や金融
から今日的なテーマまでを含む財務局の職員と本学教授陣による真のコラボレー
ションの結実であります。学生はこれらの素材をもとに問題を見つけ解決を
図る教育現場で注目されている「アクティブ・ラーニング」（能動的学習）あ
るいは，PBL（Problem Based Learning）を体験・実践し，叡智を備えて世の
中で活躍することになります。具体的な講義の進め方はこの共同講義の初年度
に受講した当時熊本学園大学経済学部生であった坂本竜之介君（九州財務局採
用）の本書の中のコラムに記載されています。坂本君のように本講座を受講し
て公務員になった卒業生を多く輩出しています。

　以上のような特別講義録の出版は，官と学の新しいタイプの共創として大い
に注目を浴びるに違いありません。また，われわれの取組みは，これまで『熊
本日日新聞』2015 年 8 月 7 日朝刊「九州財務局と熊本学園大学コラボ」など
メディアに取り上げられています。また，財務局による地域連携のユニークな
取り組みとして財務省のサイトでも紹介されました。こうした官学による共同
授業の今後のさらなる進展を期待します。

　本書が完成したのは多くの方々のご尽力の賜物です。本書の共同編者である
坂上智哉経済学部長と平岡聡九州財務局長，歴代の九州財務局長，これまで経
済学特講で講義を担当くださったり，ご執筆くださった九州財務局の職員の
方々，講義内容の調整等で本学との窓口となってくださった石川慎一財務広報
相談室長，新屋敷栄子同室長補佐に感謝申し上げます。また，講義及び執筆く

ださった経済学部の先生方にも御礼申し上げます。

　そもそもこの経済学特講が本学と九州財務局の間でのコラボレーションとして発足する契機となったのは当時の経済学部長，現在の細江守紀学長の発案によるものでした。その意味で不思議な縁を感じています。私は発足時から2022年度までこの科目のコーディネーターとしてお世話をさせていただきました。

　出版事情厳しい折，本書の出版を快くお引き受けくださった勁草書房の宮本詳三氏には一方ならぬお世話になりました。深く感謝申し上げます。最後になりますが，熊本学園大学の令和4年度教育研究支援事業の補助を受けたことを記して謝意を表します。

　令和4年11月15日

コーディネーター　笹山　茂

（熊本学園大学教授）

熊本学園大学経済学部長あいさつ

　現在，熊本学園大学経済学部では九州財務局の協力のもと，「経済学特講」という講座を開講しています。授業では九州財務局の職員の方々に，熊本や日本の経済の現状を財政と金融の側面から分析し，課題についての論点を整理していただいています。一方学生は，大学の授業で経済政策についてもっぱら理論を中心に学習していますが，この講座で理論と実際の間での相互フィードバックが可能となり，深い学びが実現できることになりました。

　ところで，熊本学園大学ではすべての新入生を対象に毎年，将来の進路の希望を調査していますが，このところ経済学部では「公務員」と答える学生が全体の半数に達しています。将来が見通せない状況での公務員希望という側面もあるでしょうが，地方分権が進み，地方自治体が主体となって積極的な地域づくりが可能になってきたことで，公務員の魅力が高まっていることも背景として考えられます。

　このような学生が「経済学特講」を受講することで，入学時点では漠然としていた公務員のイメージが一気に具体化します。実際，この講座を履修した学生から多くの公務員が輩出されています。中には九州財務局への就職を実現した人や，九州財務局から東京・霞が関の財務省に異動し，国家予算の編成業務に携わっている人もいます。

　本書は，この「経済学特講」の講義内容を整理したものです。出版に際し，九州財務局の職員の方々にはご多忙の中，執筆にご協力いただき厚く御礼申し上げます。この書物が多くの人の目にとまり，本学経済学部と九州財務局の取り組みを知っていただく機会となれば幸いです。

　令和4年11月

熊本学園大学経済学部長　坂上智哉

九州財務局長あいさつ

　このたび，熊本学園大学が創立80周年を迎えられ，記念事業の一環として経済学部特別講義録が出版されるにあたり，共同編者として心よりお慶び申し上げますとともに，この記念事業を企画された関係者の皆様に，深く敬意を表します。

　当局が貴学において実施した特別講義について振り返ってみますと，平成17年度，九州財務局長による国の財政についての特別講義を実施したのを皮切りに，以降，当局理財部長による金融入門についての講義を毎年1回のペースで実施してまいりました。

　平成26年度からは現在の特別講義スタイルとなり，金融・経済情勢や国有財産行政をテーマとした講義に当局幹部職員が熱弁を振るってきました。私自身も，平成28年当時，当局理財部長の立場で講師を務めさせていただきました。最終講義では，学生の皆さんがこれまで学んだ内容をテーマに発表を行うプレゼンテーションが行われ，当局若手職員が講師として質問やアドバイスを行い，学生の人材育成につながる取組みとして地元紙にも取り上げられました。

　平成30年度以降は，長崎税関や熊本国税局からも関税や国税に関する講義を実施していただいており，財務・金融・国有財産行政以外の分野にもテーマを広げております。

　貴学におかれましては，熊本地域を支える教育機関として，今後とも広い視野と豊かな人間性を兼ね備えた人材の育成にご尽力いただくとともに，財務・金融行政にも一層のお力添えを賜りますようお願い申し上げます。

　最後に，貴学の益々のご発展並びに皆様方のご健勝とご活躍を心より祈念いたしまして，ご挨拶とさせていただきます。

令和4年11月

九州財務局長　平岡　聡

目　　次

はしがき
熊本学園大学経済学部長あいさつ
九州財務局長あいさつ

執筆者紹介 （執筆順）

吉永　英史（よしなが　ひでふみ）　　　　　　　　　　1.
前九州財務局総務部財務広報相談室長（現管財部第一統括国有財産管理官）

内之倉　進（うちのくら　すすむ）　　　　　　　　　　2.
前九州財務局総務部長（現財務省主計局主計監査官）

金子　林太郎（かねこ　りんたろう）　　　　　　　　　3.
熊本学園大学経済学部教授

長野　信二（ながの　しんじ）　　　　　　　　　　　　4.
九州財務局総務部経済調査課長

坂本　陽子（さかもと　ようこ）　　　　　　　　　　　5.
九州財務局専門調査員（多重債務相談員）

籠　康太郎（かご　こうたろう）　　　　　　　　　　　6.
前九州財務局理財部長（現内閣官房新しい資本主義実現本部事務局参事官）

内田　浩二（うちだ　こうじ）　　　　　　　　　　　　7.
九州財務局管財部長

吉田　洋一（よしだ　よういち）　　　　　　　　　　　8.
熊本学園大学経済学部准教授

笹山　茂（ささやま　しげる）　　　　　　　　　9., 10.
熊本学園大学経済学部教授

小葉　武史（こば　たけし）　　　　　　　　　11., 12.
熊本学園大学経済学部教授

細江　守紀（ほそえ　もりき）　　　　　　　　　　　12.
熊本学園大学学長

熊本経済と財政・金融を学ぶ

大学と九州財務局による提案型授業の成果

1. 九州財務局とは

1.1 財務省・金融庁との関係

　財務局は，財務省[1]の総合出先機関として，財政・経済調査・国有財産のほか，金融庁[2]からの事務委任を受け，民間金融機関等の監督・検査など幅広い業務（税関，国税局の業務を除く）を行っています（**図1-1**参照）。さらに，財

図1-1　財務省・金融庁と財務局の関係

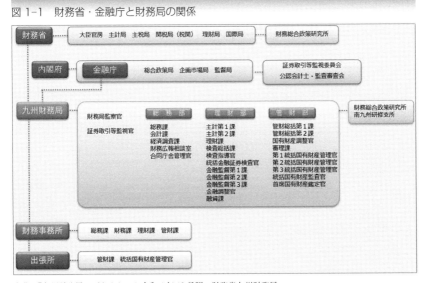

出典：「九州財務局のごあんない」令和4年10月版，財務省九州財務局。

1　財務省は，健全な財政の確保，適正かつ公平な課税の実現，税関業務の適正な運営，国庫の適正な管理，通貨に対する信頼の維持及び外国為替の安定の確保を図ることを任務とする。（財務省設置法第3条）

2　金融庁は，わが国の金融機能の安定を確保し，預金者，保険契約者，有価証券の投資者その他これらに準ずる者の保護を図るとともに，金融の円滑を図ることを任務として内閣府の外局として設置された。（金融庁設置法第3条）

務省や金融庁の各種施策を地域の皆さまにお伝えするとともに，地域の意見・要望や地域経済の実態を財務省及び金融庁に的確かつ迅速に伝達し，効果的な施策の形成に寄与しているほか，地域の特性を踏まえた施策の実施を通じて地域貢献に努めています。

1.2　財務局のネットワーク及び九州財務局の組織

　全国には，10 の財務（支）局と 40 の財務事務所，13 の出張所があります。

　また，内閣府の地方支分部局である沖縄総合事務局財務部においても，財務局と同様，財務省や金融庁の業務を行っています。

　九州財務局は，熊本，大分，宮崎，鹿児島の南九州 4 県を管轄し，本局は熊本県熊本市に置かれ，約 200 名の職員が働いています。

　また，熊本を除く各県の県庁所在地に財務事務所を配置しており，それぞれ約 30 名の職員が，そのほか，鹿児島県奄美大島の奄美市に名瀬出張所を配置しており，5 名ほどの職員が働いています（**図 1-2** 参照）。

　本局は，3 つの部で構成されており，総務部は経済調査や広報に関する業務，

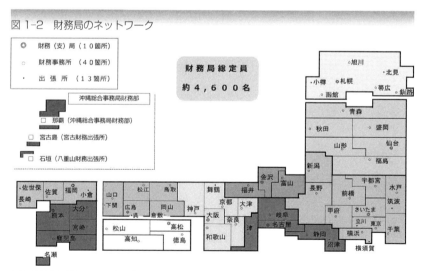

図 1-2　財務局のネットワーク

出典：「全国財務局における地域連携（平成 30 年度）」令和元年 6 月，財務省大臣官房地方課。

理財部は財政や金融に関する業務，管財部は国有財産に関する業務を行っています。

　財務事務所は，管轄する県内における各部の業務を行っており，出張所は，主に管財部の業務を行っています（図1-2参照）。

　財務局の業務は，先述のとおり，財務省の総合出先機関であるほか金融庁長官より委任を受けているため多岐にわたりますが，その中の主な業務について紹介します。

1.3 財務局の業務（財政に関する業務）

■予算執行調査と災害復旧事業の査定立会

　まずは，財政に関する業務についてです。

　財務局では，国民生活とかかわりの深い，国の予算編成及び執行に必要な調査等を行っています。国の予算に関する業務として，「予算執行調査」と「災害復旧事業の査定立会」（以下，「災害査定」という）があります。

図1-3　予算のPDCAサイクル

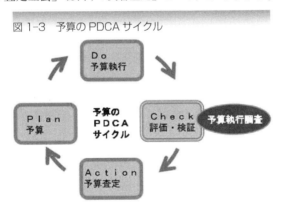

出典：「九州財務局のごあんない」令和4年10月版，財務省九州財務局。

　図1-3は「予算執行調査」に関するものです。予算執行調査は，予算のPDCAサイクルにおけるC（チェック）・A（アクション）機能を強化し，予算へ的確に反映させる取組みの1つです。具体的には，予算が効果的・効率的に執行されているか，事業のコストが効果に見合っているか，他の事業との重

複はないか，といった点を調査するとともに，改善すべき点を指摘し予算の見直しにつなげています。【理財部主計第二課】

　図1-4の写真は災害査定に関するもので，台風等の自然災害により被災した道路と，復旧後の状況です。災害査定は，地震や豪雨などの自然災害で被災した河川・道路・学校等の公共施設を早急に復旧し，住民生活の安定を図るため，関係省庁とともに被災した現場に出向き災害復旧の費用を決定しています。【理財部主計第一課】

図1-4　災害現場

【被災時】　　　　　　　　　　　　　　　　　　　　【復旧後】

出典：「九州財務局のごあんない」令和4年10月版，財務省九州財務局。

　災害査定は，理財部主計第一課が担当していますが，熊本地震やここ数年の水害の影響で当該件数が増加しています。こうしたことから，災害査定が期限内に処理できない場合は，災害査定の経験がある職員が課を超え応援する態勢としています。

　また，平成28年の熊本地震や令和2年7月豪雨などの大規模な災害が発生した際は，災害査定に従事する全国の財務局職員が，九州財務局管内で当該業務を応援しました。

　災害査定立会業務は，数日〜1週間程度泊まり込みで災害現場に行くためなかなかの重労働ですが，現場において災害の状況や国が負担する復旧事業費の金額を関係省庁の担当官と合意のうえ決定し，少しでも早く災害復旧が行われ，住民の生活環境の安定が図られるように努めています。こうした業務は，財務局の重要な業務の1つです。

■地方公共団体への資金貸付

　財務局では，県や市町村などの地方公共団体が，学校，病院の建設や上・下水道，廃棄物処理施設等の生活関連施設の整備などに資金を必要としている場合，国が「財政投融資特別会計国債」（略称：財投債）の発行により金融市場から調達した資金を，「財政融資資金」として地方公共団体に貸し付ける業務を行っています。【理財部融資課（財務事務所財務課）】

　財政融資資金とは，財政政策の一環として，国が行う資源配分機能を有する長期の投融資活動で，毎年策定される「財政投融資計画」に基づいて行うものです。例えば，熊本地震で被災し，2019年6月に竣工した天草市庁舎や鹿児島市〜トカラ列島〜奄美大島を結ぶ「フェリーとしま2」なども，財政融資資金を活用して建設されています（**図1-5**参照）。

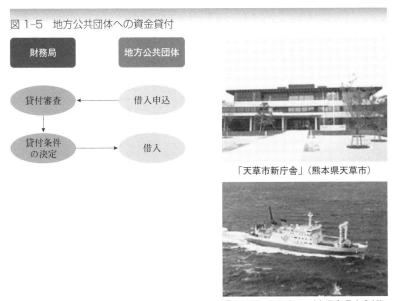

図1-5　地方公共団体への資金貸付

財務局　　地方公共団体

貸付審査　←　借入申込

貸付条件の決定　→　借入

「天草市新庁舎」（熊本県天草市）

「フェリーとしま2」（鹿児島県十島村）

　どれも地域の公共サービスの充実のために重要な事業です。地方公共団体を資金面でサポートし，国として，地域のより良いまちづくりに携わることができるのも財務局ならではの業務です。

1.4 財務局の業務（経済調査に関する業務）

　財務局では，地域の経済動向について，統計調査や各種指標等の収集・分析を行うとともに，企業等へのヒアリングなどによる実態把握に努めています。

【総務部経済調査課（財務事務所財務課）】

　具体的には，管内経済の動向をまとめた「管内経済情勢報告」や景気の現状と先行きについて四半期ごとの状況を調査する「法人企業景気予測調査」の作成などを通じて，経済財政政策の企画・立案に役立てています。また，企業の経営分析や国民経済計算の推計にあたっての基礎資料となる「法人企業統計調査」を，多くの企業のご協力をいただきながら実施しています（**図1-6**参照）。

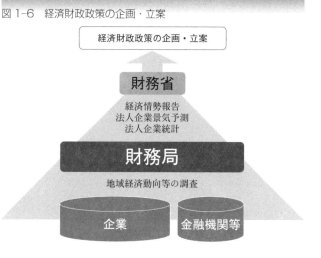

図1-6　経済財政政策の企画・立案

　これらの調査結果は，記者発表や当局ホームページへの掲載を通じて情報還元し，地域の皆さまにも広くご利用いただいています。

1.5 財務局の業務（金融・証券等に関する業務）

　財務局では，金融庁，証券取引等監視委員会及び公認会計士・監査審査会から事務委任を受け，銀行などの検査・監督，証券取引等の監視，証券取引に係

る開示書類の審査，公認会計士試験の実施などの業務を行っています。【証券取引等監視官，理財部金融監督第一課・金融監督第二課・金融監督第三課・金融調整官・理財課・検査総括課・統括金融証券検査官・検査指導官（財務事務所理財課）】

　金融は経済の血液です。その流れの預金・融資・決済等を担う預金取扱金融機関（銀行や信用金庫，信用組合など）の経営や業務が適切に行われていないと経済に支障が生じるため，財務局が検査・監督を行っています。

　具体的には，銀行・信用金庫・信用組合等の財務の健全性や業務の適切性を確保するためにモニタリングを行っているほか，金融仲介機能の向上に向けて，中小企業等への資金供給が円滑に行われるよう，事業性評価に基づく融資や事業支援活動についても実態把握を行い，深度ある対話を行っています（図1-7参照）。

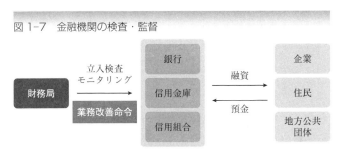

図 1-7　金融機関の検査・監督

　また，貸金業者，保険会社や証券会社等についても，業務の適正な運営や利用者・投資者保護の観点等から検査・監督を行っています。

　さらに，特殊詐欺等金融犯罪被害について，地方公共団体，消費生活センター，警察当局と情報共有・連携を密に図り，地域住民への注意喚起の広報活動のほか，被害防止に向けた金融機関の取組みを後押しするなど被害の未然防止に取り組んでいます。

　加えて，子どもから社会人，高齢者などの幅広い層に対して，出前講座や講演会等を実施することで，一人一人が経済的に自立しより良い暮らしができるよう，金融知識等の普及・向上にも努めています。

1.6 財務局の業務（国有財産に関する業務）

■国有財産について

　国が所有している財産（土地・建物等）は，国民共有の貴重な資産です。財務局では，この国有財産を適正な方法により管理・処分し，有効に活用するための業務を行っています。

　国有財産は，**図1-8**のとおり2つに分類されます。行政財産には，財務局が入居している熊本地方合同庁舎や，白川や国道3号線等が該当します。なお，行政財産は，各省庁における行政上の目的で使用するため，財産ごとに管理する国の機関が異なりますが，普通財産は基本的に財務局が一括して管理しています。【管財部管財総括第一課・管財総括第二課・国有財産調整官・審理課・第一・第二・第三統括国有財産管理官・統括国有財産監査官・首席国有財産鑑定官（財務事務所管財課，出張所管財課・統括国有財産管理官）】

図1-8　国有財産とは

○国有財産は，次の2つに分類されます。

国有財産 ─┬─ 行政財産 ── 国が行政上の目的に供している財産で，庁舎などの「公用財産」，国営公園や道路・河川などの「公共用財産」，皇居や御所などの「皇室用財産」，国有林業事業のための「森林経営用財産」の4つの種類があります。

　　　　　└─ 普通財産 ── 行政財産以外の財産で，庁舎・宿舎の跡地や物納された土地などの未利用国有地のほか，政府出資（政府保有株式等）などがあります。

■行政財産の総合調整

　国の機関が使用している庁舎や宿舎等について，集約立体化を進めるとともに，管理状況や使用状況を把握するための監査を行い，効率的に使用されるように各省庁と協議しながら最適化等の総合調整を行っています（**図1-9**参照）。調整の結果，不要となった跡地については，地域や社会のニーズに対応した有効活用を図っており，公用・公共用施設の用地とすることが適切なものは，地方公共団体などに売却等を行っています。

図 1-9 総合調整業務

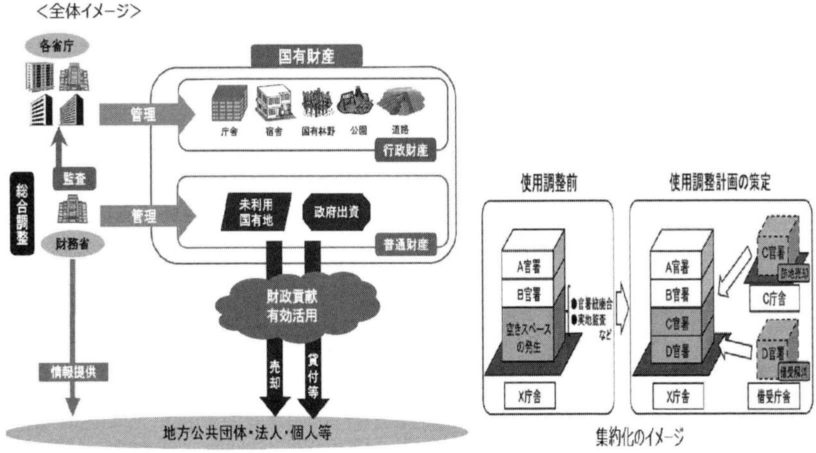

出典：「地域社会に貢献する九州財務局」九州財務局業務説明会。

■普通財産の管理処分

国の庁舎・宿舎跡地や相続税物納財産など，国が直接利用しないものについては，地方公共団体等からの利用要望を受けて，公園・学校・社会福祉施設などの公的施設のために優先的に売却や貸付けを行っています。

特に，待機児童解消や介護離職ゼロに向けて，保育所や介護施設の整備に国有地を積極的に活用するなど，国有財産の有効活用の取組みを通じて地域や社会に貢献しています。

また，公的な利用要望のない未利用の国有財産については，定期的に「一般競争入札」を実施して個人や企業の皆さまに積極的に売却することで歳入確保を図っています。

普通財産の管理処分事例としては，熊本城公園敷地の一部を熊本市に無償で貸し付けているほか，令和元年に開院した熊本市民病院敷地も，元々は国有財産だった土地を熊本市に売却しています（**図 1-10** 参照）。

九州財務局ホームページの「国有財産」の情報コーナーでは，「国有財産の物件情報」，「国有財産の概要」などの国有財産に関する各種情報を提供してい

図 1-10 普通財産の管理処分事例

熊本城公園（無償貸付）

旧国家公務員宿舎跡地に完成した
熊本市民病院

ます。

1.7 財務局の業務（地域連携に関する業務等）

九州財務局では，財政・金融施策の実施・広報等の機能を活かし「地方創生」に向けた地域連携の取組みを推進しています。【総務部総務課，財務広報相談室，（財務事務所総務課）】

具体的には，地域を代表する企業経営者や有識者とともに，地域経済の活性化に向けた課題について，専門家の講話等をもとに情報・意見交換を行う場として，「地域活性化フォーラム」を本局・各財務事務所で定期的に開催しています。直近では，「地方創生の現状と未来」，「ポストコロナを見据えたビジネスモデル（稼ぐ形）の構築」，「副業・兼業人材活用セミナー」などをテーマに開催し，闊達な情報・意見交換を実施しています。詳細については，九州財務局のホームページに掲載していますので，地域課題解決の一助になれば幸いです。

また，地方公共団体が，地方版総合戦略の取組みを行うにあたり，国が「相談窓口」を設けて積極的に支援するため，平成 27 年 2 月 27 日より地方創生コンシェルジュ制度が開始されました。九州財務局においても 5 名のコンシェルジュを選任しており，地方公共団体等からの利用可能な補助金の照会等，各種相談に対応しているところです。

なお，昨今の新型コロナウイルス感染症による地域経済への影響を踏まえ，

図 1-11　地域活性化フォーラムの模様

くまもと活性化フォーラム
（令和 3 年 11 月 29 日）

おおいた活性化フォーラム
（令和 4 年 2 月 22 日）

みやざき活性化フォーラム
（令和 2 年 2 月 18 日）

かごしま活性化フォーラム
（令和 4 年 4 月 28 日）

金融相談窓口の設置，地域金融機関と地域の関係者が連携した事業者支援ネットワークへの助言等，関係省庁と連携して国の支援施策の情報提供を行うなど，地域経済の回復に向けた取組みも行っています。

2. 日本の財政

2.1 財政と予算

　「財政」と聞いて，皆さん，何のことだと思いますか。簡単に説明しますと，財政とは，一般的には「国がその活動を行うために必要な財力を調達し，管理し，使用する作用」と定義されており，国の行う経済活動と考えていただければよいと思います。現代社会では，国は経済のさまざまな分野で多くの活動を行っています。財務局のような行政事務や，国防，外交，警察などのほか，社会資本の整備，教育，社会保障などを例に挙げることができます。これらはいずれも民間の経済活動を補ったり，あるいは，民間では提供しえないサービスを供給したりする活動になります。

　国はこれらの活動に必要な資金を，所得税や法人税，消費税などの租税，社会保険料などの料金，さらには公債などの手段によって民間から調達していますが，このような国の活動を経済的な側面から捉えたものが財政といえます。次に，「予算」とは，このような国の経済活動を金銭面から捉え，これを規律するための予定計画ともいうべきものになります。毎年度の予算は，前年8月末の概算要求に始まって，財務本省主計局での査定，各省庁との事務的な折衝や大臣折衝を経て，例年であれば年末に政府案が閣議決定されます。その後，予算書の形で国会に提出されて，衆議院，そして参議院で審議された上で，翌年度開始前の3月末までには，予算を成立させることにしています。この予算編成過程の節目節目には，新聞等で，予算規模や国債残高などについて記事になることも多いと思いますので，目にされた方もおられると思います。そういった新聞記事を読む時の基礎知識としても，これからの内容について活かしていただければと思います。

> ## 2.2　令和4年度一般会計予算

　図2-1は，令和4年度一般会計歳出・歳入の構成になります。左側が歳出，右側が歳入です。それぞれの円グラフ中心の総額を見ますと，107兆6千億円となっています。100兆円を超える予算は令和元年度以降，4年連続となっています（元年度101.5 ⇒ 2年度102.7 ⇒ 3年度106.6）。

図2-1　令和4年度一般会計予算

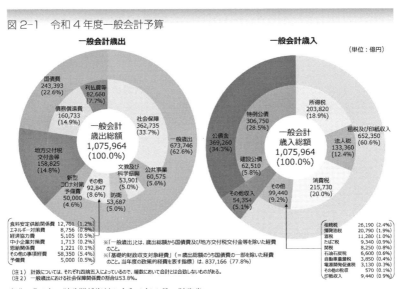

(注1)　計数については，それぞれ四捨五入によっているので，端数において合計とは合致しないものがある。
(注2)　一般歳出における社会保障関係費の割合は53.8%。

出典：「日本の財政関係資料」令和4年4月，財務省。

　左の一般会計歳出を政策ごとの主要経費別で見ますと一番大きいのが，「社会保障」です。これは医療，年金，介護，子ども・子育て等の経費となりますが，36兆3千億円で，歳出全体の約3分の1を占めています。

　次に大きいのが左の「地方交付税交付金等」の15兆9千億円です。これはどこの地域でも一定の公共サービスの水準が維持されるよう，国が調整して地方公共団体に配分する経費になります。この2つの経費で，歳出のおよそ半分（48.5%）を占めています。左上の「国債費」は国の借金返済のための予算ですが，24兆3千億円となっています。この内訳は，国債の元本返済にあたる債務償還費が16兆1千億円，国債の利子分の利払費等が8兆3千億円となっ

ています。この国債費が 22.6% ありますので，先ほどの「社会保障」と「地方交付税交付金等」を加えた 3 経費で，一般会計歳出の約 7 割（71.1%）を占めています。それ以外の公共事業，文教及び科学振興，防衛，その他欄の食料安定供給，エネルギー対策，経済協力，中小企業対策などは残りの約 3 割の予算規模（31 兆 1 千億円）になりますので，先ほどの 3 経費（「社会保障」，「地方交付税交付金等」「国債費」）によって，国の政策の自由度が少なくなっているというのが，現在の歳出の構造になります。

　次に，右側の一般会計歳入です。「租税及び印紙収入」，すなわち税収ですが，令和 4 年度は 65 兆 2 千億円を見込んでいまして，令和 3 年度（57 兆 4 千億円）と比べますと 7 兆 9 千億円の増加となっています。令和 3 年度は新型コロナの影響で税収が落ち込むと見込んでいましたが，実際はそれほど影響を受けなかったということで，補正後予算ベースでは 63 兆 9 千億円になりますので，それと比べますと 1 兆 4 千億円の増加となります。この令和 4 年度の 65 兆 2 千億円は，過去の決算額で 60 兆円を超えた平成 2 年度の 60 兆 1 千億円，一昨年の令和 2 年度の 60 兆 8 千億円と比較しても，高い水準であり，過去最高額となる見込みです。「その他収入」は，国有財産利用収入や剰余金，納付金，返納金などですが 5 兆 4 千億円で対前年度 1 千億円の減少となっています。

　この税収とその他収入で賄えない部分は「公債金」，すなわち借金に依存していまして，現世代の支出を賄うために，将来世代に負担を先送りしている状況になっています。真ん中の下の部分に※印で「基礎的財政収支対象経費」とありますが，基礎的財政収支は「プライマリーバランス」とも呼ばれていて，現世代が受けるサービスが，現世代の負担によってどれだけ賄われているかを示す指標になります。その額は歳出全体の約 4 分の 3 にあたります 83 兆 7 千億円（77.8%）ですので，本来はこの額に見合うだけの歳入，税収等があることが望ましいのですが，先ほどの税収 65 兆 2 千億円，その他収入 5 兆 4 千億円の合計で，70 兆 7 千億円ですので，基礎的財政収支は 13 兆円の赤字ということになります。「公債金」の内訳ですが，「建設公債」が 6 兆 3 千億円で令和 3 年度（6 兆 3 千億円）とほぼ同額になります。これは財政法第 4 条において発行が認められている国債で，道路や河川などの公共事業費が主なものですが，建設された構築物が将来世代まで受益が及ぶため，世代間の公平を図るといっ

た観点から，その財源を国債で調達することができるとされています。

　残りが「特例公債」で30兆7千億円となっています。これは，赤字国債ともいわれており，まさに歳入の不足を補うために特別の法律をもって特例的に発行が認められているものです。

　「公債金」全体では，36兆9千億円となっており，好調な税収の影響で前年度の令和3年度より6兆7千億円の減少となっていますが，それでも歳入全体107兆6千億円の約3分の1（34.3%）を借金で賄っている状況ですので，将来世代の負担となる借金への依存は依然として大きいものになっています。

2.3 ｜ 一般会計における歳出・歳入の状況

　図2-2は，一般会計予算における歳出と歳入の状況になります。上の折線グラフが一般会計歳出額の推移，下の折線グラフが一般会計税収額の推移を現しています。この折れ線グラフはワニが口を開けたような状態になっていることから通称「ワニの口」と呼ばれています。この上下折れ線の幅（差）を埋めて

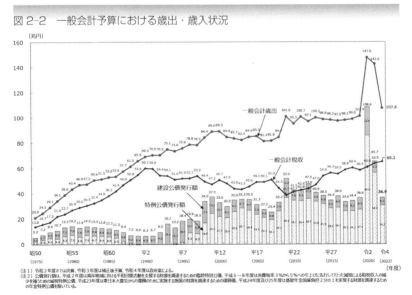

図2-2　一般会計予算における歳出・歳入状況

（注1）令和2年度までは決算，令和3年度は補正後予算，令和4年度は政府案による。
（注2）公債発行額は，平成2年度は湾岸地域における平和回復活動を支援する財源を調達するための臨時特別公債，平成6～8年度は消費税率3%から5%への引上げに先行して行った減税による租税収入の減少を補うための減税特例公債，平成23年度は東日本大震災からの復興のために実施する施策の財源を調達するための復興債，平成24年度及び25年度は基礎年金国庫負担2分の1を実現する財源を調達するための年金特例公債を除いている。

出典：「日本の財政関係資料」令和4年4月，財務省。

いるのが，「公債金」，いわゆる借金ですが，その規模・推移を示しているのが，下の棒グラフになります。網掛け部分が特例公債（赤字国債）で，そうでない部分が4条公債（建設国債）です。左端の昭和50年度は，財政危機宣言を出して，補正予算で初めて赤字国債が発行された年度になります。（建設国債は昭和40年度）当時は高度成長期も終わり，第一次石油危機などによって税収が思うように伸びない状況だったと聞いています。ここからの流れを見てみますと，高度成長期からバブル期にかけては，歳出が増加する一方で，経済の成長に伴い税収が伸びていました。特にバブル期は，税収が高い伸びを示したこともあって，平成2年度には赤字国債の発行から脱却することができました。しかしながら，バブル経済の崩壊以降は，景気低迷による税収の減少や景気対策等の減税によって，税収は減少していきました。

　一方で，景気対策や少子高齢化による社会保障関係予算の増大によって，歳出は年々伸び続けて，歳出と税収の差が拡大していき，その差を埋め合わせるため，毎年多額の公債発行を繰り返しています。

　平成15年度以降は景気回復によって，税収も若干回復して，歳出と歳入の差が縮小傾向にありましたが，平成20年秋のリーマン・ショックによる世界的な経済の悪化で，日本もその影響を受けて，平成21年度の税収は38兆7千億円にまで落ち込みました。

　歳出は，経済の落ち込みを下支えするため，累次の景気対策による財政出動が行われて，さらには平成23年3月の東日本大震災への対応などで歳出が増加していきました。その結果，歳出と歳入の差はさらに拡大して，平成21年度から24年度にかけては公債発行額が税収を上回る状況まで悪化しています。近年は，税収が順調に伸びてきていますが，依然として歳出と税収の差は大きく，その差は，借金である公債の発行によって賄っていることになりますので，将来世代の負担を増加させ続けているという状況になります。

　特に，令和2年度は，新型コロナの影響もあって，3度の補正予算を組むことになり，公債発行額は大きく増加，108兆6千億円に達しています。これは過去のトレンドと比較しても，異常な状況だということがわかるかと思います。

図 2-3　公債発行額，公債依存度の推移

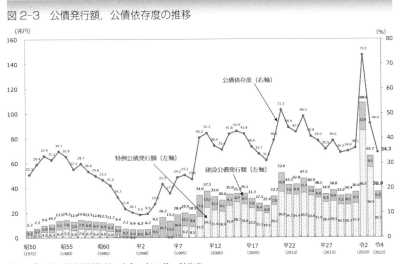

出典：「日本の財政関係資料」令和 4 年 4 月，財務省。

2.4　公債発行額，公債依存度の推移

　公債依存度は一般会計歳出額に占める公債発行額の割合を示したものですが，**図 2-3** のとおり，赤字国債の発行から脱却した平成 2 年度以降は増加傾向にあります。平成 21 年はリーマン・ショック，平成 23 年の東日本大震災，それから令和 2 年の新型コロナの際に，特に急上昇しているのが見てわかります。令和 4 年度は，過去最高の税収を見込んでいますが，それでも公債依存度は 34.3% と見込まれていて，依然として高い水準が続いています。

2.5　普通国債残高の累増

　図 2-4 は，毎年，多額の公債を発行してきた結果，借金はどのくらい積み上がったのかを表したものです。一度発行された公債は 60 年かけて償還するというルールに基づいて一部ずつ返済していますが，償還額よりも発行額の方が多い状況ですので，残高はどんどん積み上がっています。令和 4 年度末には普通国債残高は 1,026 兆円に達すると見込まれています。

図 2-4　普通国債残高の累増

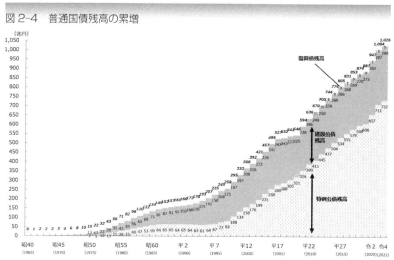

出典：「日本の財政関係資料」令和 4 年 4 月，財務省。

　平成 2 年度，1990 年度は「建設公債」及び「特例公債」併せて発行残高が 166 兆円でしたので，この 32 年間で残高が 860 兆円も増加したことになります。この 1,026 兆円，今の税収[1]の規模からすると約 16 年分，国民 1 人当たりでは約 800 万円の借金を背負っている計算になります。

表 2-1　国及び地方の長期債務残高

（単位：兆円）

	平成 2 年度末 (1990 年度末) (実績)	平成 10 年度末 (1998 年度末) (実績)	平成 15 年度末 (2003 年度末) (実績)	平成 20 年度末 (2008 年度末) (実績)	平成 23 年度末 (2011 年度末) (実績)	平成 24 年度末 (2012 年度末) (実績)	平成 25 年度末 (2013 年度末) (実績)	平成 26 年度末 (2014 年度末) (実績)	平成 27 年度末 (2015 年度末) (実績)	平成 28 年度末 (2016 年度末) (実績)	平成 29 年度末 (2017 年度末) (実績)	平成 30 年度末 (2018 年度末) (実績)	令和元年度末 (2019 年度末) (実績)	令和 2 年度末 (2020 年度末) (実績)	令和 3 年度末 (2021 年度末) ●●●	令和 4 年度末 (2022 年度末) (予見)
国	199 (197)	390 (387)	493 (484)	573 (568)	694 (685)	731 (720)	770 (747)	800 (772)	834 (792)	859 (815)	881 (832)	901 (850)	914 (870)	973 (964)	1,030 (1,010)	1,055 (1,035)
普通国債 残高	166 (165)	295 (293)	457 (448)	546 (541)	670 (660)	705 (694)	744 (721)	774 (746)	805 (764)	831 (786)	853 (805)	874 (823)	887 (843)	947 (937)	1,004 (984)	1,026 (1006)
対 GDP 比	37% (37%)	55% (55%)	87% (85%)	106% (105%)	134% (132%)	141% (139%)	145% (141%)	148% (142%)	149% (141%)	152% (144%)	154% (145%)	157% (148%)	159% (151%)	177% (175%)	184% (181%)	182% (178%)
地方	67	163	198	197	200	201	201	201	199	197	196	194	192	192	193	189
対 GDP 比	15%	30%	38%	38%	40%	40%	39%	38%	37%	36%	35%	35%	34%	36%	35%	34%
国・地方 合計	266 (264)	553 (550)	692 (683)	770 (765)	895 (885)	932 (921)	972 (949)	1,001 (972)	1,033 (991)	1,056 (1,012)	1,077 (1,028)	1,095 (1,044)	1,106 (1,062)	1,165 (1,156)	1,223 (1,203)	1,244 (1,224)
対 GDP 比	59% (59%)	103% (103%)	131% (130%)	149% (148%)	179% (177%)	187% (184%)	190% (185%)	191% (186%)	191% (183%)	194% (186%)	194% (185%)	197% (188%)	198% (191%)	218% (216%)	224% (221%)	220% (217%)

出典：「日本の財政関係資料」令和 4 年 4 月，財務省。

1　令和 4 年度税収 65 兆 2 千億円，令和 4 年 1 月 1 日現在の人口（概算値）1 億 2 千 5 百万人。

2.6 国及び地方の長期債務残高

表 2-1 右端，令和 4 年度末の欄ですが，国の普通国債残高 1,026 兆円のほか，今後，税金等で返還しなければならない借入金等を含めますと国の長期債務残高が 1,055 兆円になります。さらに，地方の長期債務残高 189 兆円を含めると，国・地方合計で，令和 4 年度末では計 1,244 兆円，対 GDP [2] 比で 220% になります。1 年間に稼ぐ GDP の 2 倍以上の規模の借金を政府部門で抱えていることになります。借金はいずれ返済しなければなりませんので，将来世代には大きな負担を残している状況になります。

2.7 普通国債残高の増加要因

図 2-5 は，特例公債の発行から脱却することができた平成 2 年度以降の普通国債残高の増加要因を分析したものです。令和 4 年度末の普通国債残高は 1,026 兆円となる見込みですが，このうち平成 2 年度末から令和 4 年度末までの 32 年間で，国債残高は約 855 兆円増加しています（**表 2-1** で説明した 860 兆円との差は，復興債残高を除いた影響）。

国債残高が 855 兆円増加した要因を分析しますと，歳出の増加による影響が約 624 兆円，税収等の減収による影響が約 107 兆円となっています。さらに内訳を見ますと，まず歳出では，90 年代は公共事業関係費の増加（約 66 兆円）が主因でしたが，2000 年代以降は，少子高齢化の進行等による社会保障関係費の大幅な増加（約 411 兆円）や，地方財政の悪化に伴う財源不足の補てんによる地方交付税交付金等の増加（93 兆円）が主因となっています。

一方で，税収は，平成 2 年度の約 60 兆円をピークにして，平成の時代においては，ずっとこの水準を達成することはできていません。平成 2 年度と比べて税収が減少している分（約 185 兆円）は，借金の増加圧力になったということです。景気の影響を受けて税収が減ったこともありますが，この時期に政策的な減税を行ったことも税収減の要因となっています。

2　令和 4 年度名目 GDP（政府見通し）564 兆 6 千億円。

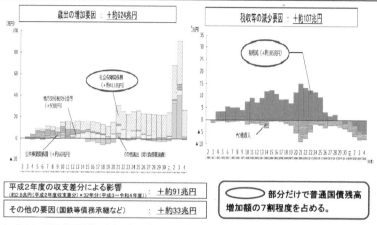

図 2-5　普通国債残高の増加要因

出典：「日本の財政関係資料」令和 4 年 4 月，財務省。

　社会保障関係費（丸枠）の増加分約 411 兆円と，税収減の影響分約 185 兆円を合わせると，約 596 兆円になります。つまり，平成 2 年度から累積した 855 兆円の約 7 割（69.7％）が社会保障関係費の増加と経済の停滞等に伴う税収の低迷によるものといえます。

2.8　平成 2 年度と令和 4 年度における国の一般会計歳入・歳出の比較

　図 2-6 のとおり，平成 2 年度当初予算では税収を 58 兆円と見込んでいましたが，実績では 60 兆 1 千億円となっています。この時は赤字国債を発行せずに建設国債 5 兆 6 千億円の発行だけで，全体の歳出を賄えています。社会保障 11 兆 6 千億，国債費 14 兆 3 千億円といった歳出規模になっています。

　令和 4 年度予算と比較すると，歳出・歳入の総額は，107 兆 6 千億円で 41 兆 4 千億円の増加となっています。内訳を見ますと，歳出では社会保障が 24 兆 7 千億円増加して，国債費も残高の積み上がりで 10 兆 1 千億円増加しています。歳入では，令和 4 年度の税収は 65 兆 2 千億円，対平成 2 年度比では 7

図 2-6　一般会計歳入・歳出の比較

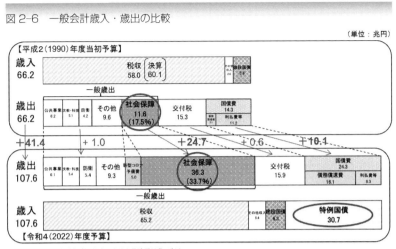

（注）括弧内は一般会計歳出に占める社会保障関係費の割合。

出典：「日本の財政関係資料」令和 4 年 4 月，財務省。

兆 2 千億円の増加と消費税率の改定（3％ ⇒ 10％）等によって増収となっています。その他収入と建設国債が，併せて 3 兆 5 千億円の増加になります。

　結局，社会保障と国債費の増加による歳入の不足分を税収等の増加では賄えないので，特例公債を発行して賄っている状況がよくわかると思います。

2.9　一般会計の税収について

　一般的に所得税や法人税は，景気の動向等に左右されやすいといわれています。例えば，バブル景気崩壊後に景気が低迷した平成 2〜7 年や，平成 9 年，10 年に起きた金融危機（北海道拓殖銀行，山一証券，日本長期信用銀行，日本債券信用銀行の破綻など），平成 13 年頃の IT 不況，平成 20 年秋のリーマン・ショックなど，その度に所得税や法人税の税収が増減して変動が激しくなっています。

　一方で消費税は，安定的といわれていますが，平成元年に 3％ の税率で導入されて以降，平成 9 年には 5％，平成 26 年には 8％，そして令和元年に 10％へと税率が引き上げられてきましたが，引上げとともに税収が安定的に増額し

ています。ちなみに，消費税は，令和2年度以降，所得税を抜いて税収が一番多い税目となっています。

2.10 OECD 諸国の社会保障支出と国民負担率の関係

図2-7は，社会保障支出と国民負担率の関係，つまり給付と負担のバランスがどうなっているのか，OECD諸国と比較したものです。横軸が税や社会保険料などの負担を示した対GDP比の国民負担率，縦軸が社会保障支出の対GDP比になります。**図2-7**は，2015年度の実績ですが，日本は左側中段の位置になります。諸外国は概ね，網掛けの範囲内にありますが，日本はその範囲から外れています。これは社会保障の給付に対して負担が少なく，諸外国と比べてバランスがとれていないことを示しています。

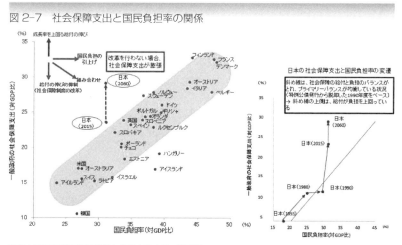

図2-7 社会保障支出と国民負担率の関係

出典：「日本の財政関係資料」令和4年4月，財務省。

右の「日本の社会保障支出と国民負担率の変遷」を見ますと，日本の社会保障支出は，1990年から2015年までの25年間で10%から23.6%に増加している一方で，国民負担率は30%から31%と，ほぼ変わっていません。少子高齢化に伴う社会保障給付費の増加に対して，それに見合う負担が確保されていないことによって，給付と負担がアンバランスになっていることがわかります。

このまま社会保障制度の改革を行わなかった場合には，社会保障支出が膨張して，よりバランスが崩れていくとする推計もありますので，制度の持続可能性を確保するための改革を実施することが急務となっています。左上の矢印は改革による方向性を示していますが，給付と負担のバランスを回復させるには，国民負担の引上げ，そして，給付の伸びを抑制する社会保障制度の改革を組み合わせて行うことが必要になります。

2.11 国民負担率の国際比較

　国民負担率は，税や社会保険料など公的な負担を国民所得で割ったものです。また，この計数に財政赤字の対国民所得比を足したものを「潜在的な国民負担率」としています。**図2-8**のとおり，主要国と比較してみますと，日本はフランスやスウェーデンなどの欧州各国より低い国民負担率となっていますが，アメリカよりは高い水準となっています。一方で，将来世代の負担分となる財政赤字を足した「潜在的な国民負担率」で見ると，実はすでにイギリスやドイツを上回っていて，高福祉国といわれるスウェーデンと同等の水準になっていま

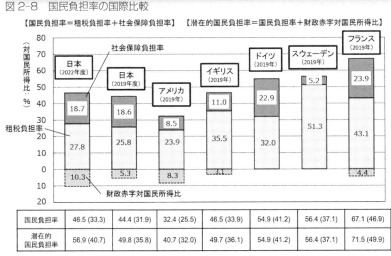

図2-8　国民負担率の国際比較

	日本 (2022年度)	日本 (2019年度)	アメリカ (2019年)	イギリス (2019年)	ドイツ (2019年)	スウェーデン (2019年)	フランス (2019年)
国民負担率	46.5 (33.3)	44.4 (31.9)	32.4 (25.5)	46.5 (33.9)	54.9 (41.2)	56.4 (37.1)	67.1 (46.9)
潜在的 国民負担率	56.9 (40.7)	49.8 (35.8)	40.7 (32.0)	49.7 (36.1)	54.9 (41.2)	56.4 (37.1)	71.5 (49.9)

出典：「日本の財政関係資料」令和4年4月，財務省。

す。

　このように日本の国民負担率は，諸外国と比べて低いのが現状で，わが国の財政や社会保障の仕組みを持続可能とするには，高齢化に伴う社会保障給付費の増加と国民負担の関係について，国民全体での議論が必要であると思います。

2.12　OECD 諸国の政府支出及び収入の関係

　「大きな政府」，「小さな政府」という言い方がありますが，**図 2-9** は政府の大きさを国際比較したもので，「政府の総支出」等の区分における対 GDP 比について，OECD 諸国と比較したものになります。

　国と地方を合わせた一般政府の概念で比較していますが，日本の政府はどちらかというと小さな政府に入ります。

　OECD 諸国の政府の総支出を比較すると，1 位がフランス，8 位がイタリアとなっています。上位 4 か国は，GDP 比で見た政府の総支出が 50% を超えていて，規模が大きくなっています。11 位がドイツ，そして 22 位のイギリスなどが 40% 台の前半です。日本は 25 位の 39.2% で，27 位のアメリカより多少大きい位置になります。一番小さいのは 32 位アイルランドで 24.5% です。

　また，政府の支出を社会保障とそれ以外に分けたものが，左から 2 番目と 3

図 2-9　OECD 諸国の政府支出及び収入の関係

出典：「日本の財政関係資料」令和 4 年 4 月，財務省。

番目の図になります。日本は世界で最高水準の高齢化率となっていますが，社会保障支出を見ますと11位23.8％で，中ほどの水準になります。一方，社会保障支出以外の支出は非常に小さくて，下から2番目，31位で15.4％になります。日本の場合は，社会保障関係費以外の経費が伸びていないという実態が，ここに表れています。さらに，租税収入は下から4番目，29位18.6％で，財政収支は29位▲3.4％になっています。将来的には社会保障支出がどんどん順位を上げていくことが見込まれていますので，租税収入も上げていかないと，日本は財政収支という点では，さらに他国に後れをとることになります。

2.13　財政収支の国際比較（対GDP比）

図2-10は，財政収支の国際比較です。財政収支とは，借金に頼らず税収等で政策経費及び過去の借金の利払費をどの程度賄えているかを示す指標です。

各国とも同じような動きをしていますが，平成20年（2008年）秋のリーマン・ショックの影響によって税収が落ち込み，景気対策の必要に迫られて財政収支は悪化しています。その後，他の主要国においても財政収支の改善が進め

図2-10　財政収支の国際比較（対GDP比）

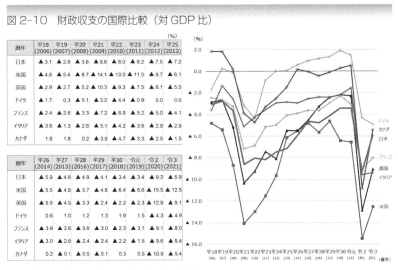

暦年	平18(2006)	平19(2007)	平20(2008)	平21(2009)	平22(2010)	平23(2011)	平24(2012)	平25(2013)
日本	▲3.1	▲2.8	▲3.6	▲8.6	▲8.0	▲8.2	▲7.5	▲7.2
米国	▲4.8	▲5.4	▲8.7	▲14.1	▲13.0	▲11.5	▲9.7	▲6.1
英国	▲2.9	▲2.7	▲5.2	▲10.3	▲9.3	▲7.5	▲8.1	▲5.5
ドイツ	▲1.7	0.3	▲0.1	▲3.2	▲4.4	▲0.9	0.0	0.0
フランス	▲2.4	▲2.6	▲3.3	▲7.2	▲6.9	▲5.2	▲5.0	▲4.1
イタリア	▲3.6	▲1.3	▲2.6	▲5.1	▲4.2	▲3.6	▲2.9	▲2.9
カナダ	1.8	1.8	0.2	▲3.9	▲4.7	▲3.3	▲2.5	▲1.5

暦年	平26(2014)	平27(2015)	平28(2016)	平29(2017)	平30(2018)	令元(2019)	令2(2020)	令3(2021)
日本	▲5.9	▲4.6	▲4.8	▲4.1	▲3.4	▲3.4	▲9.3	▲5.9
米国	▲5.5	▲4.8	▲5.7	▲4.6	▲6.4	▲6.6	▲15.5	▲12.5
英国	▲5.5	▲4.5	▲3.3	▲2.4	▲2.2	▲2.3	▲12.9	▲9.1
ドイツ	0.6	1.0	1.2	1.3	1.9	1.5	▲4.3	▲4.9
フランス	▲3.9	▲3.6	▲3.6	▲3.0	▲2.3	▲3.1	▲9.1	▲8.0
イタリア	▲3.0	▲2.6	▲2.4	▲2.4	▲2.2	▲1.5	▲9.6	▲9.4
カナダ	0.2	▲0.1	▲0.5	▲0.1	0.3	0.5	▲10.9	▲5.4

出典：「日本の財政関係資料」令和4年4月，財務省。

られ，日本の財政収支も改善傾向にありましたが，新型コロナの影響で，令和2年（2020年）はリーマン・ショックを超える赤字幅となっています。

2.14 プライマリーバランスの国際比較（対 GDP 比）

プライマリーバランスとは，日本語では「基礎的財政収支」といいます。その時点で必要とされる政策的な経費をその時点の税収等でどれだけ賄えているかを示す指標です。過去の借金や今ある借金のことは除いて，現在，国民が受けるサービスに要する政策的経費と税収等を比べて，経費の方が大きければ赤字となります。

世界最高の債務残高対 GDP 比水準を抱えている日本においてこそ，プライマリーバランス黒字化を達成する必要性は高いのですが，**図 2-11** のとおり，プライマリーバランス対 GDP 比は諸外国と比較しても低い水準にありまして，日本の財政運営は必ずしも引き締まったものとはいえません。

図 2-11　プライマリーバランスの国際比較（対 GDP 比）

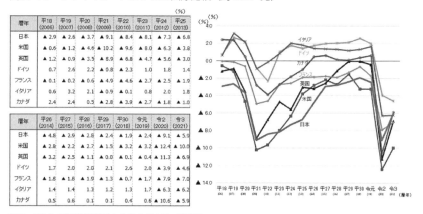

暦年	平18(2006)	平19(2007)	平20(2008)	平21(2009)	平22(2010)	平23(2011)	平24(2012)	平25(2013)
日本	▲2.9	▲2.6	▲3.7	▲9.1	▲8.4	▲8.1	▲7.3	▲6.8
米国	▲0.6	▲1.2	▲4.6	▲10.2	▲9.6	▲8.0	▲6.3	▲3.8
英国	▲1.2	▲0.9	▲3.5	▲8.9	▲6.8	▲4.7	▲5.6	▲3.0
ドイツ	0.7	2.6	2.2	▲0.8	▲2.3	1.0	1.8	1.4
フランス	▲0.1	▲0.2	▲0.6	▲4.9	▲4.6	▲2.7	▲2.5	▲1.9
イタリア	0.6	3.2	2.1	▲0.1	0.8	2.0	1.8	1.9
カナダ	2.4	2.4	0.5	▲2.8	▲3.9	▲2.7	▲1.8	▲1.0

暦年	平26(2014)	平27(2015)	平28(2016)	平29(2017)	平30(2018)	令元(2019)	令2(2020)	令3(2021)
日本	▲4.8	▲2.9	▲2.6	▲2.4	▲1.9	▲2.4	▲9.1	▲5.9
米国	▲2.8	▲2.2	▲2.7	▲1.5	▲3.2	▲3.2	▲12.4	▲10.0
英国	▲3.2	▲2.5	▲1.1	▲0.0	▲0.1	▲0.4	▲11.3	▲6.9
ドイツ	1.7	2.0	2.1	2.1	2.6	2.0	▲3.9	▲4.6
フランス	▲1.8	▲1.8	▲1.9	▲1.4	▲0.7	▲1.7	▲7.9	▲6.2
イタリア	1.4	1.4	1.3	1.3	1.7	1.4	▲6.1	▲6.2
カナダ	0.5	0.6	0.1	0.1	0.4	0.6	▲10.6	▲5.9

出典：「日本の財政関係資料」令和4年4月，財務省。

2.15 債務残高の国際比較（対 GDP 比）

債務残高対 GDP 比は，国や地方が抱えている借金の残高を GDP と比較す

図 2-12　債務残高の国際比較（対 GDP 比）

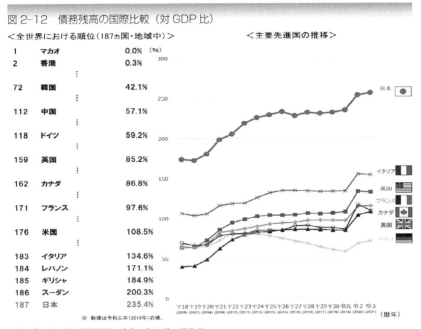

<全世界における順位（187ヵ国・地域中）>

順位	国	比率
1	マカオ	0.0%
2	香港	0.3%
72	韓国	42.1%
112	中国	57.1%
118	ドイツ	59.2%
159	英国	85.2%
162	カナダ	86.8%
171	フランス	97.6%
176	米国	108.5%
183	イタリア	134.6%
184	レバノン	171.1%
185	ギリシャ	184.9%
186	スーダン	200.3%
187	日本	235.4%

<主要先進国の推移>

※ 数値は令和元年（2019年）の値。

出典：「日本の財政関係資料」令和4年4月，財務省。

るストックの指標になります。財政の持続可能性を見る上では，税収を生み出す元となる国の経済規模に対して，総額でどのくらいの借金をしているかが重要になります。図2-12のとおり，日本の債務残高対GDP比は，G7諸国のみならず，IMFのデータベースでデータが取得できる諸外国と比べても，最も高い水準になっています。このようにストックの指標でも，先ほどの財政収支やプライマリーバランスといったフローの指標でも，日本の財政状況は，国際的に悪い水準となっているのが現状です。

2.16 | 公債依存度の問題点

　ここからは，財政健全化の必要性とその取組みについてです。これまで説明したとおりわが国では受益と負担の均衡がとれていませんので，現在の世代が自分たちのために財政支出を行えば，将来世代へ負担を先送りすることになり

ます。公債依存の問題点について，まず，受益と負担の均衡がとれていないために，制度の持続可能性が確保できていません。また，緩い財政規律のもとでは，財政支出の中身が中長期的な経済成長や将来世代の受益に資するかのチェックが甘くなりやすいです。

　次に，将来世代は，自ら政策等の決定に関与できなかったことに税負担等を求められることになり，望ましくない再分配が生じることになります。さらに，財政の硬直化によって，政策の自由度が減少し，経済危機時や大規模な自然災害時の機動的な財政上の対応余地が狭められることになります。また，国債や通貨の信認の低下などのリスクが増大することになります。こうした状況を継続すると，将来世代の抱えるリスクはますます増大していきますので，将来世代のためにも財政健全化を進めていく必要があります。

2.17 低金利下における財政運営

　近年，大規模な金融緩和などを背景に低金利が継続しており，金利が名目成長率を下回る状況にあります。これは何を意味しているかといいますと，先述のとおりストック指標の債務残高対 GDP 比は，分母が GDP で分子が債務残高になります。つまり，金利は分子の債務残高，名目成長率は分母の GDP の変動要因になります。このため，金利よりも名目成長率が高い状態が続きますと，債務残高対 GDP 比は縮小していきますので，財政健全化は先送りしても問題ないといった議論も見受けられます。

　しかしながら，次の4点に鑑みれば，低金利環境においても公債発行に依存しないで，財政健全化を進めていくことが重要になります。1つ目は，過去の状況を見ますと，金利が名目成長率を上回っている時期が多くありますので，このまま金利が名目成長率を下回り続けると想定することは，あまりにも楽観的といえます。2つ目は，債務残高対 GDP 比の安定的な引き下げには，プライマリーバランスの黒字化が必要になります。3つ目は，低金利の恩恵は，そもそも日本の財政への信認が大前提となっています。4つ目は，日本の財政赤字は，少子高齢化を背景とする社会保障関係費の増大という構造的なものが原因ですので，社会保障制度の持続可能性の確保という構造的な問題を放置すべ

きではありません。

2.18　わが国の財政健全化目標とその変遷

図 2-13 のとおり，昭和 51 年以降は，「特例公債脱却」を目指して，平成 2 年度予算において達成できましたが，平成 7 年 1 月 17 日に発生しました阪神・淡路大震災への対応などによる平成 6 年度補正予算において，特例公債の発行が復活して以降，現在まで続いています。その後，平成 9 年の「財政構造改革推進特別措置法」によって，平成 15 年度以降の特例公債脱却を目指していましたが，アジア通貨危機の発生や国内金融機関の破綻などによる景気低迷を受けて，平成 10 年に施行を停止したことによって凍結されるに至っています。

図 2-13　財政健全化目標とその変遷

昭和51年（1976年）5月14日	昭和50年代前期経済計画（閣議決定）	特例公債脱却	昭和55年度までのできるだけ早期に特例公債に依存しない財政に復帰する。
昭和54年（1979年）9月3日	第88回臨時国会における大平内閣総理大臣所信表明演説		昭和59年度までに特例公債依存から脱却することを基本的な目標として、財政の公債依存体質を改善する。
昭和58年（1983年）8月12日	1980年代経済社会の展望と指針（閣議決定）		昭和65年度（平成2年度）までに特例公債依存体質からの脱却と公債依存度の引下げに努め、財政の対応力の改善を図る。
平成9年（1997年）12月5日	財政構造改革の推進に関する特別措置法（平成10年6月5日改正、同年12月18日停止）		平成15年度（改正後：17年度）までに国及び地方公共団体の財政赤字の対国内総生産比100分の3以下とする。一般会計の歳出は平成15年度（改正後：17年度）までに特例公債に係る収入以外の歳入をもってその財源とするものとする。
平成14年（2002年）6月25日	経済財政運営と構造改革に関する基本方針2002（閣議決定）	国・地方PBの黒字化	2010年代初頭に国と地方を合わせたプライマリーバランスを黒字化させることを目指す。
平成18年（2006年）7月7日	経済財政運営と構造改革に関する基本方針2006（閣議決定）		① 2011年度（平成23年度）には国・地方の基礎的財政収支を確実に黒字化する。 ② 基礎的財政収支の黒字化を達成した後も、債務残高GDP比の発散を止め安定的に引き下げることを確保する。
平成21年（2009年）6月23日	経済財政改革の基本方針2009（閣議決定）		今後10年以内に国・地方のプライマリー・バランス黒字化の確実な達成を目指す。まずは、5年を待たずに国・地方のプライマリー・バランス赤字（景気対策によるものを除く）の対GDP比を少なくとも半減させることを目指す。
平成22年（2010年）6月22日	財政運営戦略（閣議決定）		① 国・地方及び国単独の基礎的財政収支について、遅くとも2015年度までにその赤字の対GDP比を2010年度の水準から半減し、遅くとも2020年度までに黒字化することを目標とする。 ② 2021年度以降において、国・地方の公債等残高の対GDP比を安定的に低下させる。
平成25年（2013年）6月14日	経済財政運営と改革の基本方針（閣議決定）		国・地方のプライマリーバランスについて、2015年度までに2010年度に比べ赤字の対GDP比を半減、2020年度までに黒字化、その後の債務残高対GDP比の安定的な引下げを目指す。
平成27年（2015年）6月30日	経済財政運営と改革の基本方針2015（閣議決定）		国・地方を合わせた基礎的財政収支について、2020年度までに黒字化、その後の債務残高対GDP比の安定的な引下げを目指す。
平成30年（2018年）6月15日	経済財政運営と改革の基本方針2018（閣議決定）		経済財政と財政健全化に着実に取り組み、2025年度の国・地方を合わせたPB黒字化を目指す。 同時に債務残高対GDP比の安定的な引下げを目指すことを堅持する。

骨太2021における財政健全化目標

2025年度	国・地方を合わせたプライマリーバランス（PB）を黒字化	同時に	債務残高対GDP比の安定的な引下げ

出典：「日本の財政関係資料」令和 4 年 4 月，財務省。

それ以降，フローの財政健全化目標は，「特例公債脱却」から「国・地方を合わせたプライマリーバランスの黒字化」に転換されて，目標の達成が目指されてきました。現在の目標は，2025年度までに，国・地方を合わせたプライマリーバランスの黒字化と同時に，債務残高対GDP比の安定的な引下げとなっています。

2.19 財政健全化目標に用いるストック・フロー指標の関係

図2-14は，財政健全化目標に用いるストック・フロー指標の関係を示しています。まず，ストックの指標である債務残高対GDP比ですが，国や地方が抱えている借金の残高をGDPと比較して考える指標です。経済規模に対する国・地方の債務の大きさを図る指標として，財政の健全性を図る上で重要視されています。

次に，フローの指標について，1つ目は財政収支ですが，税収等で政策的経費と過去の借金の利払費をどの程度賄えているかを示す指標です。財政収支が均衡した状態とは，**図2-14C**のように，新たに借金をする額と過去の借金を返す額が同額の状態であり，つまり債務残高が不変となります。債務残高を減少させるためには，この財政収支が黒字になる必要があります。2つ目は基礎的財政収支（プライマリーバランス）です。税収等で政策的経費をどの程度賄えているかを示す指標になります。**図2-14B**のように，プライマリーバランスが

図2-14 ストック・フロー指標の関係

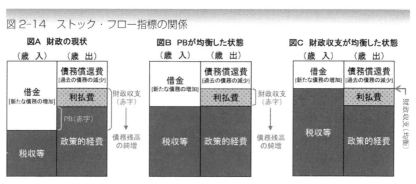

出典：「日本の財政関係資料」令和4年4月，財務省。

均衡すれば，利払費分の赤字によって分子である債務残高が増加しますが，金利と経済成長率が等しければ，分母である GDP も同率の増加となりますので，ストック指標の債務残高対 GDP 比を一定に保つことができます。日本は，プライマリーバランスの黒字化を目標としていますが，財政の現状は**図 2-14A** のように，財政収支，プライマリーバランスのいずれも赤字となっている状況です。

2.20 　債務残高対 GDP 比の安定的引下げとフロー収支の改善の関係

　債務残高対 GDP 比の変動要因は，**図 2-15** の下段の式で示していますように，名目成長率と金利の大小の関係，プライマリーバランスの動向の 2 つになります。金利と名目成長率が同じで，プライマリーバランスの赤字がゼロであれば，債務残高対 GDP 比は一定となります。名目成長率と金利の関係について，過去の状況を見ますと，名目金利が名目成長率を上回っていることが多くなっていますので，債務残高対 GDP 比の安定的な引下げには，少なくとも名目成長率と名目金利が同程度であるという前提に立って，フロー収支の改善，プライマリーバランスの黒字化を目指すことが必要となります。

図 2-15　債務残高対 GDP 比の安定的引下げとフロー収支の改善関係

名目金利（r）＝名目経済成長率（g）で，PB 赤字＝0 であれば，債務残高対 GDP 比は一定
⇒債務残高対 GDP 比の安定的な引下げのためには，プライマリーバランスの黒字化が必要

$$
\begin{matrix} \text{（今期の）} \\ \text{債務残高} \\ \text{対 GDP 比} \end{matrix} = \cfrac{\text{（前期の）債務残高} \times (1+\text{名目金利（r）}) + \begin{matrix}\text{（今期の）}\\ \text{PB 赤字}\end{matrix}}{\text{（前期の）GDP} \times (1+\text{名目成長率（g）})}
$$

基礎的財政収支（PB）が均衡している状態において，
○名目金利（r）＞名目成長率（g）の場合　債務残高対 GDP 比は増加
○名目金利（r）＝名目成長率（g）の場合　債務残高対 GDP 比は一定
○名目金利（r）＜名目成長率（g）の場合　債務残高対 GDP 比は減少

〈参考〉
$$
\begin{matrix}\text{債務残高}\\ \text{対 GDP 比}\\ \text{の増加幅}\end{matrix} \approx \cfrac{\text{債務残高}}{\text{GDP}} \times \left[\text{名目金利（r）} - \text{名目成長率（g）} \right] + \begin{matrix}\text{PB 赤字}\\ \text{対 GDP 比}\end{matrix}
$$

出典：「日本の財政関係資料」令和 4 年 4 月，財務省。

> 2.21 | 利払費と金利の推移

　毎年の国債発行によって，国債残高が累増し続けていますが，現在は市場金利が低いので，国債を低金利で発行できています。このため，利払費も近年は一定の水準で推移していますが，こうした低金利がいつまでも続くとは限りません（図2-16参照）。金利が上昇する局面になれば，利払費が増大して，財政を圧迫することになりますので，財政健全化に向けた取組みは重要となります。

　ちなみに，国債は60年償還ルールによって一部ずつ返済していますが，これは60年の固定金利ローンを組んでいるわけではありません。1年以下の短期，2年，5年の中期，10年の長期，10年超の超長期といった国債を組み合わせて発行してそれぞれの償還期に借り換えていますので，その都度金利上昇のリスクにさらされています。金利が1%上昇しますと，利払費は毎年約1兆円ずつ増えるといわれています。

図2-16　利払費と金利の推移

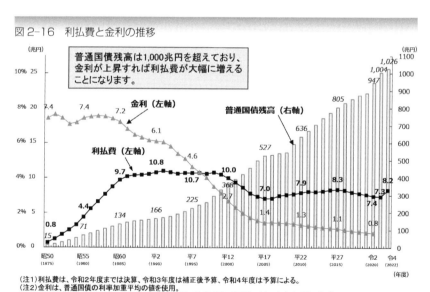

（注1）利払費は，令和2年度までは決算，令和3年度は補正後予算，令和4年度は予算による。
（注2）金利は，普通国債の利率加重平均の値を使用。
（注3）普通国債残高は各年度3月末現在高。ただし，令和3年度は補正後予算，令和4年度は予算に基づく見込み。

出典：「日本の財政関係資料」令和4年4月，財務省。

2.22 | 骨太 2021 のポイント

　わが国の財政健全化に向けた取組みについてです。まずは，骨太 2021 のポイントについてです（**表 2-2** 参照）。毎年 6 月頃に政権の重要課題や翌年度の予算編成の方向性を示した「経済財政運営と改革の基本方針」を閣議決定していますが，これを略称で「骨太の方針」や「骨太」と呼んでいますのでこのよう

表 2-2　骨太 2021 のポイント

骨太 2021 における財政健全化目標	国・地方を合わせた
2025 年度	プライマリーバランス（PB）を黒字化
同時に	債務残高対 GDP 比の安定的な引下げ

歳出改革努力の継続

　2022 年度から 2024 年度までの 3 年間について，これまでと同様の歳出改革努力を継続することとし，以下の目安に沿った予算編成を行う[※]。
①社会保障関係費については，基盤強化期間においてその実質的な増加を高齢化による増加分に相当する伸びにおさめることを目指す方針とされていること，経済・物価動向等を踏まえ，その方針を継続する。
②一般歳出のうち非社会保障関係費については，経済・物価動向等を踏まえつつ，これまでの歳出改革の取組を継続する。
③地方の歳出水準については，国の一般歳出の取組と基調を合わせつつ，交付団体を始め地方の安定的な財政運営に必要となる一般財源の総額について，2021 年度地方財政計画の水準を下回らないよう実質的に同水準を確保する。
[※]真に必要な財政需要の増加に対応するため，制度改革により恒久的な歳入増を確保する場合，歳出改革の取組に当たって考慮する等の新経済・財政再生計画において定めた取組についても，引き続き推進する。その際，英米などの諸外国において，財政出動を行う中でその財源を賄う措置を講じようとしていることも参考とする。

目標の実現に向けて

・「新経済・財政再生計画等に基づき，経済・財政一体改革を引き続き推進し，本年末までに改革工程の具体化を図る。」
・「骨太方針 2020 等の内容に沿って，社会保障制度の基盤強化を着実に進め，人生 100 年時代に対応した社会保障制度を構築し，世界に冠たる国民皆保険・皆年金の維持，そして持続可能なものとして次世代への継承を目指す。」
・「経済・財政一体改革の進捗については，歳出の目安に沿った予算編成を行う最終年度となる 2024 年度において点検を行い，財政健全化目標達成に向け，その後の歳出・歳入改革の取組に反映する。」

出典：「日本の財政関係資料」令和 4 年 4 月，財務省。

な記載になっています。財政健全化に向けて，骨太方針2018で掲げました，2025年度までにプライマリーバランスを黒字化するとともに，債務残高対GDP比の安定的な引下げを目指す，という目標を堅持することとしています。歳出改革の方針については，2022年度から2024年度までの3年間，これまでと同様の歳出改革の努力を継続することとしています。

　具体的には，①社会保障関係費については，その実質的な増加を高齢化による増加分に相当する伸びに収める，②非社会保障関係費については，これまでの歳出改革の取組みを継続する，③地方の歳出水準については，一般財源の総額を2021年度地方財政計画の水準を実質的に確保することとしています。

　目標の実現に向けて，骨太方針2021においては，骨太方針2020等の内容に沿って，社会保障制度の基盤強化を着実に進め，持続可能なものとして次世代への継承を目指すこととしています。

2.23　内閣府の「中長期の経済財政に関する試算」

　図2-17のとおり，中長期試算では，プライマリーバランス黒字化目標を掲げる2025年度には，経済成長を織り込んだベースで見ても，国・地方のプライマリーバランス対GDP比は▲0.3%となっていますが，力強い成長が実現し，骨太方針に基づく取組みを継続した場合には，国・地方のプライマリーバランスが黒字化する姿も示されています。このため，目標の達成に向けては，歳出・歳入の両面の改革が必要となっています。

2.24　社会保障給付費の増に伴う公費負担の増

　社会保障給付費は，社会保障に係る最終的な支払額と考えればわかりやすいと思います。図2-18棒グラフの「給付費」ですが，令和3年度の社会保障給付費は約129兆6千億円と見込まれており，年金が全体の半分弱の58兆5千億円，医療が3分の1弱で40兆7千億円，残りが介護・福祉等となっています。社会保障制度の基本は保険料による支え合いになりますが，保険料だけでは負担が現役世代に集中してしまいますので，公費も充てることにしています。

図2-17　中長期の経済財政に関する試算

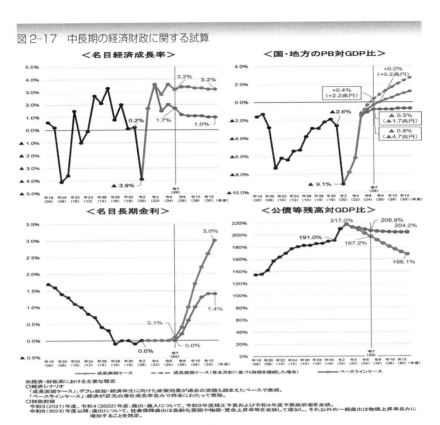

出典：「日本の財政関係資料」令和4年4月, 財務省。

　ただ, 折線グラフを見ればわかりますが, 近年の公費負担分が急激に増加しています。これは, 高齢者の医療・介護給付費などは公費負担の割合が高くなっていますので, 近年の高齢化に伴う負担増が公費に集中しているということです。右の棒グラフですが, 社会保障給付費の財源になりますが, 医療・年金等の保険料（労使負担, 個人負担, 事業主負担）が72兆4千億円, 不足部分を国庫負担と地方負担の両方を合わせた公費51兆3千億円で賄う形となっています（その他は年金基金等の運用収入など）。

　この公費のうち, 国庫負担は35兆7千億円ですが, 必要な負担分を税金で賄い切れておらず, 借金に頼っていますので, 私たちの子や孫の世代に負担を

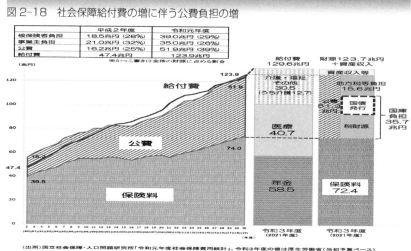

図2-18　社会保障給付費の増に伴う公費負担の増

被保険者負担	平成2年度	令和元年度
被保険者負担	18.5兆円（28%）	39.0兆円（29%）
事業主負担	21.0兆円（32%）	35.0兆円（26%）
公費	16.2兆円（25%）	51.9兆円（39%）
給付費	47.4兆円	123.9兆円

※かっこ書きは全体の財源に占める割合

（出所）国立社会保障・人口問題研究所「令和元年度社会保障費用統計」、令和3年度の値は厚生労働省（当初予算ベース）

出典：「日本の財政関係資料」令和4年4月，財務省。

先送りしている状況になります。私たちが受益する社会保障の負担は，あらゆる世代で負担を分かち合いながら私たちで賄う必要がありますし，少子高齢化という最大の壁に立ち向かうためにも，社会保障制度を全世代型に転換していかなければなりません。

2.25 １人当たり医療費・介護費の増加

表2-3のとおり，75歳以上になりますと，他の世代に比べて１人当たり医療費や，介護給付費は大幅に高くなります。それに伴って１人当たり国庫負担も増大します。まず，医療の欄ですが，１人当たりの国民医療費は，64歳以下の方は年間19万2千円ですが，65歳から74歳の方は56万7千円，75歳以上の方は93万1千円と，それぞれ3倍弱，5倍弱も高くなっています。また，１人当たりの国庫負担を見ますと，75歳以上の方は後期高齢者医療制度で国庫負担の割合が高いこともあり，65歳から74歳の方との比較では，医療費は1.6倍ですが，国庫負担は約4倍になっています。64歳以下の方と比べますと12倍になりますので，財政に与える影響は人口が増加すること以上に大きな

表2-3　1人当たり医療費・介護費の増加

	医療（2019年）		介護（2019年）		全人口に占める人口数及び割合	
	1人当たり国民医療費（64歳以下：19.2万円）	1人当たり国庫負担（64歳以下：2.7万円）	1人当たり介護費（括弧内は要支援・要介護認定率）	1人当たり国庫負担	2019年	2025年
65〜74歳	56.7万円	8.0万円	4.9万円（4.2%）	1.3万円	1,740万人（13.8%）	▲約243万人 → 1,497万人（12.2%）
		↓約4倍		↓約10倍		
75歳以上	93.1万円	32.4万円	47.4万円（31.9%）	12.7万円	1,849万人（14.7%）	＋約331万人 → 2,180万人（17.8%）

出典：「日本の財政関係資料」令和4年4月，財務省。

インパクトがあります。介護も同様で，65歳以上の方の1人当たり国庫負担が1万3千円であるのに対して，75歳以上の方は12万7千円と，約10倍も高くなっています。

　年代別の人口数を見ますと，2019年と2025年の比較では，65歳から74歳までの人口は243万人減りますが，75歳以上の人口が331万人増加しますので，現行の社会保障制度を前提とする限り，今後の財政状況が厳しくなっていくことは明らかだと思います。

> 2.26　少子高齢化の進行

　日本の人口は，すでに人口減少局面に突入していまして，2022年の人口は1億2,431万人と推計されています。約40年後の2065年には，約7割の8,808万人まで落ち込むという推計が示されています。

　他方で，高齢化率は，2022年時点で29.3%，2065年には38.4%と推計されており，国際的にも他国に類を見ない速度で高齢化が進展し，人口が減少して

いく見通しになっています。年代別に見ますと，65歳以上人口のピークは2042年で3,935万人，その時点の高齢化率は36.1%です。また，75歳以上人口のピークは2054年で2,449万人，24.9%の構成比になりますので，日本の総人口の4分の1が75歳以上になると見込まれています。一方で，労働力の中心となる人口の20〜64歳は，1995年頃にピークを迎えており，団塊の世代が75歳以上になる2025年には6,635万人に，第2次ベビーブーム世代が65歳以上になる2040年には5,543万人に減少していくほか，2065年頃には4,189万人まで減少していくといわれていますので，労働力人口の中の労働参加率を高めていく，あるいは65歳以上の方々，すなわち高齢者の労働参加を促していく取組みが必要になります。

2.27 高齢化率の国際比較

図2-19のとおり，わが国の国民皆保険などの社会保障制度が整備されました1960〜1970年は，日本の高齢化率（65歳以上の対総人口比）は5〜7%程度と他の先進国に比べて半分程度でした。しかし，高齢化率は1990年代から

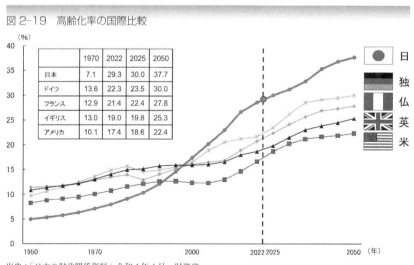

図2-19　高齢化率の国際比較

	1970	2022	2025	2050
日本	7.1	29.3	30.0	37.7
ドイツ	13.6	22.3	23.5	30.0
フランス	12.9	21.4	22.4	27.8
イギリス	13.0	19.0	19.8	25.3
アメリカ	10.1	17.4	18.6	22.4

出典：「日本の財政関係資料」令和4年4月，財務省。

急上昇して，2022年度には29.3%と先進国の中で最も高齢化が進んでいる国になっています。他の先進国においても高齢化は進んでいますが，2022年ではアメリカ，イギリス，フランス，ドイツが17〜22%ですので，日本は頭一つ飛び出た状況になっています。今後も，高齢化が他国に類を見ない速度で進んでいく見通しになっています。

2.28 | 社会保障と税の一体改革

　1970年代以降，社会や経済の情勢が大きく変化する中で，抜本的に見直されてこなかった社会保障制度について，現在の社会保障にかかる費用の相当部分を将来世代につけを回しているという現状を改善するために，「社会保障と税の一体改革」の取組みを平成26年度から行っています（**図2-20**参照）。これは，消費税を5%から10%まで引き上げて，社会保障の安定的な財源を確保することによって，社会保障を充実しながら将来世代への負担のつけを軽減して，「社会保障の充実・安定化」と「財政健全化」の同時達成を目指す，というものになります。

　社会保障の充実については，これまで消費税の使い道は，高齢者3経費（基礎年金，老人医療，介護）に優先的にあてるといった高齢者中心であったものを，子育て世代のためにも充当することとして，すべての世代が安心感と納得感を得られる，全世代型の社会保障制度への転換を図ることとしています。

図2-20　社会保障と税の一体改革

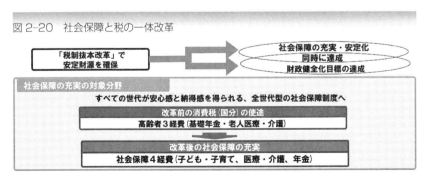

出典：「日本の財政関係資料」令和4年4月，財務省。

2.29 社会保障 4 経費と消費税収の関係

図 2–21 のとおり，消費税率の 5％ 引上げによります令和 4 年度の増収額については，①基礎年金国庫負担 2 分の 1 等に 3 兆 5 千億円，②消費税率引上げに伴い，医療機関が医薬品を仕入れる際にかかるコスト増等への対応にかかる経費に 6 千 3 百億円，③社会保障の充実等に 4 兆百億円，④将来世代への負担の先送りの軽減に 5 兆円を充当することにしており，消費税率の引上げによる増収分については，すべて社会保障の財源としています。ただ，それでも将来世代への負担の先送りとなる分が，まだ 20 兆 6 千億円分もある状況です。

図 2-21 社会保障 4 経費と消費税収の関係

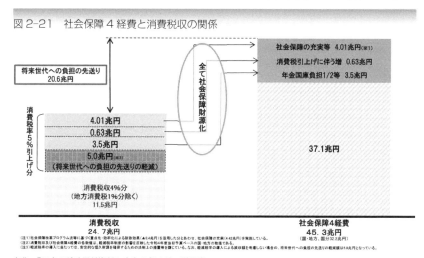

出典：「日本の財政関係資料」令和 4 年 4 月，財務省。

2.30 消費税増収分等によりこれまで実施してきた社会保障の充実等

消費税率の 8％ から 10％ への引上げによって実施されている主な施策は，「幼児教育の無償化」として，①3 歳から 5 歳までのすべての子供たちの幼稚園，保育所，認定こども園の費用の無償化，②0 歳から 2 歳までの子供たちも，住民税非課税世帯の方を対象として無償化しています。また，「高等教育の無償化」として，所得の低い家庭の意欲ある子供たちに対して，大学等の授業料

等の減免，給付型奨学金の支給を大幅に拡充しています。さらに，「低所得高
齢者の暮らしの支援」として，一定以下の所得の年金受給者に対して，最大年
6万円を支給する制度を開始しています。なお，消費税率の5%から8%への
引上げにより実施されている主な施策は，「子ども・子育て」として，待機児
童を解消して働きたい女性が働ける環境を整備し，安心して子供を預けられる
保育施設の充実等を図っています。また，「医療・介護」としては，住み慣れ
た地域内で患者の状態に応じた医療を提供し，住み慣れた地域や自宅での介護
サービスの充実等を図っています。さらに，「年金」では，年金の受給に必要
な資格期間の短縮を行っています。

2.31 今後の社会保障の課題（後期高齢者の患者負担割合の見直し）

　75歳以上の方の1人当たり医療費は約100万円かかっていまして，その財
源の8割強は公費と現役世代からの支援金になります。一般に高齢になるほど
増加する医療費を，公費や保険制度間で支える仕組みですが，今後，支え手で
ある現役世代の人口が減少していく中で，支援金としての現役世代の負担は大
きくなっていくことが見込まれます。こうした中，年齢ではなく負担能力に応
じた負担への転換に取り組んでいく必要があり，現在9割給付，支払う側から
言いますと1割負担とされている後期高齢者について，課税所得が28万円以
上かつ年収200万円以上の方については，医療費の自己負担割合を1割から2
割に引き上げることにしています。

2.32 今後の社会保障の課題（わが国の医療提供体制の問題点）

　表2-4のとおり，日本における人口当たりの病床数は，他の先進国と比較し
て非常に多くなっています。これは，病床当たりの医師数が非常に少ない要因
にもなっており，医師の働き方改革の観点からも重要な課題になっています。
今後，地域において効率的かつ質の高い医療提供体制をどのように構築してい
くかが求められています。
　また，新型コロナ対応では，地域によっては，感染症患者を受け入れる病床

表 2-4　わが国の医療提供体制の問題点

◆主要先進国における医療提供体制の比較

国名	平均在院日数（急性期）	人口千人当たり総病床数	人口千人当たり臨床医師数	病床百床当たり臨床医師数
日本	27.3 (16.0)	12.8	2.5 ※	19.2 ※
ドイツ	8.9 ※ (7.5) ※	7.9	4.4	55.5
フランス	8.8 (5.4)	5.8	3.2	54.3
イギリス	6.9 (6.2)	2.5	3.0	120.1
アメリカ	6.1 ※ (5.5) ※	2.8 ※	2.6	92.2 ※

出所：「OECD Helth Statistios 2021」，「OECD Stat」より作成（2019 年データ。※は 2018 年のデータ）。

出典：「日本の財政関係資料」令和 4 年 4 月，財務省。

◆経営主体別の病院数と病床数

経営主体	病院数	病床数
公立・公的病院等	1,664 (23.6%)	490,057 (42.9%)
民間病院	5,377 (76.4%)	652,703 (57.1%)
計	7,041	1,142,760

出所：令和 2 年度病床機能報告（2020 年 7 月 1 日時点の一般病床及び療養病床のデータ）

注：公立・公的病院等：新公立病院改革プラン策定対象病院，公的医療機関等 2025 プラン策定対象病院

民間病院：公立・公的病院等以外の病院

が不足する事態が発生したことを踏まえて，医療機関間の役割分担や連携体制の構築が求められています。

2.33　おわりに

　この章は暗い話が多かったかもしれません。ただ，決して暗い未来ばかりではないと私は思っています。世の中の制度や予算配分を変えていくには，とても政治力が必要になります。皆さんも一有権者として，財政の現状を知った上で，自分が希望する未来を託せる政治家を選ぶことができます。その政治家が選挙で当選する・しないといった結果は別にして，多くの有権者がより良い未来にしたいという思いを伝えていくことが大事だと思っています。そうすることで，少しずつかもしれませんが，世の中は変わっていくものと私は信じています。

3. 熊本県の財政

3.1 はじめに

　この章では，熊本県の財政の現状と課題について解説します。第2章では日本の財政（国家財政）の現状と課題について学びましたが，ここでは**地方財政**である熊本県の財政に注目します。

3.2 地方財政の意義と役割

　まず，熊本県の財政の現状や課題について学ぶ準備として，地方財政の意義と役割について説明します。

　現代の経済では，家計，企業，政府という3つの経済主体が市場取引を通じて結びついて経済活動を行っています。市場機構がうまく機能すれば限りある資源を効率的に配分することができますが，市場機構は万能ではありません。そこで，市場の失敗を補完するのが政府の役割とされています。そのための政府の経済活動が**財政**です。

　政府は，中央政府（国）と地方政府（都道府県，市町村）から構成されており，両者が協力して政府部門の役割を担っています。政府支出を中央政府によるものと地方政府によるものに分けて見てみると，実質的には後者の方が多い（中央政府4に対して地方政府6）という実態があります。ここから，地方政府は政府部門で重要な役割を果たしているといえます。

　地方政府は，具体的には47都道府県と1,741市町村（東京都の23区を含む）から成っています。今回分析する熊本県は47都道府県の1つで，県下に45の市町村があります。市町村は基礎自治体とも呼ばれ，それぞれの地域で住民に身近な公共サービスを幅広く提供しています。例えば，戸籍の管理，生活保護，消防・救急，生活道路の整備，上下水道，ごみの収集・処理，小中学

校の設置・管理などが市町村の事務です。都道府県は広域自治体とも呼ばれ，複数の市町村を包摂して，市町村の連絡調整や市町村で担うのが適当でない広域的な公共サービスの提供を担っています。

　都道府県や市町村（地方自治体）の財政が適切に役割を果たすことで，私たちは日常生活をより円滑に送ることができます。そのためには地方自治体の財政が健全な状態であることが求められます。それゆえ，私たちは地方自治体（特に自分が住んでいる都道府県や市町村）の財政に関心を持つことが重要です。

- 中央政府（国）と地方政府（都道府県，市町村）は協力して役割を果たしています。
- 地方政府は，中央政府よりも最終的な支出規模が大きく，私たちの生活を支える身近な公共サービスの提供を行っています。
- 自分の住んでいる地方自治体の財政に関心を持つことが重要です。

3.3 | 熊本県の社会・経済の特徴

■人口

　熊本県の経済については第4章で詳しく見ることになりますが，ここで熊本県の財政について理解するために必要な範囲で，熊本県の社会・経済の特徴を確認しておきましょう。

　社会的な特徴として，まず人口を見てみます。2020年国勢調査によると，熊本県の人口は173.8万人で，全国の1.4%を占めます。47都道府県の中では23位と中位に位置しますが，九州7県の中では福岡県に次いで2番目の規模です。

　長期的な推移を見てみると，熊本県の人口が最も多かったのは1955年の189.6万人（全国に占める割合は2.2%）でした。その後，高度成長期に三大都市圏などへの人口流出が続き，1970年には170.0万人まで減少します。1975年以降は微増して1995年に2度目のピークの186.0万人に達します。以後は人口減少が続いています。全国では2015年から人口減少に転じましたが，

熊本県ではそれより 15 年早く人口減少社会に入っていたわけです。2020 年までの 25 年間に 12.1 万人（6.5%）減少し，2020 年の人口は，熊本県で人口が最多だった 1955 年の 91.7% で，それ以降で最少だった 1970 年の水準（89.7%）に迫ろうとしています。

　人口の変動を自然増減（出生と死亡の差）と社会増減（転入と転出の差）に分けて見てみると，高度成長期の人口減は社会減（転出の超過）が自然増（出生の超過）を上回る規模だったことが原因でした。80 年代に入ると，社会減は縮小しましたが継続し，その一方で，自然増が縮小を続けました。そして，2000 年代には自然減に転じ，社会減と相まって，人口減少が続いています。

　総人口に占める 65 歳以上人口の割合（高齢化率）は，全国が 28.0% であるのに対して，熊本県のそれは 31.1% で，高齢化が進んでいます。九州 7 県では，福岡県（27.2%）を除く 6 県で高齢化率が 30% を超えるなど，全体的に高齢化しています。その中では，熊本県は福岡県，佐賀県（30.3%）に次いで 3 番目に低い高齢化率です。

　一方で，熊本県の 2019 年の合計特殊出生率は 1.60 で，全国の 1.36 よりも高く，47 都道府県中 8 位と，高齢化に抗う潜在力を備えています。ただ，一般的な出産可能年齢とされ，人口の再生産を主に担う 20〜39 歳の女性人口[1] は，2000 年から 2020 年にかけて 27.1% 減っています。同じ期間に総人口は 6.5% の減少にとどまっていることを考えると，その減り方は大きく，結果として 0〜4 歳人口も 20.1% 減少しています。熊本県は子育ての環境は比較的整っていると考えられるものの，若年女性人口の減少により，出生数自体は減少し，自然減につながっているということができます。

■経済構造

　次に経済面を見ておきましょう。2018 年度県民経済計算によると，2018 年度の熊本県の県内総生産（名目）は 6.1 兆円です。47 都道府県中 25 位で，人口規模（全国で 23 位）に比べるとわずかに順位を下げます。九州内では，福岡県（19.8 兆円）に次いで 2 位です。1 位の福岡県が九州 7 県の県内総生産の

1　生まれる子どもの 95% は 20〜39 歳の女性の出産によるものといわれています（増田寛也（2014）『地方消滅』中公新書，23 ページ）。

41.6% を占める一方，2 位の熊本県は 12.9% にとどまります。九州経済では福岡県の存在感が大きいことがわかります。

2019 年度について県内総生産の産業別構成比を見ると，製造業（17.5%），保健衛生・社会事業（12.0%），卸売・小売業（10.2%），不動産業（9.5%），建設業（7.9%）が主要な産業となっています。農林水産業は 3.0% にとどまりますが，産業別特化係数では 2.93 と，全国と比較して農林水産業の構成比が高いことが特徴の 1 つといえます。

構成比 1 位の製造業については，特化係数は 0.86 と 1 を下回りますが，製造業の中でも電子部品・デバイスは特化係数が 2.97 と高く，全国的にも特徴的な産業といえます。熊本県は「シリコンアイランドの中核」ともいわれ，県内に半導体関連産業が定着していることを反映しています。

2015 年国勢調査の産業分類別就業者数で就業構造を見てみると，構成比では第 3 次産業が 67.5% を占めますが，特化係数では 1.00 と全国と同水準です。第 1 次産業は構成比こそ 9.6% ですが，特化係数が 2.54 と高く，農林水産業の就業者の構成比が高いのが特徴といえます。

そのような熊本県民の所得はどうでしょうか。個人だけでなく企業所得等も含む「**県民所得**」は，1 人当たり 267.7 万円です（2018 年度）。47 都道府県中37 位です。九州 7 県の中では，福岡県（288.5 万円），佐賀県（275.3 万円），大分県（271.4 万円）に次いで 4 位と，経済規模（県内総生産）に比べるとやや順位を下げます。半導体関連産業，自動車関連産業など製造業が基幹産業となっていますが，「地域の中小企業は下請け的要素が強く，（中略）度重なる値引き要請もあり利益率が上がらない」[2] 性格があることが影響しているものと考えられます。最低賃金も 2021 年度の地域別最低賃金改定額が 821 円と全国平均額（930 円）の 88.3% にとどまるなど，所得水準は高いとはいえない状況です。

■社会的な出来事

2016 年 4 月には，平成 28 年熊本地震が発生し，甚大な被害を被りました。

2　今村徹（2022）「シリコンアイランドのど真ん中で（41）」（『熊本日日新聞』2022 年 4 月 1 日）を参照。

懸命な復旧・復興の道のりを歩んでいた 2020 年には，春ごろから新型コロナウイルス感染症（以下，「感染症」といいます）のパンデミックが発生し，経済社会活動に深刻な影響を及ぼします。さらに 7 月には令和 2 年 7 月豪雨で県南地域を中心に大きな被害が生じました。熊本県は近年，これらの「三重苦の逆境」[3] ともいえる状況にあります。

そんな中，2021 年 11 月に**台湾積体電路製造（TSMC）**とソニーグループが県内（菊陽町）に半導体製造工場を建設することが発表されました。以来，関連企業の進出や，既存企業の工場拡張なども相次いで発表され，厳しい社会経済状況が続いていた熊本県にとって，明るい話題となっています。

- 熊本県は九州では福岡県に次ぐ人口，経済規模を持っています。
- 人口は，社会減が続いていたところに自然減も加わり，減少が続いてます。
- 熊本地震，豪雨災害，感染症の三重苦の逆境にありますが，世界的な半導体製造企業の進出により地域経済に活性化の兆しも見えています。

3.4 熊本県の財政の現状 1：財政規模と歳出の動向

■財政規模

いよいよここから熊本県の財政の現状を分析していきます。

まず熊本県の財政の規模はどれくらいでしょうか。手始めに一般会計当初予算に注目すると，2022 年度は 9,030 億円です。47 都道府県で最も財政規模が大きいのは東京都で，7.8 兆円です。熊本県の財政規模はその 8〜9 分の 1 ということです。

熊本県の一般会計当初予算は，2016 年度までは 7,000 億円台で推移していました。ところが，それ以降は熊本地震や豪雨災害からの復旧・復興や感染症への対応によって予算額が拡大して，8,000〜9,000 億円でした。財政が危機への対応に大きな役割を果たしていることがうかがえます。

3　熊本県総務部財政課（2021）「令和 4 年度予算編成方針について」を参照。

　ところで，地方自治体は会計を設置して財政資金（収入，支出）を管理しています。その会計には，一般会計と特別会計があります。一般会計は，税収を受け入れて各種の支出を行うもので，いわば地方自治体の「基本の財布」です。その規模が熊本県では約 9,000 億円ということです。

　一方，特別会計は，特定の目的のための収入・支出を管理する「オプションの財布」で，複数あります。特別会計は法律によって設置が義務づけられたり，補助金を受給する際に設置を要請されたりしますが，それ以外で何が特定の収入・支出に該当するかは各地方自治体の判断に任されています。その判断が地方自治体ごとに異なるため，特別会計以外である一般会計で経理される収入・支出の内容も地方自治体ごとに異なります。したがって，一般会計の金額（予算でも決算でも）を比較しても，参考程度にしかなりません。

■熊本県の普通会計決算規模

　そこで，各地方自治体の決算を全国統一の基準で組み替えて，**普通会計**という形で地方自治体の基本的な財政活動の範囲を再確定し，集計・比較できるようになっています。それを，**地方財政状況調査**（決算統計）といいます。

　熊本県の 2020 年度の普通会計決算額（歳出）は 9,018 億円でした。47 都道府県の中で 22 位，47 都道府県の合計額の 1.5% にあたります。九州では福岡県（2 兆 182 億円，9 位，3.4%）に次ぐ規模です。

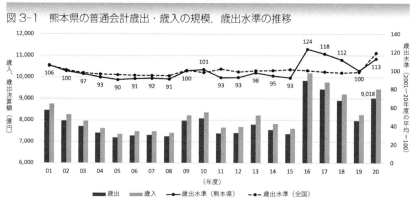

図 3-1　熊本県の普通会計歳出・歳入の規模，歳出水準の推移

出典：総務省「地方財政状況調査」より筆者作成。

　2001 年度から 2020 年度までの歳出額の平均を 100 とする指数の推移を見て
みると，2016 年度から 2018 年度にかけて熊本地震からの復旧・復興のために
財政規模が拡大したことが熊本県財政の特徴であることが確認できます（**図
3-1**）。2020 年度の財政規模の再拡大は，熊本県では豪雨災害への対応も含ま
れていますが，主に感染症への対応で，全国共通の傾向です。

■公共サービス供給の効率性

　都道府県の人口規模が違えば，財政規模も違うのは当然です。その点を考慮
して実質的に比較するために，歳出額を人口で割った**1 人当たり歳出**に注目す
ると，熊本県は 51.3 万円です（2020 年度）（**図 3-2**）。47 都道府県中 26 位です
が，全国の 1 人当たり歳出は 47.1 万円ですから，熊本県では 1 人当たりで全
国水準より 1 割程度多くの支出が行われていることになります。

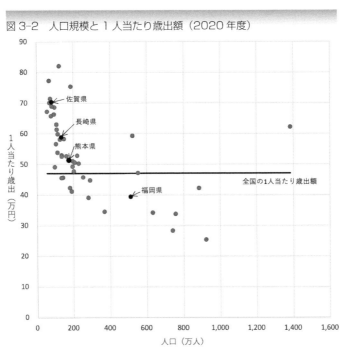

図 3-2　人口規模と 1 人当たり歳出額（2020 年度）

出典：総務省「地方財政状況調査」より筆者作成。

　これは，熊本県が全国平均よりも充実した公共サービスを提供していることを意味するのでしょうか。実はそういうわけではありません。公共サービスにも「規模の経済性」が働き，同じような内容の公共サービスを供給したとしても，人口規模が大きくなるほど供給単価が下がることが知られています。ただし，一定の規模を超えて人口規模が大きくなると混雑の不経済により供給単価が上がるため，横軸に人口，縦軸に1人当たり歳出額をとってグラフを描いた場合，U字型の形状になることが知られています。

　47都道府県についてグラフを描いてみると，そのような傾向が見て取れます。熊本県より人口の多い福岡県の1人当たり歳出額は39.4万円（全国の84％）と少なく，人口の少ない佐賀県（70.4万円，同149％）や長崎県（58.8万円，130％）などは熊本県よりも多くなっています。人口規模と公共サービス供給の効率性の関係を考慮すれば，熊本県の財政規模は，ここ数年こそ震災等からの復旧・復興のために拡大していますが，そのことを割り引けば特別に大きいわけでも小さいわけでもないということがいえます。

■歳出内容

　次に，熊本県の歳出内容を見ていきましょう。どのような行政分野にどれほどの支出が行われているか，**目的別分類**に注目します（**図3-3**）。

　熊本県で2020年度に構成比が大きい歳出項目は，民生費（18.5％），教育費（15.2％），土木費（11.3％），公債費（10.9％），商工費（10.3％）などです。公債費は過去の借金（地方債）の元利償還の費用ですから，住民向けの公共サービスの経費とはいえません。それを除けば，熊本県が福祉（民生費），教育（教育費），まちづくり（土木費），経済振興（商工費）に特に大きな役割を果たしているということがわかります。ただし，これは全国の歳出についてもおおよそ当てはまることで，熊本県の歳出の特徴というわけではありません。

　また，2020年度は，全国的に感染症への対応のために歳出総額が膨らみ，目的別の構成も例年とやや異なるものになりました。具体的には，例年と比べて衛生費，商工費が顕著に増加しました。衛生費の増加は，医療提供体制を確保するために医療機関への空床補償などが行われたことによるものです。商工費は，緊急事態宣言等の発出を受けて，営業自粛を行った事業者等への協力金

図3-3 熊本県と全国の目的別歳出構成

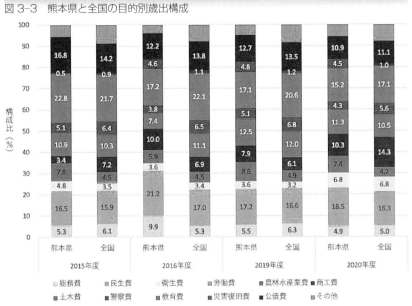

出典：総務省「地方財政状況調査」より筆者作成。

の支給や資金繰り支援のための融資等が行われたことによって増加しました。

　全国と比べた熊本県の特徴を探すと，農林水産業費の構成比が高いこと，商工費の構成比が低いこと，災害復旧費の構成比が高いこと，が挙げられます。農林水産業費については，3.3節で見たように熊本県では全国に比べて農林水産業が盛んであることが理由と考えられます。災害復旧費が多いのは，7月の豪雨災害の影響です。さらに，民生費も全国よりやや構成比が高くなっています。これも7月の豪雨災害を受け，災害救助費が32億円から142億円へ急増したためです。

■熊本地震への対応

　以上のような特徴を持つことに注意しつつ，熊本県の財政が，熊本地震へどのように対応したのかを見ておきましょう（**図3-4**）。

　年度当初に熊本地震に見舞われた2016年度は，「地震からの復旧・復興に即

図 3-4　熊本地震後の目的別経費の推移

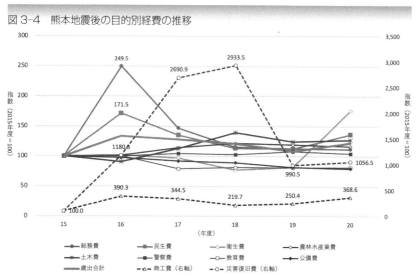

出典：総務省「地方財政状況調査」より筆者作成。

時に対応するため（中略）過去最も多い計 16 回の補正予算」[4] が編成されました。その結果，普通会計の歳出総額は前年度の 1.4 倍に拡大しました。歳出決算額 9,844 億円は，過去 2 番目の規模でした。

　目的別分類では，災害復旧事業費（前年度の 11.8 倍），商工費（同 3.9 倍），総務費（同 2.5 倍），民生費（同 1.7 倍）といった経費が大幅に増加しました。災害復旧事業費や商工費は，例年は支出額が少ないため，増加率が高めに出てしまいます。そこで，歳出総額の増加に対する各項目の増加寄与率を見ると，民生費（35.3%），商工費（29.6%），総務費（23.7%）が増加した影響が大きかったことがわかります。

　民生費というと老人福祉や児童福祉が中心で福祉の経費というイメージがあり，高齢化の進展に伴って増加傾向にありますが，このときの増加は**災害救助費**が増加したためです。災害救助費の性質別の内訳を見てみると，市町村に対する補助費等が 41.2% を占めています。災害救助の前線では市町村が役割を

4　熊本県（2017）「財政事情―熊本県財政のあらまし―」を参照。

果たすものの，それを熊本県が財政的にサポートしていたということです。

　商工費は，性質別の内訳を見ると 94.3% が貸付金です。被災した中小企業向けの金融支援事業が増えたことなどが理由です。

　総務費が増加した要因は，総務管理費です。2015 年度には 166 億円だったのが 677 億円に増加しています。その理由を探るために総務管理費の性質別内訳を見てみると，積立金（578 億円）が 85.4% を占めています。熊本県は，「被災者へのきめ細やかなニーズや，地域の再生に対応するため，被災自治体が地域の実情に応じて，住民生活の安定，生活再建支援，産業や教育文化の振興等の様々な事業について，単年度予算の枠に縛られず弾力的に対処できる資金」[5] を確保するために，2016 年 10 月に「**熊本地震復興基金**」を設置しました。この基金は総額 510 億円と算出され，後で再び触れますが，基金造成経費について，特別交付税措置が講じられました。この基金への積み立てにより，総務管理費が大幅に増えたということです。

・熊本県の財政規模は 1 兆円弱で，九州では福岡県に次いで 2 番目です。
・熊本地震への対応等により，2016 年度以降，財政規模が拡大しています。
・1 人当たり歳出は，人口規模も加味すると標準的な水準です。
・全国と比べて，農林水産業費，災害復旧費の構成比が高いことなどが特徴です。

3.5　熊本県の財政の現状 2：財政収支

■熊本県の財政収支

　2016 年度以降，災害対応などにより熊本県では例年と比べて財政規模（歳出）が拡大しましたが，その間の収入はどうだったのでしょうか。前掲の**図3-1** からわかるように，実は歳入が歳出を上回っていました。急な歳出の増加に合わせて，熊本県だけ臨時の増税をしたということはありません。ここ数年で財政赤字が拡大したのでしょうか。

5　内閣府（2019）「災害復興対策事例集 II」318 ページを参照。

　そこで，最近の熊本県の財政収支を見てみましょう。地方自治体の収支について，最も注目されるのは**実質収支**です。一般に地方自治体が赤字かどうかは，実質収支によって判断されます。実質収支は，歳入総額と歳出総額の差額である形式収支から，翌年度に繰り越すべき財源，すなわち翌年度まで残しておかなければならない財源を差し引いたものです。経験的に，**標準財政規模**（標準的な状態で通常収入されるであろう経常的一般財源の規模）の数パーセントの黒字が望ましいとされています。不測の事態による急な減収や支出増に備えるためです。

　熊本県の実質収支は，過去 20 年間一貫して黒字です。震災対応で財政規模が拡大した 2016 年度でも 162 億円の黒字，感染症や豪雨災害への対応があった 2020 年度も 240 億円の黒字でした。実質収支を標準財政規模で割った**実質収支比率**で見ると，2005 年度にこの間で最も少ない 0.8% の黒字でしたが，その後徐々に黒字が拡大し，2016 年度が 3.7%，2020 年度は 5.6% の黒字でした。経験則に照らしても，十分な黒字を確保しているといえそうです。

■単年度収支と実質単年度収支

　実は，実質収支が赤字の地方自治体は，全国を見渡しても皆無です。感染症への対応に追われ，厳しかったのではないかと想像される 2020 年度でも，47都道府県はすべて黒字，1,741 市町村の中で赤字は 1 市のみでした。実質収支には，前年度の実質収支が黒字だった場合，その黒字分が繰り越された影響（黒字化要因）が含まれています。そこで，その年度のみでの収支結果を見るために，当年度の実質収支から前年度の実質収支を差し引いたものを**単年度収支**と呼びます。

　熊本県の単年度収支は，実質収支と比べると規模が小さくなり，2001 年度以降は最大でも 113 億円（2020 年度）で，赤字の年も 8 回ありました。ただ，赤字の規模は 3 億円から 49 億円（標準財政規模の 1.2%）とさほど大きくなく，1，2 年のうちに黒字に回復しています。ここから，財政状況に問題があるということはないと考えられます。

　ただ，単年度収支（実質収支）は，地方自治体が一定程度値を操作することが可能であることに注意が必要です。地方自治体は複数年度間で財源の「やり

図 3-5　熊本県の収支指標，積立金等の推移

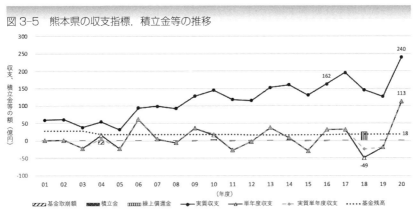

出典：総務省「地方財政状況調査」より筆者作成。

くり」をするために**財政調整基金**（以下「基金」といいます）を持っています[6]。
基金への積み立ては歳出に計上され（積立金），実質単年度収支を赤字化しま
す。一方，基金を取り崩して歳入にあてれば（繰入金），実質単年度収支を黒
字化できます。

　このような操作ができるのは，基金に残高があることが前提ですが，その前
提が成り立つ場合，単年度収支は基金への積み立てや取り崩しの影響を受けて，
地方自治体の財政の実態を表していない可能性もあります。単年度収支（実質
収支）が黒字であっても，基金の取り崩しを行ってかろうじて赤字を回避した
結果だったということもありえるわけです。

　そのような基金を使った単年度収支の「操作」の影響を取り除いた収支とし
て，**実質単年度収支**があります。実質単年度収支は，単年度収支に積立金と地
方債の繰上償還額を加え，基金取崩額を差し引いて求めます。実質収支（単年
度収支）が黒字でも，実質単年度収支が赤字であれば，将来への備えである基
金を取り崩したということです。そういう状況が継続しているようであれば，
財政状況はよくないと見なければなりません。そのことに注意して熊本県の実
質単年度収支を見ると，単年度収支とほぼ一致していることに気がつきます
（図3-5）。これは，熊本県が基金を用いた年度間の財政調整をほとんど行って

6　前述の熊本地震復興基金は使途が復興に関する事業に特定化されています。このような基金を特
　定目的基金といい，財政調整基金と区別しています。

いないことを意味します。

すでに見たとおり近年の熊本県の財政規模は 7,000 億円から 1 兆円弱程度です。その 0.01% に相当する 1 億円以上を取り崩したのは，2001 年度以降で基金を取り崩した 6 度のうち 2004 年度（10 億円）と 2011 年度（1 億円）だけです。一方，基金への積み立ても毎年行っていますが，約 400 万円から最大でも 4,000 万円で，平均約 1,000 万円と小規模です[7]。

その結果，熊本県の基金残高は 2004 年度に 28 億円から 18 億円に減った後，ほぼ横ばいで推移しています（**図 3-5**）。2020 年度の基金の残高は 18 億円，標準財政規模の 0.4% です。

熊本県は，財政調整基金に職員等退職手当基金，県有施設整備基金，県債管理基金を加えた 4 基金を「財政調整用 4 基金」と呼んでいますが，それで見ても残高は 56 億円（標準財政規模の 1.3%）しかありません（**図 3-6**）。また，財政調整用 4 基金以外にも，先述の熊本地震復興基金のような特定目的基金が合計で約 800 億円あります。ところが，それらはそれぞれ特定の政策目的に沿って設置され，管理・運用されているものです。財政状況が厳しくなったからといって，流用するわけにはいきません。したがって，熊本県財政の「もしもの時の備え」は十分であるとはいえません。

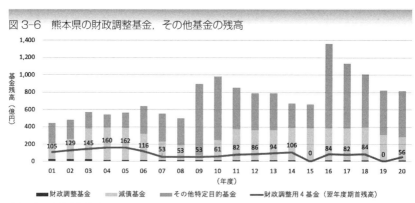

図 3-6　熊本県の財政調整基金，その他基金の残高

出典：総務省「地方財政状況調査」，熊本県（2021）「熊本県の財政事情（2021 年 12 月）」より筆者作成。

7　積立金と同様に将来の負担軽減につながる地方債の繰り上げ償還も時々行っています。2018 年度に 24 億円繰上償還したほかは，130 万円から 8,000 万円程度と，規模は大きくありません。

・熊本県は，これまでのところ単年度収支が赤字になっても，1，2年のうちに軌道修正して黒字に戻しています。
・財政調整基金は払底していて，基金を取り崩して実質収支の赤字を回避する余力を持ち合わせていません。
・その意味では，財政状況はやや厳しいところがあります。

3.6 熊本県の財政の現状3：歳入構造

■少ない地方税と多くの地方交付税

続いて，熊本県の歳入構造を見てみましょう（**図3-7**）。

2020年度の歳入について，熊本県は全国（47都道府県の合計）と比べて，地方税の構成比が低い，地方交付税の構成比が（地方税の構成比よりも）高い，国庫支出金の構成比が高い，地方債の構成比が高いといった点が指摘できます。この傾向は，熊本地震の前年度で平時ともいえる2015年度についても，おおむね当てはまります。

政府の収入の基本は租税のはずですが，熊本県では地方税は歳入の21.4%にとどまります。全国でも33.2%と決して高いわけではなく，地方税の充実が地方財政の課題の1つとなっていますが，熊本県は全国よりも10%ポイント以上低く，47都道府県の中では31位です。また，地方税収を人口で割った1人当たり税収は11.5万円で，こちらは45位とさらに順位を下げます。地方税は所得だけに課されるものではありませんが，3.3節で見たように県民所得が高いとはいえない熊本県では，どちらかというと地方税の乏しい県であるということです。

収入の基本である地方税等では標準的な公共サービスをするために必要な財源が不足する分は，国から**地方交付税**が交付されます。熊本県は，地方税の構成比が高くないことの裏返しで，地方交付税の構成比が高くなっています（23.3%，47都道府県中20位）。地方税を上回る構成比で，最大の歳入要素です。

地方交付税は，国から移転される財源ですが，同じく国から移転される国庫支出金と違って，使途が特定されない**一般財源**です。そして，同じく基本的に

図 3-7　熊本県と全国の歳入構造

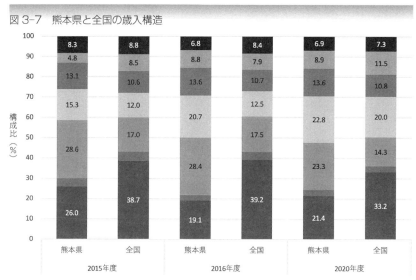

出典：総務省「地方財政状況調査」より筆者作成。

一般財源である地方税を補う（地方税の少ない地方自治体では地方税に代わる）重要な歳入要素です。ただ，地方交付税の算定は国が行うため，地方交付税の総額が（全国の地方自治体に交付するために）どの程度用意されるのか，それを受けて具体的な交付額がどうなるのかについては，地方自治体は基本的に国の決定を受け入れる立場です。地方自治体が自主的な財政運営をする上では，大枠は地方税法によって規制されているものの，自らの権限に基づいて賦課徴収する 8 地方税を多く確保することが望ましいといえます。地域経済を活性化し，住民（個人だけでなく企業も）の所得を増やして税収を増やすことが求められる所以です。その点では，県内への世界的半導体製造企業の工場進出によって地域経済が活性化することへの期待は大変大きいと考えられます。

■多くの国庫支出金

　熊本県では地方交付税だけでなく，**国庫支出金**も地方税を上回っています。

8　地方自治体が自ら調達する財源を，自主財源といいます。地方税がその中心です。

平時の 2015 年度は 15.3% で第 3 の歳入要素でしたが，危機対応の 2016 年度には地方税を上回り，第 2 の歳入要素でした。同じ年に全国では 12.5% でしたから，熊本県に多くの国庫支出金が交付されたことがわかります。

2020 年度については，感染症対応のために全国共通して多くの国庫支出金が交付されました。そのため全国では近年，歳入の 10% 強だった国庫支出金の構成比が，2020 年度は 20% に上りました（その影響もあって，2020 年度は地方税の構成比が例年より若干下がっています）。熊本県でも国庫支出金の構成比が例年（10% 台半ば）や熊本地震のあった 2016 年度（20.7%）よりも高くなりました（22.8%）。

国庫支出金には細かく見るといくつかの種類がありますが，概していえば地方自治体が行う事業（補助事業）の費用の一部を国が（国の利害の程度に応じて）負担するものです。それゆえ，使途が特定されています。国庫支出金が多いということは，それだけ多くの補助事業が行われていることを意味します。

地方自治体は，それぞれの抱える地域課題の解決に資する補助事業を選定して補助金を獲得し，実施しようとしますが，補助する側である国が設定した補助要件が地域事情に合わないこともありえます。それでも，補助金の獲得を優先し，地域課題の部分的な解決にとどまるような補助事業を進めれば，全体として支出の効率性が低下する懸念もあります。それを**外部効率性**の問題といいます。また，補助金はその地方自治体の住民自らの負担ではないため，補助金を財源とした公共サービスが過剰供給となる心配もあります。災害復旧事業は不可欠で，迅速に行われることが最優先されますが，その先の復興に関するさまざまな補助事業では，補助金にまつわる非効率性の問題が生じないよう注意することが望まれます。

■震災からの復旧・復興期の財源のファイナンス

ここでは熊本県の歳入構造の特徴も踏まえて，震災からの復旧・復興で歳出が拡大した 2016 年度以降に財源がどのように調達されたのかをもう少し詳しく見ておきましょう（**図 3–8**）。

2015 年度から 2020 年度までの主要な歳入要素の推移を，2015 年度の歳入額を 100 とした指数で見てみると，熊本県はこの時期の歳出増を主に国庫支出金

図 3-8　熊本地震からの復旧・復興期の歳入要素の推移

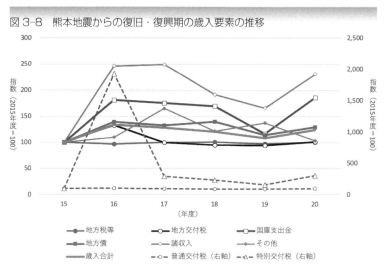

出典：総務省「地方財政状況調査」より筆者作成。

と地方債によって賄っていたことが確認できます。また，2016年度には地方交付税も熊本県の財政を支えたことがわかります。

　国庫支出金の増加は，復旧・復興関連事業で多くの補助事業が行われたためです。被災して住民の経済力が低下して，税収が落ち込むことが懸念される反面，迅速に復旧・復興のための事業を行うためには多くの財源が必要となります。そのような状況で国からの補助は不可欠です。ただし，前述のように補助を受けることを優先して，地域の実情に合わない事業が増えることのないよう，注意が必要です。

　地方債の増加は，災害復旧事業の増加に伴い，地方債が財源に使われる投資的経費が増加した影響です。地方債への依存が増えたことを受けて，地方債の残高も増加しました。地方債現在高（残高）を標準財政規模で割った**地方債現在高倍率**は，2015年度末時点では3.3でしたが，2020年度末時点では3.8に上昇しています。この倍率は低い方が望ましいのですが，熊本県は47都道府県の中で高い方から数えて10番目です。今後，公債費の増加により政策的経費が圧迫される**財政の硬直化**が懸念されます。

　諸収入の増加については，資金繰り支援等で企業への貸付金が増加した影響

で，その回収金が増えたものです。

　また，地方交付税は 2016 年度に例年の 1.5 倍程度に増加しています。これは**特別交付税**の影響です。地方交付税には，標準的な財政需要に対する財源不足に対して交付される普通交付税と，災害時など特別な財政需要に対して交付される特別交付税があります。2016 年度は，熊本地震を受けて特別交付税が前年度の 36 億円から 695 億円へ，大幅に増加しました。その中には熊本地震復興基金の造成経費として 510 億円が含まれるなど，災害復旧のための特別な財政需要が認められ，熊本県の財政を支えました。

　なお，その他については，2016 年に急増したのは寄付金の増加（1 億円から 85 億円に増加）です。被災地へ全国から多くの善意が寄せられました。2017 年度以降は，繰入金が増加しています。復興事業に要する資金を特定目的基金から取り崩していることが理由と考えられます。

- 熊本県は，所得水準が低いことも反映し，地方税で歳入総額の 2 割程度しか賄えていません。
- 地方交付税，国庫支出金といった国から移転される財源への依存度が高く，国の財政事情や都合に左右されやすい歳入構造です。
- 震災への対応により地方債が増加し，地方債の残高も増えました。今後，公債費（償還費用）が嵩み，財政を硬直化させることが心配されます。
- 熊本地震からの復興にあたっては，特別交付税も熊本県の財政を支えました。

3.7　熊本県財政の今後の展望，課題

■中期的な財政収支の見通し

　熊本県は 2021 年 10 月に「中期的な財政収支の試算」を発表しています。それによると，今後，「熊本地震，豪雨災害及び感染症に関する歳出は減少していく一方，扶助費等の社会保障関係経費や，熊本地震・豪雨災害関連の県債償還に伴う公債費の増加」[9] により，2022 年度から 2026 年度までに毎年度 14 億

9　熊本県（2021）「中期的な財政収支の試算（2021 年 10 月）」を参照。

円から 52 億円，累計 186 億円の財源不足額が生じることが見込まれています。3.5 節で指摘したように，熊本県は財政調整用の基金が底をついており，そういった財源不足への対応力が低い状況です。それゆえ，「今後の財政運営は決して予断を許さない状況にある」という熊本県の認識は正鵠を射ています。

■今後の展望と課題

　熊本県は所得水準が低く，地方税が少ない県の 1 つです。それを補う地方交付税（普通交付税）は，使途に制限はありませんが，あくまで標準的な公共サービス（事業）しかカバーしません。国庫支出金を多く獲得して補助事業を増やしても，使途が特定されているため，使い勝手（効率よく地域課題に対処できる）という点では，一般財源に劣るところがあります。そのようなことを踏まえると，地域課題の解決に向けて，熊本県が主体的に事業を展開していくためには，自主一般財源である地方税を充実させることが重要です。そのために，地域経済を活性化させて，所得水準を高めることが肝心です。

　熊本県は，世界的半導体製造企業の工場の県内進出によって，そのための足掛かりを掴もうとしています。一方で，熊本市を中心とする熊本都市圏では交通渋滞が慢性化しています。工場等が立地する「製造拠点から熊本港への移動時間が長く，時間が不確実である」[10] ことは，半導体産業だけでなく関連産業も含め，熊本県への企業立地にとってはマイナスの要素です。観光県としても，観光客の移動の利便性を高めることは重要です。道路整備だけでなく，熊本空港へのアクセス鉄道の整備問題も，今後の県財政に大きな影響を及ぼす政策課題です。豪雨災害を受けて，凍結されていた川辺川ダム計画も再び動き出そうとしています。

　このほかにもさまざまな政策課題を抱えている熊本県ですが，財政見通しを踏まえると，今後も実施する事業の「選択と集中」を行っていくことが重要です。その作業は，予算編成過程で行われます。具体的には知事をトップに県財政部局が行う予算案の作成過程や，県議会での予算審議過程です。そこでは県職員や県会議員といった専門家が最善を尽くしていると思われますが，私たち

10　熊本県・熊本市（2021）「熊本県新広域道路交通計画（概要版）」を参照。

住民はそれに任せきりでよいのでしょうか。

　住民は，県が提供する公共サービスの受益者であり，財源となる地方税の負担者ですから，重要な（一番の）利害関係者です。それゆえ，住民自らが予算編成に関心を寄せて，適切な「選択と集中」が行われているのかを監視することが必要ではないでしょうか。そのようにして，熊本県の財政の外部効率性を高めていくことが，熊本県をより住みよい県にしていくことにつながります。

　そのためにも，皆さんが地域経済や地方財政に関心を持ち，知識を増やしていかれることを期待しています。

・熊本地震からの復旧・復興期の地方債の増加で，熊本県の今後の財政運営は，予断を許さない状況にあります。
・事業の「選択と集中」を行う上で，住民としても予算編成や予算審議に関心を寄せることが大事です。

【読書案内】
森裕之（2020）『市民と議員のための自治体財政　これでわかる基本と勘どころ』自治体研究社
　熊本県や熊本市といった個々の地方自治体の財政（それを「**自治体財政**」といいます）について理解するための入門書です。自治体財政の仕組みを知るには，全国共通の制度である**地方財政制度**の仕組み（さらにはその背後にある理論も）を知ることが必要ですが，それらは複雑で，理解するのが難しいところが多々あります。ところが，本書は制度の細部にこだわらず，基本と勘どころを押さえるというスタンスで解説されています。まずはここから地方財政について，自治体財政について，学び始めてください。

4. 熊本県の経済

4.1 熊本県の経済構造

　九州財務局では，財務省の政策立案に役立たせるため，管轄する南九州 4 県（熊本県，大分県，宮崎県，鹿児島県）の経済情勢等に関する調査・分析を行っていますが，経済情勢の判断をより的確に行うためには，その地域の経済構造がどのようになっているのか，またその地域の強みは何か，ということを把握しておくことがとても重要だと考えています。そのため，本日の講義の最初に熊本県の経済構造について簡単にご説明します。

■人口

　2021 年 10 月時点の九州全体（沖縄県を除く九州 7 県）の人口は約 1,270 万人で，全国の人口 1 億 2,550 万人の 10.1% を占めており，このうち熊本県は1.4% となっています（図 4-1 参照）。

　九州 7 県の県別の人口構成比を見ると，福岡県（512.4 万人）が九州全体の

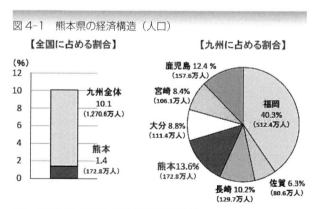

図 4-1　熊本県の経済構造（人口）

出典：総務省「人口推計」（2021 年 10 月 1 日現在）。

40.3% を占めており，熊本県の人口（172.8 万人）は福岡県に次ぐ 2 番目ではあるものの，福岡県の約 3 分の 1 の人口となっています。ちなみに，熊本県の面積（7,409 km²）は福岡県の面積（4,987 km²）の約 1.5 倍ですので，九州内でいかに福岡県に人口が集中しているかがおわかりいただけるのではないでしょうか。

　熊本県の総人口は，1940 年に 136.8 万人であったものの，1947 年から 1949 年にかけて第 1 次ベビーブームにおける出生数の大幅な増加もあって 1955 年には 189.5 万人まで急増。その後，出生数が死亡数を上回る状況が続き，1956 年にピーク（190.3 万人）を迎えています[1]。その後，高度経済成長期における人口流出により，1972 年まで減少したものの，流出は次第に収まり，1973 年からはいったん増加に転じましたが，1998 年を境に再び減少傾向になっています。将来推計人口は，2045 年で 144.2 万人（2015 年比約 19.2% 減）と今後加速度的に人口減少が進むことが見込まれており，年齢別では，65 歳以上の老年人口割合が増加する一方，15〜64 歳の生産年齢人口割合は減少する見通しで，熊本県でも少子高齢化が深刻化しつつあります（**図 4-2** 参照）。

図 4-2　熊本県の経済構造（人口推移）

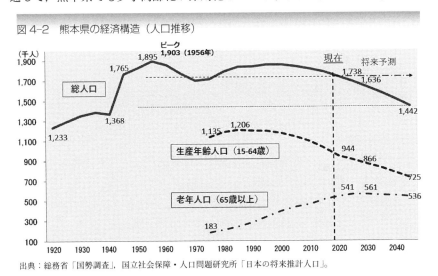

出典：総務省「国勢調査」，国立社会保障・人口問題研究所「日本の将来推計人口」。

1　人口推移のグラフは国勢調査等に合わせて 5 年刻みで作成しているため，ピークと一致しない。

■**県内総生産**

　県内総生産は，県内の企業や個人が年度内に生み出したモノやサービスの価値を金額で表したもので，産出額（売上高や出荷額）から中間投入額（原材料費や光熱費など）を差し引いて求められます。

　2018年度の九州7県の県内総生産合計は，全国の8.4％を占めており，このうち熊本県は1.1％となっています。産業別の構成比を見ますと，熊本県は第1次産業（農業，林業，漁業など）の構成比が3.4％，第2次産業が26.6％，第3次産業が69.5％となっており，第1次産業の構成比が全国（1.1％）や九州全体（2.5％）と比べて高いことが特徴です（**図4-3**参照）。

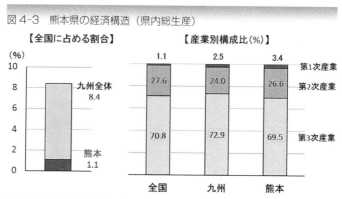

図4-3　熊本県の経済構造（県内総生産）

出典：内閣府「県民経済計算」（2018年度）。

■**製造品出荷額等**

　製造品出荷額等は，その事業所の所有する原材料によって製造されたもの（原材料を他に支給して製造させたものを含む）を当該事業所から出荷した場合の工業出荷額で，2019年の九州7県の製造品出荷額等合計は，全国の7.6％を占めており，このうち熊本県は0.9％となっています（**図4-4**参照）。

　熊本県の出荷額（2019年度実績）を業種別で見ますと，①食料品・飲料・たばこ・飼料，②生産用機械（半導体製造装置，農業用機械など），③輸送用機械（自動車（二輪車を含む）・同部品，船舶など），④電子部品・デバイス（半導体デバイスなど）の順となっています。

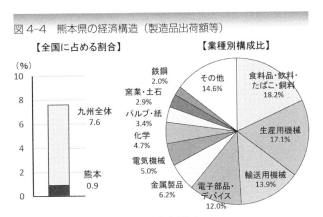

図 4-4　熊本県の経済構造（製造品出荷額等）

【全国に占める割合】　　　【業種別構成比】

出典：「工業統計調査（2019 年実績）」経済産業省。

■農業算出額

　農業産出額は，稲作や野菜栽培，果実栽培，畜産などの農業生産によって得られた農畜産物とその農畜産物を原料として作られた加工農産物を販売した売上額のことです。

　2020 年の九州 7 県の農業産出額合計は，全国の 19.5％ を占めており，うち熊本県は 3.8％（全国 5 位）となっています。当局管内では宮崎県，鹿児島県も農業産出額が大きく，宮崎県は 3.7％（同 6 位），鹿児島県は 5.3％（同 2 位）となっています。

　熊本県の農業算出額の構成割合を見ますと，野菜の割合が高く（35.8％，トマト，すいか…全国 1 位，なす…同 2 位，いちご，メロン…同 3 位），次いで肉用牛（全国 4 位），乳用牛（同 3 位），果実（みかん…同 4 位）の割合が高い点が特徴です（図の掲載は割愛）。

■産業動向（主な製造業）

　熊本県内の主な製造業（事業所）について紹介します[2]。

○ソニーセミコンダクタマニュファクチャリング㈱（菊陽町）

　半導体には，ロジック，メモリー，センサー，パワー半導体などの種類があ

2　企業のホームページ情報や報道情報等を基に作成。

りますが，ソニーセミコンダクタマニュファクチャリングでは，イメージセンサー（光を感知し画像化するセンサー）やシステム LSI などを生産しています。主力のイメージセンサーは世界シェアが4割以上で，スマートフォンのカメラ，デジカメ，一眼レフカメラのほか，車載向け・産業機械向けに使用されています。

○東京エレクトロン九州㈱（合志市）

東京エレクトロン九州は，半導体製造装置の開発・製造を行うメーカーで，東京に本社を置く東京エレクトロンのグループ会社です。主力商品は，塗布・現像装置と洗浄装置[3]で大半は海外向けとなっており，東京エレクトロンが生産する塗布・現像装置の世界シェアは約9割となっています。

○サントリー㈱九州熊本工場（嘉島町）

サントリー㈱九州熊本工場は，大阪に本社を置く飲料メーカー・サントリーの第4の拠点として設けられた工場で，ビール類と清涼飲料を生産するハイブリッド工場です。熊本工場では「ザ・プレミアム・モルツ」などのアルコール類に加え，「サントリー天然水 阿蘇」などの清涼飲料水が生産されています。

○三菱電機㈱パワーデバイス製作所熊本事業所（合志市）

1967年に三菱電機が IC 組立専門工場を熊本県に建設して以降，九州に主要な半導体メーカーが進出し，シリコンアイランドと呼ばれるようになりました。九州で最初の半導体工場である三菱電機熊本工場は，現在は三菱電機㈱パワーデバイス製作所熊本事業所として，モーターや照明などの制御や電力の変換に使用されるパワー半導体などの生産を行っています。

○ KM バイオロジクス㈱（熊本市）

KM バイオロジクス㈱は，インフルエンザワクチン，日本脳炎ワクチン，B型肝炎ワクチンなどの「ヒト用ワクチン」や「動物用ワクチン」などを製造する製薬会社です。季節性インフルエンザワクチンの国内シェアは高く，新型コロナウイルスワクチンについても臨床試験（治験）を行っています。

3　塗布・現像装置は，半導体の材料であるシリコンウエハに感光材を塗布し，露光後の感光した部分を薬液で溶かして現像する装置。清浄装置は，シリコンウエハ表面の微小なごみや金属異物を除去する装置。

○本田技研工業㈱熊本製作所（大津町）

　本田技研工業㈱熊本製作所は，東京に本社を置く輸送機器メーカー・本田技研の国内唯一の二輪生産拠点です。熊本製作所では，エンジンや各部品の生産加工から，完成車組立までを一貫して行っています。

【参考】データ収集①　地域経済分析システム（RESAS）の活用

　人口や県内総生産などの統計データは，公表元のホームページ等で確認するのが一般的ですが，経済構造を簡単かつ視覚的に確認できるツールの1つに「地域経済分析システム」（RESAS：通称リーサス）があります。

　RESAS（Regional Economy Society Analyzing System）は，地方創生のさまざまな取組みを情報面から支援するために，経済産業省と内閣官房デジタル田園都市国家構想実現会議事務局が提供しているツールで，自治体職員や地域活性化に関心を持つさまざまな分野の方々に利用されています。

図4-5　RESASを活用した産業構造等の分析（製造品出荷額等）

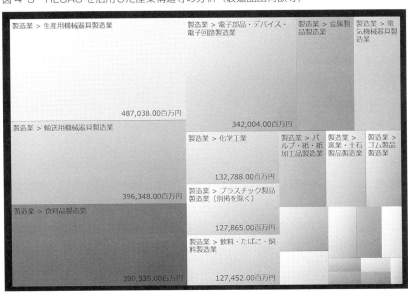

出典：「RESAS（地域経済分析システム）―製造業の構造―」（2022年11月17日に利用）。

　先ほど説明した人口推移や製造品出荷額等なども RESAS を使うことによって容易かつ視覚的に状況を把握することが可能で，2019 年の熊本県の製造品出荷額等（**図4-4**円グラフ）も簡単な操作で表示できます（**図4-5**参照）。

　RESAS のサイトには操作方法を解説した動画もありますので，関心がある方は是非お試しください。

| 4.2 | 九州財務局における経済情勢判断のプロセス |

　九州財務局（本局）では，年4回（4月，7月，10月，1月），「管内経済情勢報告」（熊本，大分，宮崎，鹿児島の4県合算分）と「熊本県内経済情勢報告」を取りまとめて公表しており，各時点の経済情勢について基調判断を行っています。

　基調判断とは，経済の現状がどのような状態にあるかを示したものです。政府は毎月公表する月例経済報告の中で，景気の現状を「基調判断」という形で示していますが，これをわかりやすくいえば，景気回復→（景気の山）→景気後退→（景気の谷）→景気回復という景気循環のどの局面にあって，どの程度の活発さ（力強さ）があるかということになります（**図4-6**参照）。

　こうした点を踏まえれば，経済情勢を判断するにあたって最初に考えるべきポイントは，現在は回復局面にあるのか，それとも後退局面にあるのかということです。その上で，同じ回復局面であっても，回復局面の初期なのか，ある

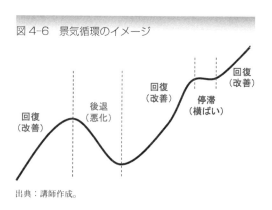

図4-6　景気循環のイメージ

回復
（改善）

後退
（悪化）

回復
（改善）

停滞
（横ばい）

回復
（改善）

出典：講師作成。

いは終盤を迎えているのかを考える必要があります。これは「方向性」に着目した見方になります。

　もう１つの見方としては，好況なのか，あるいは不況なのかという「水準感」があります。不況であっても回復局面ということはありますし，反対に好況であっても後退局面ということはありますので，「方向性」と「水準感」を区別して考えることが極めて重要となります。なお，経済情勢（景気）の判断については，一般的には「方向性」が重視されています。

　経済情勢の回復局面に着目して見ますと，景気の底からやや上向いている状態で，先行きも良くなることが見通せる状況を「持ち直し」，持ち直しよりも経済活動が活発で勢いがある状態を「回復」，回復よりもさらに上向きで勢いがあれば「拡大」という判断が一般的には使われますが，回復・持ち直しのペースが緩やかになっている場合には「テンポ緩やかになっている」（例：回復のテンポが緩やかになっている）といった表現を，また上昇基調が一段落するような動向の場合には「一服感がみられる」（例：持ち直しの動きに一服感がみられる）といった表現を用いています。他にも，傾向的に上向きとも下向きともいえない状況等を指す「横ばい」や「足踏み」などがあります。

■経済情勢判断の実施手順

　私たちが経済情勢の判断を行う際には，最初に，経済産業省や県，労働局などが毎月公表する個人消費や生産活動，雇用情勢等の指標（公表データ）を入手し，情報を整理した上で項目毎に動向を分析しています。次に，公表されたデータだけでは足下までの動向が把握できないことから，業界の動向をより詳細に把握するために，企業や業界団体等へのヒアリングを実施しています。

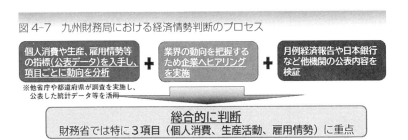

図4-7　九州財務局における経済情勢判断のプロセス

個人消費や生産、雇用情勢等の指標（公表データ）を入手し、項目ごとに動向を分析　＋　業界の動向を把握するため企業へヒアリングを実施　＋　月例経済報告や日本銀行など他機関の公表内容を検証

※他省庁や都道府県が調査を実施し、公表した統計データ等を活用

総合的に判断
財務省では特に３項目（個人消費、生産活動、雇用情勢）に重点

　加えて，月例経済報告や日本銀行など他機関の公表内容についても検証を行った上で，経済情勢を総合的に判断しています。なお，財務省では，国内総支出の名目値で5割以上のウエイトを占め，経済全体に与える影響が大きい「個人消費」，「生産活動」及び「雇用情勢」の3項目に重点を置いて基調判断を行っています（**図4-7**参照）。

■オルタナティブデータの活用

　これまで，個人消費における商業動態統計，家計調査などの公的統計は，2か月程度遅れて公表されるなど速報性に欠けるという短所が指摘されていましたが，新型コロナの影響による生活様式の変化や，社会・経済情勢の先行き不透明感もあって，コロナ禍でその短所がより浮き彫りとなりました。このため，クレジットカードの決済情報やPOSデータ，携帯電話の位置情報などの民間データを活用する動きが活発化しています。

　これらのデータは，政府の公的統計の代替という意味で「オルタナティブ（代替の，別の）データ」と呼ばれており，例えば，クレジットカードの決済情報であれば，現金で支払った消費の動きは把握できないものの，インターネット通販など，クレジットカードを使用した消費の動きは，旅行や飲食などのサービス消費を含めてカバーでき，経済の動きをよりリアルタイムに近い形で把握できるという特長があります。

　このため，政府がとりまとめる「月例経済報告等に関する関係閣僚会議資料」でもオルタナティブデータが使用されています。

【参考】データ収集②　V-RESASの活用

　オルタナティブデータを手軽に活用できるツールの一つが「V-RESAS」（ブイ・リーサス）です。V-RESASは，新型コロナウイルス感染症が地域経済に与える影響等の「見える化」を行っているもので，内閣官房デジタル田園都市国家構想実現会議事務局と内閣府地方創生推進室が提供しています（**図4-8**，**図4-9**参照）。

　RESASと同様に，簡単な操作で人口移動（人流），クレジットカードの決済情報，宿泊者数，飲食店情報の閲覧数などを確認できます。

図 4-8　V-RESAS（トップページ）

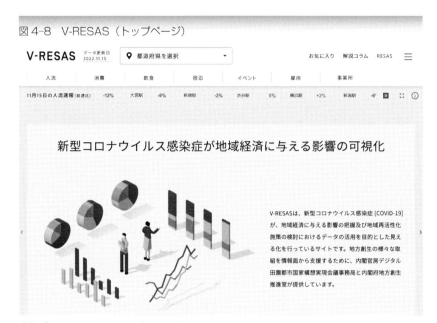

出典：「V-RESAS」（2022 年 11 月 17 日に利用）。

図 4-9　V-RESAS（熊本県の決済データから見る消費動向）

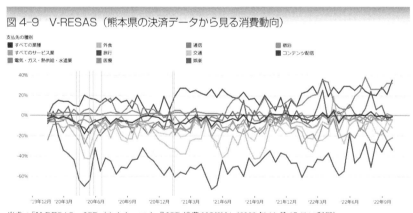

出典：「V-RESAS，JCB／ナウキャスト『JCB 消費 NOW』」（2022 年 11 月 17 日に利用）。

76

4.3 熊本県内の経済の現状について

(1)熊本県内経済情勢報告

　はじめに，当局が令和4年4月27日にとりまとめ・公表を行った「熊本県内経済情勢報告」について説明します。

　前回（令和4年1月）の報告では，熊本県内の地域経済の現状を示す総括判断を「県内経済は，新型コロナウイルス感染症の影響がみられるものの，緩やかに持ち直している」としていましたが，今回（令和4年4月）の報告では，**「県内経済は，新型コロナウイルス感染症の影響がみられるなか，一部に弱さがみられるものの，緩やかに持ち直している」**とし，「一部に弱さがみられるものの」という文言を付け加えましたが，「緩やかに持ち直している」という基調判断についてはそのまま据え置きました（**図4-10**参照）。

図4-10　熊本県内経済情勢報告（令和4年4月総括判断）

【総括判断】「県内経済は、新型コロナウイルス感染症の影響がみられるなか、一部に弱さがみられるものの、緩やかに持ち直している」

項　目	前回（4年1月判断）	今回（4年4月判断）	前回比較
総括判断	新型コロナウイルス感染症の影響がみられるものの、緩やかに持ち直している	新型コロナウイルス感染症の影響がみられるなか、一部に弱さがみられるものの、緩やかに持ち直している	⇨

（注）4年4月判断は、前回1月判断以降、4月に入ってからの足下の状況までを含めた期間で判断している。

　ここでの「一部に弱さ」とは，個人消費において，オミクロン株が急拡大した1～2月に，感染症の影響を受ける宿泊，飲食などの「サービス消費」が落ち込んだほか，「乗用車新車販売」で半導体や部材の不足といった供給面での制約により（受注は好調であるものの）販売台数が伸び悩んでいること。また，生産活動（輸送機械）において，半導体不足など供給制約の影響により自動車及び同部品の生産量が減少したことを指しています。

　以降，個人消費，生産活動，雇用情勢，住宅投資の各項目について順に説明します（個別項目の判断については**図4-11**参照）。

■個人消費

　個人消費については，財消費とサービス消費がありますが，はじめに財消費について説明します。

　財消費の主要統計としては，経済産業省の商業動態統計があり，百貨店・スーパー，コンビニエンスストア，ドラッグストア，ホームセンター，家電大型専門店の各業態の販売額が毎月公表されています。平成29年度から令和3年度までの業態別販売額の推移を見ると，新型コロナウイルス感染症の影響がある中，百貨店・スーパーの販売額[4]は徐々に減少傾向，コンビニエンスストアやホームセンターの販売額は概ね横ばい，ドラッグストアの販売額は増加傾向にあり，特にドラッグストアの市場規模は，百貨店の市場規模を上回るまでになっています。その成長のカギとなっているのが食品で，売上構成比の5割以上を食品が占めているドラッグストアチェーンもあるほどです。

　百貨店の市場規模が縮小している要因については，1つには「少子高齢化による影響」があります。百貨店においては，顧客層の高齢化が進んだことにより，利用頻度や消費額が減少するとともに，若い世代では人口の減少に加え，百貨店離れが進んでいます。

　2つ目の要因は，郊外型の大型商業施設やディスカウントストア，インターネット通販といった「多様な販売チャネルの台頭」です。皆さんもインターネットで購入される機会が多いのではないでしょうか。

　3つ目の要因は，「『モノ』から『コト』への消費のシフト」です。消費者が，モノを買うことよりも体験や経験など目に見えないものに価値を感じるようになり，以前よりも財（モノ）が売れない時代になってきています。そのため，百貨店各社では『コト』消費関連の品揃えを充実させたり，売り場の一部をアウトドアなどの体験型にリニューアルすることで需要の取込みを図っているようです。しかしながら，売上の回復が見込めず地方都市を中心に老舗百貨店の閉店が相次いでいます。

　少し話が逸れますが，経済活動の方向性を把握するためには，ある時点と比較することが必要であり，前年の同じ月（または同じ期間）と比較する「前年

4　百貨店が複数ある都道府県は百貨店とスーパーの販売額がそれぞれ公表されている一方，熊本県には百貨店が1つしかないため百貨店とスーパーの合計額が公表されている。

比」はよく使われる比較方法です。「前月比」という比較方法もありますが，経済データの多くには季節的な要因[5]があるため，単純に販売額などのデータ（原数値）を前月比で比較することは適当ではありません。

　また，販売額の捉え方には，「全店」ベースと「既存店」ベースがあります。全店ベースは調査時点で存在するすべての店舗の販売額の合算である一方，既存店ベースは前年同月に販売額が計上された店舗の販売額の合算で新規オープンした店舗の販売額は含まないため，全店ベースよりも販売額が小さくなる傾向にあり，それぞれの特徴に留意する必要があります。当局では基本的には全店ベースの販売額で比較を行っています。

　ここから個人消費の各項目について順に説明します。

　百貨店・スーパー販売については，新型コロナウイルス感染症の感染拡大により，熊本県全域に「まん延防止等重点措置」（令和4年1月21日〜3月21日）が出され，外出控えの影響があった一方，巣ごもり需要[6]が見られました。個人消費については，経済産業省の「商業動態統計」をベースとして分析を行っていますが，4月の経済情勢報告の取りまとめ時点（4月中旬頃）までに公表されていた直近3か月の指標[7]は，▲1.5%（令和3年12月），＋1.2%（令和4年1月），▲4.4%（令和4年2月）となっていました。

　一方，足下の状況に関して，主要な百貨店・スーパーへのヒアリングでは「感染拡大による外出控えに加え，2月は気温が低かったこともあり，春物衣料が不振だった。カジュアル衣料の動きはまだ戻っていないが，入社式などが久しぶりに開催されるためかフォーマル衣料は動き始めた」，「外出控えにより家庭内需要が強くなったことでまとめ買いの傾向が見られ，総菜，冷凍食品，酒類などの食料品の売上が伸びた。まん延防止等重点措置の解除以降も引き続き堅調」といった声がきかれました。こうした点を踏まえ，百貨店・スーパー販売については，「衣料品が低調であるものの，食料品が堅調であることから，緩やかに持ち直しつつある」としました。

5　個人消費では，百貨店・スーパーの販売額が，毎年12月の支出額が他の月よりも大きくなる一方，2月は日数が少ないこともあって他の月よりも少ない傾向。生産活動については，1月，5月，8月に休み（正月休み，GW，お盆休み）があり工場の稼働日数が少ない傾向がある。

6　外出を控え自宅で過ごす時間が増える中，家で快適に過ごすための消費行動に先立つニーズ。

7　出所は経済産業省「商業動態統計」（家電大型専門店販売まで同じ）。

　当局では，公表されている指標（統計データ）と足下までのヒアリング結果を総合的に勘案して基調判断を行っていますが[8]，統計データの多くは即時性が乏しく，前回判断以降足下までのデータがすべて揃わないことから，先ほどご紹介したオルタナティブデータを活用しつつ，ヒアリング結果をより重視して経済情勢の判断を行っています。

　コンビニエンスストア販売については，百貨店・スーパー販売と同様に，新型コロナウイルス感染症の影響が見られました。直近3か月の指標は，＋3.0%（令和3年12月），＋2.7%（令和4年1月），▲2.6%[9]（令和4年2月）であり，主要なコンビニエンスストアへのヒアリングでは，「感染拡大の影響で来店客数が減少し2月は厳しかった。熊本は他県よりもまん延防止等重点措置の解除時期が遅かったため，観光地や繁華街，オフィス街周辺の店舗での影響が長引いたものの，解除後は持ち直している」といった声がきかれたことから，「繁華街や観光地周辺の店舗において客足の落ち込みがみられたものの，客足は戻りつつあり堅調である」としました。

　ドラッグストア販売は，感染防止対策としてのマスク着用が社会的な要請でもあり，マスクを含む衛生用品の販売は堅調でした。直近3か月の指標は，▲4.8%（令和3年12月），＋0.5%（令和4年1月），▲0.2%（令和4年2月）であり，主要なドラッグストアへのヒアリングでは，「感染者数の増加に伴い，巣ごもり需要や中食[10]需要が高まったこともあり，食料品を中心に好調」といった声がきかれたことから，「食料品や衛生用品を中心に堅調である」としました。

　ホームセンター販売は，コロナ禍の巣ごもり需要で，引き続きDIY商品やガーデニング関連用品の需要が見られました。直近3か月の指標は，▲2.7%（令和3年12月），0.0%（令和4年1月），＋1.9%（令和4年2月）であり，主要なホームセンターへのヒアリングでは，「DIY関連商品やガーデニング用品の需要が定着していることから，例年より高い水準で推移している。1月中旬以

8　コロナ禍においては，緊急事態宣言の発令等によって個人消費などで急激な変動が見られることから，必要に応じてコロナ禍前のデータとの比較（例えば2019年比）も行い，基調判断の参考としている。

9　調査対象の店舗数が前年より12店舗減っていることも前年比マイナスの一因。

10　総菜店やコンビニエンスストア，スーパーなどで弁当や総菜を購入したり，デリバリーを利用して，家庭外で商業的に調理・加工されたものを購入して食べる食事の形態。

降の感染拡大の影響により，アクリルパーティションの需要が再度増加した」
といった声がきかれたことから，「DIY 関連商品や園芸用品を中心に堅調であ
る」としました。

　家電大型専門店販売は，コロナ禍においてはテレワーク用のパソコン需要な
どが見られていました。直近 3 か月の指標は，▲12.3%（令和 3 年 12 月），
▲7.4%（令和 4 年 1 月），＋0.3%（令和 4 年 2 月）であり，主要な家電大型専門
店へのヒアリングでは「パソコンはテレワーク需要の落ち着きから弱い動きと
なっているものの，冷蔵庫，洗濯機，エアコンなどの主要製品については，高
機能商品への買い替え需要もあって例年と比べると高い水準を維持している」
といった声がきかれたことから，「高機能商品の需要が続いており堅調である」
としました。

　乗用車の新車販売（普通・小型乗用車＋軽自動車）は，乗用車の都道府県分の
数字は運輸支局，軽自動車は全国軽自動車協会連合会のデータを使用していま
す。販売店で契約した時点ではなく，運輸支局等で登録された（ユーザーにと
っては納車された）タイミングで計上される台数であることに留意が必要です。

　乗用車の新車販売は，コロナ禍で落ち込んだ自動車需要の急回復などを背景
とした半導体不足の影響により，自動車メーカーが工場の製造ラインの停止を
余儀なくされ，販売する車両の供給が滞る状況が続いたことから，直近 3 か月
の指標は，▲17.6%（令和 4 年 1 月），▲25.5%（令和 4 年 2 月），▲13.0%（令和
4 年 3 月）となっていました。また，主要な自動車販売店へのヒアリングでも，
「半導体不足や工場の稼働停止に伴う減産の影響でメーカーからの供給が滞っ
ており，新車販売は低調である。受注は引き続き好調で，納期の長期化を見越
して購入を前倒しする動きも見られる」といった声がきかれたことから，乗用
車の新車販売については「供給面での制約により弱含んでいる」としました。

　「弱含み」について明確な定義はありませんが，一般的には景気の後退局面
の入口で「停滞している」ような状態を指します。

　宿泊，飲食などのサービス消費について，宿泊者数は，まん延防止等重点措
置の適用によって落ち込んだものの，重点措置の解除後は，宿泊助成事業
（県：くまもと再発見の旅[11]，熊本市：LOOK UP KUMAMOTO[12]）の効果が
見られ，把握できる直近 3 か月の指標は，▲6.0%（令和 3 年 11 月），＋24.5%

（令和3年12月），＋50.0％（令和4年1月）となっていました[13]。飲食につい
ては，公的な統計データがないことから，公的機関や業界団体，個別企業への
ヒアリング結果等により実態把握を行っています。4月時点で宿泊，飲食関係
者からは，「まん延防止等重点措置適用後，宿泊稼働率は大きく落ち込んだ。
助成事業再開後は郊外の宿泊施設を中心に予約状況は回復傾向にある」（公的
機関），「3月は歓送迎会等の時期で書き入れ時だったが，まん延防止等重点措
置が延長されたため宴会の予約は吹き飛んでしまった。解除後も感染者数が高
止まりしていることもあり，自粛傾向は続いている」（飲食業界団体），「まん
延防止等重点措置解除後，助成事業の効果もあって，4月の稼働率は7割を超
えている。まん延防止等重点措置期間中，レストランの客足は少なかったが，
テイクアウト弁当の売上が下支えになった」（宿泊施設）といった声がきかれ
ました。こうした点を踏まえ，宿泊については，「<u>感染症の影響により弱い動
きがみられるものの，足下では助成事業の効果がみられる</u>」としました。

　なお，飲食については，公的機関等の統計データがないため，経済情勢報告
にコメントを記載していませんが，基調判断を行う上では当然考慮しています。

　また，先ほどご説明したように，公的統計データのない足下の状況について
は，クレジットカードの決済情報，POSデータなどのオルタナティブデータ
を積極的に活用して，ヒアリング結果等と整合しているかといった観点での検
証も行っています。

　個人消費（全体）の令和4年4月判断については，以上を総合的に勘案して
「**新型コロナウイルス感染症の影響がみられるなか，一部に弱さがみられるも
の，持ち直しつつある**」としました。前回判断（1月）の「新型コロナウイ
ルス感染症の影響がみられるものの，持ち直しつつある」から表現を変更しま
したが，「持ち直しつつある」という基調判断については据え置きました。

　ご参考までに説明しますと，百貨店・スーパー販売などで令和2年9月に落

11　登録対象施設への宿泊・1人当たり旅行（宿泊）：代金の最大50％（上限5,000円）を支援する
　ほか，地域限定クーポン（割引後の旅行代金が3,000円以上の場合）1人当たり2,000円付与。

12　熊本市内への宿泊：1人当たり旅行（宿泊）代金の最大30％（上限3,000円）を支援。「くまも
　と再発見の旅」との併用可能。

13　出所は観光庁「宿泊旅行統計調査」。ただし，前回判断時点の1月までしかデータが公表されて
　いなかったため他の公的機関が作成している資料等も活用している。

ち込みが見られていますが，これは前年（令和元年）10月からの消費税率の引上げ（8％→10％）を前にした駆け込み需要の反動によるものです。そうした中，ホームセンター販売の熊本県分の販売額が落ちていないのは，9月上旬に過去最強クラスといわれた台風10号が九州に上陸（もしくは接近）するという気象予報を受けて，台風対策のための商品（木板，テープなど）がホームセンターなどで特需として購入されたためです。単に前年比プラスかどうかだけでなく，こうした特殊要因についても考慮しながら経済情勢を判断しています。

■生産活動

　生産活動については，経済産業省及び各都道府県が毎月作成・公表している「鉱工業生産指数」と当局担当者が実施するヒアリング結果を基に基調判断を行っています。

　指数とは，過去の基準となる時点を100として，現在の水準がどのくらいになるかを計算したものです。鉱工業生産指数は，鉱業・製造業を営む企業が，どれだけ製品を生産したかを表す数量指数であり，現在は平成27年1～12月の生産量の平均値を100とし，その基準に対してどれだけ増減しているかを比率の形で示しています。

　先ほど経済データの多くは季節性があるので，前年比で比較することが多いといいましたが，鉱工業生産指数については，季節要因に加え，曜日・祝祭日要因，うるう年要因についての調整を行った「季節調整値」が公表されているため，分析にあたっては季節調整値を使用しています。

　基準年（平成27年）時点では，熊本県では，①食料品等，②汎用・生産用機械，③電子部品・デバイス，④化学，⑤輸送機械がウエイトの高い上位5業種となっています。4月の経済情勢報告の取りまとめ時点（4月中旬頃）までに公表されていた直近3か月の指標（熊本県・季節調整済）は**表4-1**のとおりとなっていますが，各月の指数の変動が大きいことから，移動平均（その月を含む一定期間の平均値を使用する方法）で再計算し，数字を均してみるといった工夫が必要となります。

　生産活動について，各業種の主要な企業へのヒアリングでは次のような声がきかれました。

表4-1　熊本県の鉱工業生産指数（季節調整値）

	令和3年11月	令和3年12月	令和4年1月
全業種	136.2	125.8	111.0
①食料品等	102.9	97.6	99.0
②汎用・生産用機械	194.9	159.8	129.9
③電子部品・デバイス	238.7	237.1	192.3
④化学	84.3	65.2	88.2
⑤輸送機械	107.9	100.5	86.4

「2月は稼働率が落ちたものの，まん延防止等重点措置の解除以降，業務用アルコールの生産が回復してきている。家庭向けも引き続き需要があり，ほぼフル生産となっている」（食料品等）

「世界各地で半導体メーカーの投資計画が拡大傾向にあり，半導体製造装置の受注は好調に推移しているものの，年明け以降部材不足が深刻化し，生産への影響が見られる」（汎用・生産用機械）

「産業向けや民生向けのパワー半導体は，工場における省人化・自動化の進展や，脱炭素の流れを背景に引き合いが強く，フル生産となっている」（電子部品・デバイス）

「先進国市場を中心に需要の高まりは続いているものの，全世界での半導体需給のひっ迫や物流の混乱が継続し，部材の不足が発生しており，一部車種にて減産となっている」（輸送機械）

　以上を踏まえて，生産活動の令和4年4月判断は，「**一部に弱さがみられるものの，回復している**」とし，前回判断（1月）の「回復している」から表現の変更は行いましたが，「回復している」という基調判断については据え置きました。ここでの「一部に弱さ」は，輸送機械において，先ほど乗用車新車販売のところでも説明したように，半導体不足により自動車関連産業（自動車・同部品）の生産が減少していることを指しています。また鉱工業生産指数についても公表までに時間を要することから，個人消費と同様に判断の際にはヒアリング結果を重視しています。

　熊本県の生産活動の特徴としては，主なヒアリング結果にもあったように，半導体デバイス（電子部品・デバイス）や半導体製造装置（生産用機械）が旺

盛な半導体需要を受けて好調であることが挙げられます。

■雇用情勢

　雇用情勢については，厚生労働省及び労働局が毎月作成・公表している「一般職業紹介状況」等のデータや，当局担当者が実施するヒアリング結果を基に判断を行っています。

　2008年のリーマン・ショックにより雇用情勢が悪化した後，「求職者1人当たりどのくらいの求人があるか」を示す有効求人倍率（有効求人数 [14] ÷有効求職者数 [15]）は回復傾向が続いていましたが，新型コロナウイルス感染症の影響により落ち込みが見られました。しかしながら足下の有効求人倍率は，1.35（令和3年12月），1.37（令和4年1月），1.40（令和4年2月），1.39（令和4年3月）と緩やかに上昇していることに加え，新規求人数 [16]（原数値）も，医療・福祉，職業紹介・労働者派遣業，宿泊業・飲食サービス業を中心に，前年同月比＋14.8%（令和3年12月），＋10.5%（令和4年1月），＋9.0%（令和4年2月），＋1.9%（令和4年3月）と前年を上回って推移している状況です。

　なお，有効求人倍率は，ハローワークで扱う求人・求職者数を基に算出されるものであり，求人サイトの情報は含まれていないことから，労働局に加えて人材サービス会社等へのヒアリングを行い実態を把握しています。

　4月時点で，「医療業については，人手不足が常態化しており，ワクチン接種のための人材確保も苦慮している状況で求人数が増加している」，「派遣先企業の数は変わっていないが，請け負う業務量が増えている。業務量に対して人手が不足しており求人数が増えている」といった声もきかれたことから，雇用情勢の令和4年4月判断は，「<u>新型コロナウイルス感染症の影響がみられるものの，緩やかに持ち直している</u>」とし，前回判断（1月）の「緩やかに持ち直しつつある」から「緩やかに持ち直している」に上方修正しました。

　求人数については，これまで新型コロナウイルス感染症の影響を受けてきた

14　ハローワークで募集が出ている求人数。前月から繰り越された求人数と当月の新規求人数の合計。
15　ハローワークに登録している求職者数。前月から繰り越された求職者数と当月の新規求職者数の合計。
16　ハローワークが期間中に新たに受け付けた求人数（採用予定人員）。

宿泊業・飲食サービス業などで回復の動きが見られています。また，世界的な半導体不足による需要増や，台湾の半導体メーカー TSMC（台湾積体電路製造）の熊本進出をはじめとした半導体関連企業の県内への集積の動きを受けて，関連する製造業や職業紹介・労働者派遣業での求人が好調であり，今後も堅調な動きが期待されます。

■住宅建設

　住宅建設については，国土交通省が毎月作成・公表している「建築着工統計調査」の住宅着工統計のデータを使用しています。住宅着工統計は，建築主から都道府県知事に提出された建築工事届を基に戸数などを集計したもので，実際に工事が進捗していない段階でカウントされていることに注意が必要です。

　また，この統計は，例えば大型の分譲マンション建設があった場合には，工事に着工した時点で一括して計上されるため振れが大きいことに注意が必要です。このため，鉱工業生産指数と同様に，移動平均を用いて再計算し，数字を均して見ています。このような観点で分析を行い，住宅建設の令和4年4月判断は，「**緩やかに持ち直しつつある**」として，前回判断（1月）を据え置きました。

図4-11　熊本県内経済情勢報告（令和4年4月個別項目）

【各項目の判断】

項　目	前回（4年1月判断）	今回（4年4月判断）	前回比較
個人消費	新型コロナウイルス感染症の影響がみられるものの、持ち直しつつある	新型コロナウイルス感染症の影響がみられるなか、一部に弱さがみられるものの、持ち直しつつある	⇨
生産活動	回復している	一部に弱さがみられるものの、回復している	⇨
雇用情勢	新型コロナウイルス感染症の影響がみられるものの、緩やかに持ち直しつつある	新型コロナウイルス感染症の影響がみられるものの、緩やかに持ち直している	⇗
設備投資	3年度は増加見込み	3年度は増加見込み	⇨
企業収益	3年度は増益見込み	3年度は増益見込み	⇨
住宅建設	緩やかに持ち直しつつある	緩やかに持ち直しつつある	⇨

注：設備投資，企業収益は説明を割愛。

⑵法人企業景気予測調査

財務省・財務局では，これまでご説明してきた「経済情勢報告」（年4回公表）とは別に「法人企業景気予測調査」を実施しています。この調査は，経済の現状及び今後の見通しに関する基礎資料を得ることを目的として，資本金1千万円以上の法人を対象に，平成16年4～6月期から内閣府・財務省の共管により実施しているアンケート調査です。財務局，財務事務所で年4回実施しており，調査結果は6月，9月，12月，3月の各月中旬までに公表しています。

法人企業景気予測調査は，日銀短観（全国企業短期経済観測調査）とともに，企業の景況感のほか企業収益や設備投資の年度計画などを把握する調査ですが，同じ景況感を把握する調査であっても，調査目的や手法が日銀短観とは異なっています（**表4–2**参照）。

日銀短観では，調査票記入時点における景気の水準について，企業から，景気が「良い」「さほど良くない」「悪い」の3つの選択肢から回答してもらい，「良い」と回答した企業の構成比から「悪い」と回答した企業の構成比を引いたものをDI（ディフュージョン・インデックス）という指標に数値化してい

表4–2 法人企業景気予測調査と日銀短観との関係

	法人企業景気予測調査	全国企業短期経済観測調査 （日銀短観）
調査目的	経済の現状及び今後の見通しに関する基礎資料を得ることを目的	全国の企業動向を的確に把握し，金融政策の適切な運営に資することを目的
調査対象法人	資本金1千万円以上の法人	資本金2千万円以上の民間企業
標本法人数	約14,400社	約10,200社
調査時期 発表時期	調査：当該四半期の初月から中間月 発表：最終月の中旬まで	調査：3月，6月，9月，12月 発表：翌月初め（12月調査は12月中旬）
判断項目調査	貴社の景況，国内の景況，従業員の過不足感等 景況判断BSI（Business Survey Index） ：前期と比較した景気の方向性を調査 ⇒上昇・不変・下降・不明	貴社の業況，貴社の雇用人員の過不足感等 業況判断DI（Diffusion Index） ：各時点における景気の水準を調査 ⇒良い・さほど良くない・悪い
計数項目調査	売上高，経常利益，受取配当金，設備投資，土地購入額，ソフトウェア投資額	売上高，為替レート，経常利益，当期純利益，設備投資額，土地投資額，ソフトウェア投資額，研究開発投資額等

ます。DI＝0（ゼロ）は，景気が良いと回答した企業と景気が悪いと回答した企業の数が同じということであり，DI がプラスであれば，良いと回答した企業の数が多く，DI がマイナスであれば，景気が悪いと回答した企業が多いということになります。

　一方の法人企業景気予測調査では，前期と比較した景気の変化方向について，企業から，景気が「上昇」「不変」「下降」「不明」の４つの選択肢から回答してもらい，「上昇」と回答した企業の構成比から「下降」と回答した企業の構成比を引いたものを BSI（ビジネス・サーベイ・インデックス）という指標に数値化しています。このように景況感について，「方向性」で見るか「水準」で見るかという点で両者は異なっており，DI が前回＋4 で今回＋1 の場合は 3％ ポイント悪化している，と見るのに対し，BSI が前回＋4，今回＋1 の場合には，一見すると悪化しているように見えるものの，実際は前期と比較して 1％ ポイント改善している点に留意する必要があります。

　また，経済情勢報告は，売上等の数値の集計結果であるため，どうしても大企業の業績の影響を受けるのに対して，法人企業景気予測調査や日銀短観の景況感は，規模にかかわらず 1 社 1 票のアンケート調査であり，数値に現れない企業経営者の心理も反映される点が特徴といえます。

■熊本県内企業に対する調査結果（令和 4 年 4～6 月期）

　当局が 6 月 13 日に公表した熊本県内企業に対する「法人企業景気予測調査」（令和 4 年 4～6 月期）の結果ですが，景況判断 BSI（原数値）は，製造業が▲2.8％ ポイント，非製造業が▲5.4％ ポイント，全産業が▲4.7％ ポイントという結果となりました（**表 4-3，図 4-12** 参照）。

　業種別では，製造業では，半導体や半導体製造装置の需要増を受けて，生産用機械器具や情報通信機械器具が改善したほか，食料品や金属製品も原材料価格高騰分の価格転嫁ができたことなどで改善したものの，中国のロックダウン（都市封鎖）の影響などで自動車・同附属品や電気機械器具が悪化し，製造業全体では「下降」超となりました。一方，非製造業では，新型コロナウイルス感染症の行動制限緩和により，遊園地やゴルフ場などの娯楽業や小売業が改善したものの，建設業や農林水産業が，木材や鋼材などの資材や飼料・肥料の価

表 4-3　景況判断 BSI（熊本県）

景況判断 BSI（前期比「上昇」－「下降」の社数構成比）

（単位：％ ポイント）

	回答企業数	4 年 1～3 月 （前回調査）	4 年 4～6 月 （現状判断）		4 年 7～9 月 （見通し I）		4 年 10～12 月 （見通し II）
全 産 業	128	▲ 25.6	（ 0.8）	▲ 4.7	（ 3.9）	2.3	4.7
製 造 業	36	▲ 23.1	（ 2.6）	▲ 2.8	（ 0.0）	11.1	2.8
非 製 造 業	92	▲ 26.7	（ 0.0）	▲ 5.4	（ 5.6）	▲ 1.1	5.4
大 企 業	28	▲ 17.9	（ 14.3）	7.1	（10.7）	10.7	10.7
中 堅 企 業	28	▲ 19.4	（ 13.9）	▲ 10.7	（ 2.8）	▲ 7.1	0.0
中 小 企 業	72	▲ 32.3	（▲ 12.3）	▲ 6.9	（ 1.5）	2.8	4.2

注：（ ）書きは前回調査時の見通し。
出典：「法人企業景気予測調査（熊本県の概要）」令和 4 年 4～6 月期調査，財務省九州財務局。

図 4-12　調査結果概要（熊本県）

令和 4 年 5 月 15 日を調査時点として，熊本県内の企業 130 社を対象（回答企業数 128 社）に「法人企業景気予測調査」を実施した。

【企業の景況判断】…現状判断は「下降」超
　現状（令和 4 年　4～6 月期）　　　全産業　：▲ 4.7（前期▲ 25.6）
　　　　　　　　　　　　　　　　　　製造業　：▲ 2.8（前期▲ 23.1）
　　　　　　　　　　　　　　　　　　非製造業：▲ 5.4（前期▲ 26.7）

　先行き（令和 4 年 7～9 月期）　　　全産業　：　2.3
　先行き（令和 4 年 10～12 月期）　　全産業　：　4.7

【売上高】…令和 4 年度　　　　　　　全産業　：　23.5% の増収見込み
　　　　　　　　　　　　　　　　　　製造業　：　29.3% の増収見込み
　　　　　　　　　　　　　　　　　　非製造業：▲　1.0% の減収見込み

【経常利益】…令和 4 年度　　　　　　全産業　：　25.7% の増益見込み
　　　　　　　　　　　　　　　　　　製造業　：　28.2% の増益見込み
　　　　　　　　　　　　　　　　　　非製造業：▲ 22.2% の減益見込み

【設備投資】…令和 4 年度　　　　　　全産業　：　38.9% の増加見込み
　　　　　　　　　　　　　　　　　　製造業　：　38.8% の増加見込み
　　　　　　　　　　　　　　　　　　非製造業：　42.5% の増加見込み

【従業員数判断】…現状判断は「不足気味」超
　現状（令和 4 年 6 月末）：27.0（前期 27.3）

出典：「法人企業景気予測調査（熊本県の概要）」令和 4 年 4～6 月期調査，財務省九州財務局。

格高騰で収益が悪化したことから，非製造業全体でも「下降」超となりました。

　先行きについては，全産業で「上昇」超に転じる見込みとなっています。

　当局としては，引き続き，企業へのヒアリング等を通じて，供給面での制約や原材料価格上昇等の影響が地域経済に与える影響について注視していくこととしています。

4.4 熊本県内における特徴的な動き：台湾積体電路製造（TSMC）の熊本県進出 [17]

　最近の熊本県内における特徴的な動きとしては，ファウンドリ [18] 世界最大手である台湾積体電路製造（TSMC）の熊本県への進出があります。菊陽町に建設中の新工場は，東京ドーム 4.5 個分の広さで，2024 年末までの操業開始に向けて，今年 4 月から工場建屋の建設が始まっています。

　TSMC が新工場に投じる資金は総額 1 兆円規模で，日本政府は経済安全保障上の重要性が高まっている半導体について，国内で安定して生産できる体制を構築するため，投資額の半額程度を支援する方針を示しています。

　新工場では回路線幅 22〜28 nm（ナノメートル）のロジック半導体 [19] に加え，回路線幅 12〜16 nm のロジック半導体を生産予定。月間生産能力は 300 mm ウエハ換算で 55,000 枚です。新工場で生産した半導体は，ソニーのイメージセンサー向けのほか，自動車向けの供給などが想定されています。

　TSMC の熊本への進出によって，国内企業への半導体の安定供給，新規雇用創出のほか，幅広い業種への経済波及効果が期待される一方，半導体関連人材の育成・確保が課題となっています。また，地元企業からの人材流出・人手不足，交通渋滞の悪化，住宅用地の不足等を懸念する声が多方面から聞かれています。TSMC の新工場に関しては，熊本のみならず全国から大きな注目を集めており，新聞等でも目にする機会が多いと思われますので，是非皆さんも目を向けておいてください。

17　報道情報等を基に作成。

18　半導体メーカーやファブレス（自社工場を持たず設計・開発のみを行う企業）からの委託を受けて半導体チップの生産を行う生産専門の企業のこと。

19　制御や演算処理などを行う半導体。パソコンをはじめとするデジタル機器で使用されている。

5. 金融リテラシー

■多重債務とは

　皆さんは，多重債務という言葉を聞いたことがありますか？　最近では法律事務所なども CM を行うようになってきたので，耳にされたことがあるのではないでしょうか。多重債務とは，読んで字の如く，多い重い債務ということで借金などのことです。多重債務とは，消費者金融や銀行，クレジット会社などの事業者や，個人から借金をしたり，クレジットカードでショッピングをするなどで，借金の返済やショッピングにかかる支払いが困難になった状態のことです。

　皆さんが大学を卒業したらいよいよ社会に旅立つことになりますが，これから歩まれる長い人生の中では多くのイベント事に出会うことになります。このイベント事は，お金とは切っても切れない関係にあり，特に住宅購入，教育，老後の資金は人生の三大資金といいまして，人生のイベント事の中でも特に高額な資金が必要になるといわれています。

　しかし，多重債務に陥っている方々は，借金の返済に追われている状態ですから，将来のための貯蓄はおろか日々の生活を送ることにも困っています。皆さんにはこのような多重債務の状態になってほしくないので，簡単ではありますが，お金に関するお話をしたいと思います。

■あなたならどうしますか

　突然ですが，あなたならどうしますか？　皆さんにちょっとだけ考えていただきたいです。

　皆さんが大学を卒業して就職してしばらく経った頃，100 万円の貯蓄があるとします。通勤も大変なので，勤務先へ自家用車で通勤したいと思っています。

さて，次の３つからどのような車を購入しますか？　という問題です。私なら
もっとほかの方法を選ぶ，こんな方法もあるはず……というご意見もあるとは
思いますが，今回はこの３つから選択してみてください。

　１つ目は，中古の軽自動車を80万円で購入します。２つ目は，オートローン
の審査が通ったので，普通自動車を200万円で購入します。３つ目は，「残ク
レ」の審査が通ったので，普通自家用車を350万円で購入します。さあ，どの
方法を選びますか？

　ここで，「残クレ」って何？　と思った方もいらっしゃるかもしれません。
「残クレ」とは次のようなものです。

　車関係の会社によっては内容に多少の違いがあるかもしれませんが，おおよ
その内容は以下のとおりです。図5-1について，ここに購入しようと思ってい
る車があります。この車の右側を残価として残し，左側を３年間や５年間など
の分割で支払っていくというものです。残価を残しますから，当然，毎月の支
払額が少額で良いということになります。３年間や５年間支払ったら，残価を
払わずにこの車を手放す（事業者に戻す）か，それとも残価相当額を支払って
自分の物にするか，もしくは新しい車を契約して乗り換えるかを選択するとい
うものです。

　この「残クレ」のメリットは，残価部分を残しますので，毎月の支払額が少
額となり払いやすいということです。また，家族が増えたり子どもが成長する
につれて，例えばワゴン車などに乗り換えたいと考える場合は，この方法を選
択することにメリットもあります。

図5-1　「残クレ」とは

　一方，デメリットは，利息は残価を含めた元金に対してかかるほか，少しずつ長い期間支払っていきますので，多くの利息を払うことになります。

　車を手放した場合，車は事業者に返却し次の顧客に売却されるため，商品価値を保つ必要もあります。月間の走行距離に制限があり超過した場合にはペナルティがかかったりします。また，事故で破損したり，傷や汚れがあれば，追加費用が発生することにもなります。さらに，自分の物であって自分の物ではないので，車を自由にカスタマイズすることができませんし，残価は保証されていますが，例えば人気車の場合，中古車市場ではさらに高額で買い取ってくれるとしても残価は変更されないことになります。

　さあ，残クレについて説明しましたが，それでは改めてお尋ねします。1つ目，中古の軽自動車を80万円で購入します。2つ目，オートローンの審査が通ったので，普通自動車を200万円で購入します。3つ目，「残クレ」の審査が通ったので，普通自家用車を350万円で購入します。この中のどれを選びますか？

　実はどれが正解ということはありません。皆さん，それぞれの状況に合わせて自己判断で選択していただくということになります。だからといって，いずれも全く問題がないということではありません。1つ目の中古車ですが，一見，持っている現金の範囲内で購入することになり，手元には20万円残るので良いようにも思えますが，中古車は1台として同じものはありません。前所有者がどのような乗り方をしていたのか，例えば海沿いの地域で潮風にあたっていて劣化が進んでいるなど環境によっても違ってきますし，ブレーキパッドのような消耗品は，すぐに交換の時期が来るかもしれません。そのような場合はどうでしょう，もしかしたら，残った20万円では足らないかもしれません。中古車にはこうしたリスクも伴います。次に2つ目の普通車ですが，100万円は頭金にするとしても，残りの100万円は債務を負うことになりますので，払っていけるのか，生活に支障がないかなどを考えて決めることが重要になります。最後に3つ目の残クレですが，これは，毎月の支払額が少額なので，何となく高額な車を安く購入できているような感覚になりやすく，身の丈に合わない高級車を買ってしまうことに注意する必要があります。

　今回，このような事例を皆さんに考えていただいたのは，実は多重債務に陥

っているにもかかわらず，残クレで高額な車の契約をしている方が結構いらっしゃるからです。例えば4，5年前から借金があって，毎月その返済と生活費で大変な状態になっているにもかかわらず，最近になって残クレで車を購入しているような事例がよくあります。生活が大変な状態でなぜこのような高級車を購入したのかと尋ねると，「審査に通ったからこの車を買った」という答えがよく返ってきます。

　多重債務の方は，毎月の収入で一生懸命やり繰りをしておられ，決して贅沢三昧な生活をしているわけではありませんが，今の家計の収支状況はどうなのか，本当に返済できるのか，生活していけるのか，本当にそのグレードの車が必要か等，現在の状況が理解出来ているのだろうかと思うことがあります。また，家族が自分だけなら良いかもしれませんが，例えば結婚して子どもさんもいるような場合だと，将来高額な教育資金が必要になります。このような先々のことも見えているのだろうかと思うことがあります。

　皆さんは，是非，目の前のことだけでなく，自分のライフプランに合わせて先のことも見越しながら準備をしていけるようになってください。

■成年年齢の引下げについて

　ご存じのとおり，今年の4月から民法の改正により，成年年齢が18歳に引き下げられました。成年年齢とは，単独で法律行為ができるようになる年齢のことです。学生が起業する場合，未成年だと仕事関係の契約の際には親が同行する必要があるなど少し不便な部分があったようですが，成年年齢引下げにより，本人のみでスムーズに契約手続きを進めることができるので助かるとの声もあります。若い世代の方々にはその力を大いに発揮していただきたいと思いますが，一方で，その行動には責任が伴うということもよく認識しておく必要があります。成年年齢は18歳に引下げになりましたが，18歳からできることと，これまでどおり20歳にならなければできないことがあります。18歳からできるようになったことは，親の同意がなくても契約ができる，国家資格がとれる，結婚ができるなどです。

　一方で，飲酒や喫煙といった身体に影響しそうなものや，競輪・競馬・オートレースといったギャンブル性の強いものはこれまでどおり20歳になってか

図5-2 消費者トラブル10選

［2022年2月28日：公表］

18歳から"大人"　18歳・19歳に気を付けてほしい消費者トラブル
最新10選

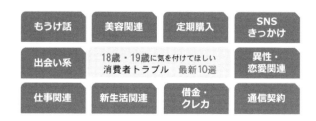

1. 副業・情報商材やマルチなどの"もうけ話"トラブル
2. エステや美容医療などの"美容関連"トラブル
3. 健康食品や化粧品などの"定期購入"トラブル
4. 誇大な広告や知り合った相手からの勧誘など"SNSきっかけ"トラブル
5. 出会い系サイトやマッチングアプリの"出会い系"トラブル
6. デート商法などの"異性・恋愛関連"トラブル
7. 就活商法やオーディション商法などの"仕事関連"トラブル
8. 賃貸住宅や電力の契約など"新生活関連"トラブル
9. 消費者金融からの借り入れやクレジットカードなどの"借金・クレカ"トラブル
10. スマホやネット回線などの"通信契約"トラブル

出典：独立行政法人国民生活センターHPの発表情報。

　らです。この競輪・競馬やパチンコも含めたギャンブル等[1]は，楽しむ程度なら良いですが，どんどんのめり込んで依存症の状態にまでなりますと，脳が誤作動を起こす病気だといわれており治療が必要になります。この依存症は多重債務とも関係が深いものです。どんなに債務を整理しても，治療をせずに依存症のままいると，ギャンブル等をやめようという自分の意思が働かなくなって，その資金が不足するとまた借金をしてしまいます。依存症にまでならないように注意することが大切です。

　図5-2は，国民生活センターが公表している18，19歳に気を付けてほしい消費者トラブル10選です。儲け話，美容関連，定期購入などがありますが，

1　パチンコは「風俗営業法」により「風俗業」と規定されており，法律的な解釈によって，「賭博」や「ギャンブル」としてみなされていないため，等となる。

この中に借金・クレカというものも含まれています。もちろんこれ単体でのトラブルもあるのですが，借金・クレカは他の消費者トラブルに絡んでくる場合も多いのです。

　他方，資金を貸し付ける側も何もしていないわけではありません。貸金業協会のホームページによると，若者と資金の貸付契約を締結する場合には，貸付額に関わらず収入状況や資金使途を確認する，名義貸借やマルチ商法について注意喚起を行うなど，より慎重な審査を行っています。

　図5-3は，政府広報の成年年齢引下げに関するYouTube動画配信のポスターです。東京リベンジャーズのキャラクターが載っています。皆さん，東京リベンジャーズのアニメなどはご覧になったことがありますか？　名場面や台詞がうまく利用された動画になっています。5分程度の短い動画ですので，是非ご覧ください。

　次に，携帯電話の契約についてです。皆さんの中には自分で携帯電話の契約をしている方もいると思いますが，端末代金の支払いはどのようにしています

図5-3　成人年齢引下げに関するポスター

成年年齢引下げ

18歳になると，できるようになること
・親の同意がなくとも契約できる
・携帯電話を契約する
・一人暮らしの部屋を借りる
・クレジットカードをつくる
・ローンを組む　など

20歳にならないと，できないこと
・飲酒する
・喫煙する
・競馬等の投票券を購入するなど

出典：消費者庁HP。

か？　おそらくほとんどの方が分割払いにしているのではないかと思います。分割払いの場合，端末代金の支払いは，通常の携帯電話の通信料と一緒に毎月払うことになります。例えば，今月は家計が厳しく通信料が払えず延滞したとします。すると，一緒に引き落とされる携帯電話の端末代金も延滞することになります。この状態が3か月ほど続くとどうなるでしょうか。延滞している情報は，クレジットの信用情報機関CIC（Credit Information Center)[2]に登録されることになります。

　指定信用情報機関[3]には，貸金業系のJICC[4]とクレジット系のCICがあります。この2つの機関は，FINE（Financial Information Network）という交流ネットワークでお互いに情報を交流しています。また，これに全国銀行個人信用情報センターを含めたCRIN（Credit Information Network）では，延滞や本人確認書類の紛失・盗難といった本人申告コメント情報などを交流しています。さらに，令和4年5月6日からIDEA（The Information on Total Debt for Appropriate Approach）では総債務の把握のための情報交流も開始されました。

　それでは，信用情報機関の間で情報交流があるとどんな影響が考えられるでしょうか。もうお気づきかと思いますが，延滞が続くとこの情報交流により，クレジットカードが作れない，住宅ローンが組めない，オートローンが組めないなどの影響を受ける可能性がありますので，延滞しないように気を付けてください。

■キャッシュレス決済について

　クレジットといえば，現金を利用しない決済方法であるキャッシュレス決済の1つです。決済方法には，お金をあらかじめチャージして利用する前払い，現金のように商品やサービスと交換で支払う即時払い，商品やサービスを購入した後に引き落としになるクレジットカード等の後払いがあります。最近では

2　クレジット会社の共同出資により1984年に設立された信用情報機関。
3　貸金業法で定められた一定の要件を満たし，貸金業法における信用情報提供等業務を行うものとして内閣総理大臣の指定を受けた信用情報機関のことをいう。
4　日本信用情報機構の略，消費者金融が中心となって1986年に設立した信用情報機関。

いろいろなお店でさまざまなキャッシュレス決済が利用できるようになってきました。

　キャッシュレス決済のメリットとデメリットについて説明します。まずメリットについて，現金は，管理や輸送等で非常にコストがかかるといわれていますが，このコストが削減できることです。また，スムーズかつスピーディに決済ができるほか，お金の流れが管理しやすいことです。最近では家計簿アプリなどもありますし，利用履歴を遡って支出を確認することもできます。さらに，現金の紛失や盗難リスクがないほか，何といっても嬉しいのがポイント還元やキャッシュバックがあることです。キャンペーン期間などは，ポイント率がアップする場合もありますので，上手に利用してほしいと思います。

　次にデメリットについて，デジタル端末機は，充電切れ，故障，通信障害のほか，大きな災害時などは利用できないことがあります。また，デジタル端末の操作が苦手な人には不向きであり，自分が使用しているキャッシュレス決済が，お店によっては利用できない場合があります。さらに，現金の紛失や盗難リスクはないものの，カードの紛失や盗難，情報の不正操作などにあう可能性はあります。

　また，その他の注意点として，多種類のキャッシュレス決済をいろいろな所で利用をしていると，どれでどこの分を支払ったのか，どのぐらい使ったのかわからなくなってしまう可能性があります。現金であれば，財布から1,000円減った，10,0000円減ったとお金を使ったという実感がありますが，キャッシュレス決済は数字ではわかるものの，お金を使ったという感覚になりにくく，気が付けば自分の支払い能力を超えて利用している可能性があります。

　特に，キャッシュレス決済のチャージ残高が設定額以下になると，クレジットカードから自動的にチャージされる場合などは，手間が省ける反面，お金を使った感覚になりにくく，利用した分の支払いができない，それならばどこかでお金を借りて支払いにあてようという流れで，借金，多重債務に繋がってしまう恐れもあります。自動チャージは，打ち出の小槌ではないことを肝に銘じ，自分で管理ができる範囲で上手に利用してほしいと思います。

　最後に，皆さんには多重債務者にはなってほしくありませんが，当局の多重債務相談窓口は無料です。個人情報は守られますので，お金のことで困った時

には，是非お気軽にご相談ください。

5.2 ライフイベントとお金

■生活設計・マネーゲーム

　学生の皆さんは，大学を卒業すると社会人として人生を歩むことになりますが，これから数多くのイベント事に出会うことになります。その際，お金とは切っても切れない関係にあるといえます。そこで今回，20歳代や30歳代の人生を疑似体験するカードゲームを行い，さまざまなライフイベントを体験しながら，「豊かな人生を送る」ことについて，「お金」や「幸福度」の観点で学生の皆さん自身で考えていただき，その内容を発表するといった講義を行いました。学生からは，「生活設計には収入に見合った支出のバランスが大切だとわかった」，「今後の人生について，今のうちから考えることが大事だとわかった」などの感想・意見があり，さまざまな観点から自身の人生とお金について真剣に考えている様子がうかがえ，この講義が今後の人生を考える上で多少なりともお役に立てたのではないかと思っています。

　以下は，「ライフイベントとお金」に関する用語等について説明します。

■ライフプランニング

　ライフプランニングとは，人生の希望や計画を具体的に時系列で描くことです。

　どんな仕事をしたいのか，独身なのか結婚するのか，子どもは何人か，何歳まで働くか，どこに住むのか，どんな暮らしをしたいと思っているのか，実現したいことや欲しいものは何なのか，思い描く絵は人それぞれだと思います。また，希望して計画を立てても不意打ちのアクシデントが起きて思いどおりにはいかないのも人生です。

■多様な働き方（稼ぎ方）

　皆さんは経済学部の学生ですので，会社員や教師，公務員等の職に就かれる方が多いと思います。専門学校などで技術的なことを学ばれる方などは，専門

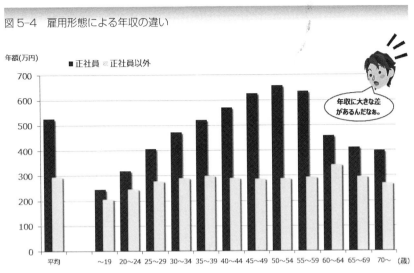

図 5-4　雇用形態による年収の違い

推定年収＝「きまって支給する現金給与額」×12ヶ月＋「年間賞与その他特別給与額」として試算
（出所）厚生労働省「平成28年賃金構造基本統計調査」

出典：日本 FP 協会テキスト『10 代から学ぶパーソナルファイナンス』。

職を生かした職業に就くと思いますので，身に着けた知識などによっても職業
は異なってきます。

　会社員や公務員，アルバイト，フリーターなどは会社等に雇用される形態で
すが，家業を継ぐ，起業する，フリーランスで専門性を生かして働くなどとい
った働き方もあります。働く時間帯で見ても，朝早い時間帯や夜間に働く職業
もあります。図 5-4 は雇用形態による年収の違いをグラフにしたものですが，
正社員と正社員以外では年収に大きな差があるようです。

■非消費支出

　会社員になると給料をもらうことになりますが，給料は支給された総額がす
べて手元に入るわけではありません。社会保険料や税金といった非消費支出は，
給料からあらかじめ差し引かれるので，手元に入るのはそれらを差し引いた金
額になります。

■人生の三大資金

　図5-5について，人生のイベント事の中でも高額な資金が必要なものは，「住宅資金」「教育資金」「老後資金」で，これらは人生の三大資金といわれています。それぞれの資金は，数千万円といった額が必要になるといわれています。例えば住宅資金では，一戸建てにするのか，マンションにするのか，どこに家を建てるのか，大きさ・広さはどうするかによってその金額は違ってきますし，教育資金では，公立か私立か，理系か文系かなどによっても同様にその金額は違ってきます。

　このような資金は，明日耳を揃えて準備しろといわれても用意できるものではありません。前もって，コツコツと準備する必要があります。

図5-5　人生の三大資金について

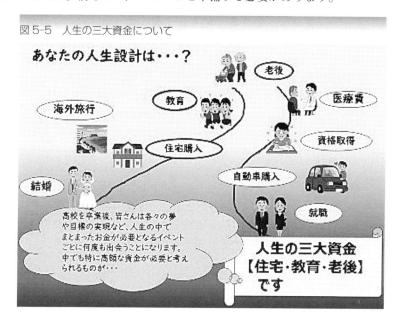

■家計の黒字化

　サラリーパーソンの給与は，残業手当などで多少の違いはあるものの毎月ほとんど同じ金額です。一方で支出はどうかというと，毎月の生活費は大体同じぐらいとして，例えば結婚式に招待されてご祝儀が必要になったり，けがをし

て通院が必要になったりと，突発的にお金が必要になることもあります。それ
なのに，毎月手元に入ってくるお金と出て行くお金が同じぐらいの生活をして
いたらどうでしょうか。このようなちょっとした費用を賄えず，これをきっか
けに借金して，それを返すためにまた借金するなど，多重債務に陥ってしまう
こともあります。

　そこで皆さんに以下のことをご提案したいと思います。収入が入ったら，ま
ずは生活費などに使って余ったら貯蓄するのではなく，あらかじめ自分で決め
た金額を先に貯蓄して，収入から貯蓄額を引いた残りで日常生活をやり繰りし
ていく方法です。「もしもに備えて準備。めざそう，家計の黒字化」です。是
非実践してみてください。

■ 72 の法則

　今あるお金が 2 倍になる年数がすぐにわかる便利な算式をご紹介します。
「72 の法則」といい，算式は「72÷金利」です（図 5-6 参照）。

　この算式に，お金を借りる時の金利，例えば 18% を当てはめますと，「72÷
18＝4」となり，金利 18% でお金を借りたらおよそ 4 年で借りたお金が 2 倍に
なることがわかります。

　次に，お金を預ける時の金利，例えば 0.01% としますと，「7,200」になり
ます。これはおよその数字なので実際はもう少し短い年数になりますが，お金

図 5-6　「72 の法則」

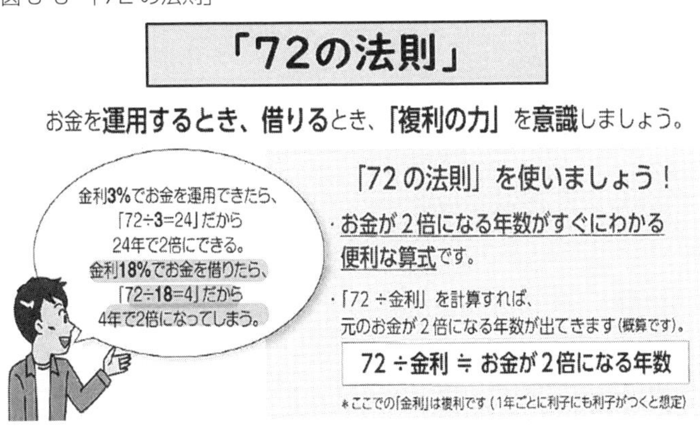

「72 の法則」

お金を**運用するとき、借りるとき、「複利の力」**を意識しましょう。

金利**3%**でお金を運用できたら、
「72÷3＝24」だから
24年で2倍にできる。
金利**18%**でお金を借りたら、
「72÷18＝4」だから
4年で2倍になってしまう。

「72 の法則」を使いましょう！

・**お金が 2 倍になる年数がすぐにわかる
便利な算式**です。

・「72 ÷金利」を計算すれば、
元のお金が 2 倍になる年数が出てきます（概算です）。

72 ÷金利 ≒ お金が 2 倍になる年数

＊ここでの「金利」は複利です（1年ごとに利子にも利子がつくと想定）

を預けて2倍になる年数が数千年という途方もないことになります。

　こうしてみると，お金を借りる時はあっという間に借りたお金が2倍になりますが，お金を預ける時はなかなか増やすことができないとわかります。お金を貯めることはできますが，お金を増やすことは難しいご時世だといえますので，将来のイベント事に備える意味でもつみたてNISAなどでの資産形成を検討することも必要ではないでしょうか。

■ローンについて

　ローンは，「お金を貸す」という意味で使われています。後から少しずつ返済する約束で先にお金を借り，必要な時にお金を使うことができる仕組みです。

　例えば皆さんが結婚して子どもがいるとします。そうすると教育資金が必要ですが，コツコツと貯蓄しているとしても，まだ十分な貯えがないとします。「借金はしてはならない」と考えてそのままにしていたら，子どもは必要な教育を受ける機会を失ってしまうかもしれません。

　また，結婚して子どもが何人かできて成長しているとします。それまで住んでいた賃貸住宅では手狭になったので広い賃貸住宅に引っ越すという方法もありますが，この機に家を建てたいと考える場合もあります。「住宅資金が貯まってからじゃないと」といっていると，そのうち子どもは成長して独立，実家を離れることになったりします。

　つまり，機会を逸するということです。このような場合は，むしろ教育ローンや住宅ローンを利用して，必要な目的を達成することを考えることも必要です。住宅ローンを完済したら，賃貸住宅と違い建物や土地といった資産が手元に残せるという考え方もあります。ですから，決してすべての借金が悪いということではありません。要は使い方です。

　特に教育ローンや住宅ローンは，人生の三大資金でもあり高額になることが考えられます。返済について無理のないような計画を立てることが大切です。

6. 地域金融の基礎知識

6.1 はじめに

『地域金融の基礎知識〜金融行政の現状と課題〜』について説明します。

まず，基本知識としての「金融」とは何か，さらに皆さんに身近な銀行や信用金庫などの「地域金融機関」について説明します。次に，1990年代のバブル崩壊以後の20年余りの金融行政について，最後に，一昨年から続く新型コロナの流行に伴う経済への影響とそれに対する金融行政の対応など，最近の動きについて説明します。

6.2 「金融」，「地域金融機関」について

■金融とは

まず「金融」という言葉について説明しますと，簡単にいえば，お金の融通，つまり資金を必要としている人に対して，お金に余裕のある人が資金を供給（工面）すること，といえます。

また金融は，直接金融と間接金融に大きく区分されます。例えばある企業が必要な活動資金を調達する場合を見ると，図6-1左側の直接金融では，資金を必要とする企業が株式や社債などの有価証券を発行して，証券市場を通じて資金の出し手である投資者から資金を直接調達する方法です。右側の間接金融は，企業が銀行などの金融機関から借り入れる方法です。この場合に銀行が企業に貸し付けるお金の原資は預金であり，私たち家計の預金が銀行を間に挟んで企業の事業活動資金として利用されることになります。このように銀行などの預金取扱金融機関は，資金を必要とする企業と資金の出し手である預金者との間に入っており，間接金融として企業を支える重要な役割を果たしています（図6-1参照）。

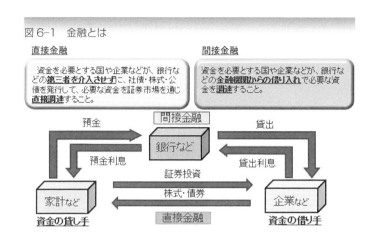

図 6-1　金融とは

直接金融

資金を必要とする国や企業などが、銀行などの**第三者を介入させず**に、社債・株式・公債を発行して、必要な資金を証券市場を通じ**直接調達**すること。

間接金融

資金を必要とする国や企業などが、銀行などの**金融機関からの借り入れ**で必要な資金を**調達**すること。

■間接金融における金融機関の 3 大機能

　最初に資金仲介機能です。**図 6-1** にもありましたが，全体として見るとお金が余剰の状態にある「家計」＝資金の貸し手と，事業を実施するために多額の資金を必要としている「企業等」＝資金の借り手があります。銀行はこの両者の間に立って，預金として預けられた余剰資金を資金を必要とする者へ融資するという橋渡しの機能を果たしており，これを銀行の資金仲介機能といいます。

　次に決済機能です。銀行はたくさんの預金者・借り手企業等と取引を行っています。その中で，物やサービスの売買に伴い，その販売者（代金を受け取る権利のある債権者）と，物やサービスの購入者（代金を支払う義務のある債務者）が生じます。代金の受払をしてこの債権債務を消滅させることを決済といい，銀行では振込や手形小切手等を使った資金決済を行っています。多くの関係者との間で迅速かつ確実に多額の資金の送金・決済が行われるように，銀行は銀行窓口や ATM，インターネット取引などの活用も含めさまざまなシステムを構築して決済機能を担当しています。

　最後に信用創造機能です。信用創造とは，銀行が貸出を繰り返すことによって，複数の銀行全体として最初に預けられた預金額の何倍もの預金通貨を作り出すことをいいます。**図 6-2** の右側に参考資料が掲載されていますが，例えば銀行の支払準備率が 10% の場合，最初に A 銀行に 100 万円が預金された場合

にはそのうち 90 万円を企業 X に貸し出す。企業 X が当該 90 万円をもとに企業 Y に何らかの対価を支払い，企業 Y は受領した 90 万円を B 銀行に預金する。B 銀行は当該預金をもとに企業 Z に 81 万円を貸し出す，ということを繰り返していくと，最終的には A 銀行から続く複数の銀行全体では，預金は合計 1,000 万円となります。

■資金仲介・信用創造

　銀行の資金仲介役としての必要性については，**図 6-2** 下段に 3 点記載されていますが，2 番目の点を補足すると，家計や企業が銀行に預ける預金には，普通預金や当座預金のように要求されれば即時に払戻しされるものと，1 年満期等の定期預金があります。他方，企業の借入れは，返済期間が 1 年未満の運転資金もありますが，例えば工場建設などの設備資金であれば 10 年等といった長期の返済期間とする例も多いですし，個人でも住宅ローンでは返済期間が 30 年を超える商品もあります。銀行が多数の個人・事業者と取引することにより，預金と融資の期間の違いをうまく調整します。

　また 3 番目の点に関しては，融資を行う際には，相手方からの返済を確実な

図 6-2　資金仲介・信用創造

【資金仲介】
○お金を借りたい人と貸したい人の仲介役

○貸出業務で利益を生み出し，預金者へ利息を支払います。
　<u>⇒　貸出利息と預金利息の差額が利益となります。</u>

○なぜ仲介役が必要なのでしょうか。

・少ない預金を集約し，多額の融資を行う。
・期間が短い預金をつなぎ合わせ，長期の融資を行う。
・融資の際の，相手先の信用調査を行う。

【信用創造】
　銀行が預金の10%を支払準備として留保し，それ以外を貸出に回した場合

預金総額＝100＋90＋81＋72.9...
　　　　　＝1000

	預　金	支払準備	貸　出
A銀行	100	10	90
B銀行	90	9	81
C銀行	81	8.1	72.9
…	…	…	…
	↓	↓	↓
	1000	100	900

預金総額
＝本源的預金　×　1／預金準備率

ものとするために，借り手の返済能力を調べる信用調査の機能が重要です。特に融資期間が長期にわたる場合等では，個人が１つ１つの企業の信用調査を行うことは大変難しいと考えられますが，銀行は融資のプロフェッショナルとして，組織的にそれを可能としています。

■**金融機関の種類**

「金融機関」の定義に関して**図6-3**では広義の金融機関に該当するものが記載されています。まず民間金融機関と公的金融機関（政府系金融機関）に分かれます。次に民間金融機関は，預金を扱う預金取扱金融機関とその他の金融機関（例えば証券会社，損害保険・生命保険会社，貸金業者等）に分かれます。ちなみに預金取扱金融機関のみを狭義での金融機関と呼ぶ場合があります。預金取扱金融機関は，銀行法に基づき設立された株式会社である銀行と，信用金

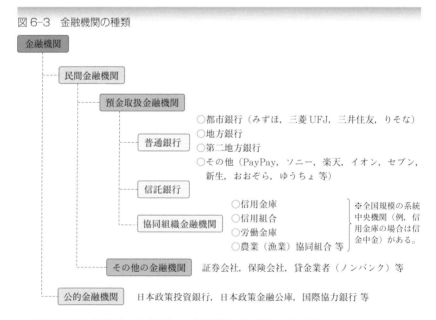

図6-3　金融機関の種類

※「預金取扱金融機関」のみを狭義での金融機関と呼ぶ場合があります。
※一般的に，地方銀行，第二地方銀行，信用金庫，信用組合を「地域金融機関」と総称しています。

庫法等に基づき設立された協同組織形態の金融機関に分かれます。

　今回説明する内容は，主に地域金融機関に関するものであり，具体的には，普通銀行の地方銀行と第二地方銀行，さらに協同組織金融機関の信用金庫と信用組合です。

■主な地域金融機関

　まず地域銀行について説明します。主として本店所在地の都道府県を主な営業エリアとし，全国地方銀行協会に加盟している銀行を地方銀行といいます。比較的歴史があり，地域で一番行とされているところも多いかと思います。次に第二地方銀行とは，第二地方銀行協会に加盟している銀行を指します。昔は「相互銀行」と呼ばれていましたが1989年に普通銀行に転換しており，現在では地方銀行も第二地方銀行も銀行法に基づく規制等は全く同じです。マスコミからはまとめて地方銀行と呼ばれることが多いです。

　令和4年4月1日現在の全国の地域銀行の数は，地方銀行と第二地方銀行に埼玉りそな銀行も併せて，全部で100行です。

　九州財務局では南九州地域の4県（熊本，大分，宮崎，鹿児島）を担当していますが，管内に本店を有する地方銀行は，肥後銀行，大分銀行，宮崎銀行，鹿児島銀行の4行です。また管内に本店を有する第二地方銀行は，熊本銀行，豊和銀行，宮崎太陽銀行，南日本銀行の4行です。

　次に，信用金庫及び信用組合ですが，信用金庫は信用金庫法，信用組合は中小企業等協同組合法に基づき設立された協同組織形態の金融機関です。出資者（銀行の株主に相当）のことを信用金庫では会員，信用組合では組合員といいますが，この会員または組合員の相互扶助を基本理念としており，株式会社である銀行とは異なり非営利法人となります。相互扶助が基本であるため融資は原則として会員または組合員が対象となります。さらに信用組合では預金についても原則として組合員が対象となります。

　また信用金庫（信用組合）の会員（組合員）になるためには，出資を行うことが必要なほか，当該信用金庫等が営業地域としている一定の地域内に居住している，あるいは事業者であれば中小企業でなければならない，などといった資格要件があります。

　令和4年4月1日現在で，全国には信用金庫は254金庫，信用組合は145組合あります。このうち管内に本店を有するものは，信用金庫が13金庫，信用組合が7組合です。

　図6-4は九州財務局管内（熊本，大分，宮崎，鹿児島の4県）に本店を所在する地域金融機関について，名称及び本店所在地を整理して地図に記載したものです。

図6-4　南九州4県の地域金融機関

（令和4年4月1日現在）

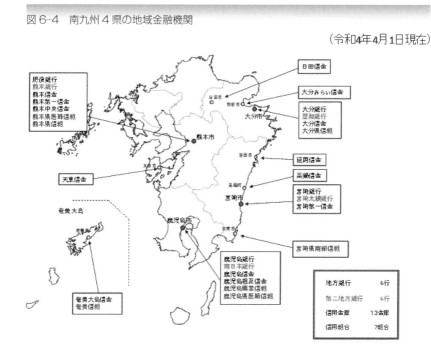

　図6-5は熊本県内における金融機関の預金と貸出金について，業態別のシェアを記載したものです。地域金融機関のほか，都市銀行，ゆうちょ銀行，労働金庫等を含みます。ちなみに熊本県では，東京や大阪とは異なり，都市銀行のシェアは小さく，地方銀行の存在感が大きくなっています。

　地域金融機関の特色としては，地域の経済動向や地元の産業について詳細に把握分析しており，さらに地元出身の職員も多いなど，地元事情に精通し，地域に根差した経営を行っています。

図 6-5　熊本県内業態別シェア

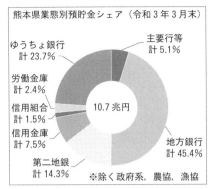

熊本県業態別預貯金シェア（令和 3 年 3 月末）

ゆうちょ銀行
計 23.7%

主要行等
計 5.1%

労働金庫
計 2.4%

信用組合
計 1.5%

信用金庫
計 7.5%

第二地銀
計 14.3%

10.7 兆円

地方銀行
計 45.4%

※除く政府系，農協，漁協

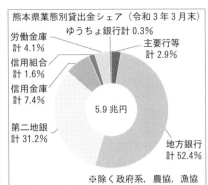

熊本県業態別貸出金シェア（令和 3 年 3 月末）

労働金庫
計 4.1%

ゆうちょ銀行計 0.3%

主要行等
計 2.9%

信用組合
計 1.6%

信用金庫
計 7.4%

第二地銀
計 31.2%

5.9 兆円

地方銀行
計 52.4%

※除く政府系，農協，漁協

　また，信用金庫や信用組合では，営業地域の限定や融資できる企業規模に制限があるなどの制約があり，顧客は一般的に銀行に比べて規模が小さい企業を相手にしていることが多いですが，銀行に比べて顧客との距離が近いといった特色があります。

　表 6-1 は先述した銀行，信用金庫，信用組合の制度上の違いをまとめたものです。銀行とは異なり，信用金庫や信用組合では，協同組織金融機関という特性から，会員資格や業務範囲，預金・貸出金の対象範囲に違いがあります。

■預金取扱金融機関の主な業務

　銀行等の預金取扱金融機関が行うことができる業務は，銀行法等の根拠法令に基づき具体的に定められています。

　まず，銀行業だから実施できる本業を固有業務といい，顧客から預金を受け入れる預金業務，貸出業務，為替取引を一体的に実施することができます。なお貸出だけであれば貸金業者が，また為替取引だけであれば資金移動業者が，一定の制限内で可能です。

　固有業務のほかに銀行ができる業務は付随業務と呼ばれており，債務の保証，有価証券の売買，両替，貸金庫業務等があります。また，地域の活性化や産業の生産性向上に資する業務が実施可能であり，具体的には地域の中小企業等の支援に役立つようなコンサルティング，ビジネスマッチング，企業の合併や買

表 6-1　地域金融機関の制度的枠組み

区分	銀行	信用金庫	信用組合
根拠法	銀行法	信用金庫法	中小企業等協同組合法 協同組織による金融事業に関する法律
設立目的	国民大衆のために金融の円滑を図る	国民大衆のために金融の円滑を図り，その貯蓄の増強に資する	組合員の相互扶助を目的とし，組合員の経済的地位の向上を図る
組織	株式会社組織の営利法人	会員の出資による協同組織の非営利法人	組合員の出資による協同組織の非営利法人
会員（組合員）資格	なし	（地区内において） 住所又は居所を有する者 事業所を有する者 勤労に従事する者 事業所を有する者の役員	（地区内において） 住所又は居所を有する者 事業を行う小規模の事業者 勤労に従事する者 事業を行う小規模の事業者の役員
		〈事業者の場合〉 従業員300人以内又は資本金9億円以下の事業者	〈事業者の場合〉 従業員300人以内又は資本金3億円以下の事業者（卸売業は100人以内又は1億円以下，小売業は50人以内又は5千万円以下，サービス業は100人以内又は5千万円以下）
業務範囲	制限なし	預金は制限なし	預金は原則として組合員を対象とするが，総預金額の20%まで員外預金が認められる
預金・貸出金	制限なし	融資は原則として会員を対象とするが，制限付きで会員外貸出も可能（卒業生金融あり）	融資は原則として組合員を対象とするが，制限付きで組合員外貸出も可能（卒業生金融なし）

収等に関する業務が実施可能です。

　さらに他業証券業務等として投資助言業務や投資信託の販売等が可能なほか，銀行法以外の法律に基づき，銀行は保険募集（保険業法）等が扱えます。このほか銀行の子会社で扱える業務もあります（**表6-2**参照）。

　他方，これ以外の業務を銀行が行うことは，銀行法に基づき禁止されています（他業禁止）。時代の変化等に応じて銀行が新しい業務をできるようにするためには，銀行法を改正して新たな業務を追加することが必要です。

表6-2　預金取扱金融機関の主な業務

固有業務（法10条1項）	預金業務，貸出業務，為替取引
付随業務（法10条2項）	債務の保証，有価証券の売買，国債等の引受け，両替，地域の活性化・産業の生産性の向上その他の持続可能な社会の構築に資する業務…等 〈コンサルティング業務，ビジネスマッチング業務，M&Aに関する業務，人材紹介業務　等〉
他業証券業務等（法11条）	投資助言業務，有価証券関連業務　等
法定他業	保険募集，信託業務等
子会社等（法16条の2）	リース会社，クレジットカード会社，ベンチャーキャピタル会社，銀行業高度化等会社（フィンテック業務，地域商社業務）等
上記等以外の他業禁止（法12条）	—

■預金取扱金融機関の業務と収支

　まず銀行の本業として多数の顧客から預金を受け入れます。集めた預金を企業や個人などに貸し出します。貸出に回らず余った資金は有価証券（国債，社債，株式等）に投資します。このほか銀行は振込や送金等の為替業務を実施しているほか，顧客へ国債や投資信託，保険等の金融商品を販売する業務を行っています。

　ここでポイントとなるのは，銀行が貸出した資金は融資先からは必ず返済されるわけではなく，不良債権になる場合があるなど一定の貸倒れリスクがあります。このため銀行は債務者から不動産担保や個人保証の提供を受けることがあります。なお，有価証券に投資した場合も株価の値下がり等による損失リスクがあります（**図6-6**参照）。

　図6-7は銀行の収益について記載しています。まず，融資先から支払われる貸出金利息と投資した有価証券からの配当金や利息が，銀行の収入となります。このほか銀行が顧客に行ったサービスの対価として，振込の手数料や金融商品の販売手数料が収入となり，これを役務取引等収益と呼びます。

　他方支出としては，まず銀行が預金者に支払う預金利息があります。次に銀行の従業員に関する人件費や，土地建物，ATMなど銀行システムに関する物件費が経費になります。さらに貸出金が不良債権化して返済されない場合には

112

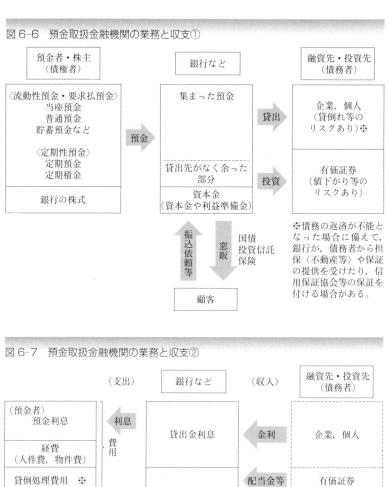

図6-6　預金取扱金融機関の業務と収支①

図6-7　預金取扱金融機関の業務と収支②

当該部分を貸倒処理費用として損失に計上します。

　最後に収益から費用を控除したものが当期利益になります。

■地域金融機関に期待される役割

　現在そしてこれから期待される地域金融機関の役割について説明します。

　それは1990年代の金融危機から続くデフレ脱却に向けた役割です。銀行をはじめ金融機関は，金融危機の際に不良債権問題で大変苦労しました。また長期のデフレにより企業の売上が伸びず業績や財務内容も良くないことから，不良債権が増えることをおそれて，銀行は企業の新規事業等への融資に慎重になっていました。さらに大企業等の生産の海外移転等による産業構造の変化や少子・高齢化の進展等による経済環境の変化もあって企業活動は抑制気味になり，そのため金融機関の貸出も伸びない，といった悪循環が発生していたと考えられます。**図6-8**上段左側にある「これまでの縮小均衡メカニズム」です。いわば負のスパイラルに陥り，地域の企業も金融機関自体も活動を縮小していき，地域経済は厳しい状態にあります。

　これを大きく転換させて，**図6-8**右側の「拡大均衡メカニズム」に変化させることが期待されます。

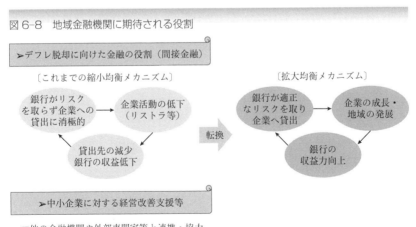

図6-8　地域金融機関に期待される役割

　金融機関が行う企業等への融資には必ずリスクが伴うものですが，地域企業との親密な関係を利用して情報交換や分析を丁寧に行い，当該企業の財務諸表に現れない長所・短所を発見して，より正確に事業の将来性の評価やリスクの分析をすることが期待されます。また外部の専門家の活用や新たな金融知識・技術の導入により，不動産担保や個人保証に頼らない手法を開発して，それに基づき適正なリスクをとりつつ，より積極的に地域の企業に融資を行うことが期待されます。そしてその資金を基に地域企業が事業を発展させて雇用を増やすことで，当該企業更には地域経済が発展し，その成果として金融機関は当該企業から利息収入や新たな取引が増加し，さらに当該企業の従業員や地域の関連する産業・自治体等との取引が増加することにより，金融機関自体の収益力が向上する。そして金融機関の業績が良くなる（自己資本額が増加する）ことにより，貸出のリスクをより大きくとることが可能となり，さらに積極的に新しい企業融資が可能となる，といった好循環が生じることが期待されます。

　また併せて，金融機関においては，地域経済や個別企業に関するさまざまな情報や経営資源を地域の中小企業の経営改善支援にも活用し，地域の発展に繋げていくことが期待されます。

6.3　バブル崩壊後の行政対応について

■金融監督と金融検査

　先述した地域金融機関に求められる役割も踏まえ，バブル崩壊後から最近の金融行政対応について説明します。

　まず，私たち財務局や金融庁が行う金融行政の根拠を説明します。銀行法第一条では銀行法の目的について，「第一条　この法律は，銀行の業務の公共性にかんがみ，信用を維持し，預金者等の保護を確保するとともに金融の円滑を図るため，銀行の業務の健全かつ適切な運営を期し，もつて国民経済の健全な発展に資することを目的とする。」と規定しています。大きく３つに分かれまして，１つ目は，預金者の保護，２つ目は，金融の円滑化，３つ目は，国民経済の健全な発展に資する，ことが目的です。

　当該目的を達成するため，金融当局では，金融監督と金融検査という業務を

連携して実施しています。金融機関の業務の健全性及び適切性の確保を目的とする点は同じですが，簡単にいうと，監督では，金融機関に必要な報告や資料を提出してもらい，ヒアリングを実施したりすることが中心であるのに対し，検査では，金融検査官が直接金融機関に立入りして，職員に質問を行い，あるいは帳簿書類や金庫の中等を検査します。

検査・監督を通じて調査・検討した結果，当該金融機関等の業務の健全かつ適切な運営を確保するために必要と認められる場合は，業務の改善計画の提出を求めるほか，業務の全部又は一部の停止を命じることができます。

なお，法律の用語に沿って検査と監督という言葉を使いましたが，最近の金融行政においては，検査及び監督を併せた概念として，金融機関の実態を把握することを「金融機関をモニタリングする」と表現しています。

■ 1980 年代後半以降の国内経済の軌跡等

近年地域金融機関に求められる役割の背景となった 1990 年代頃のいわゆるバブル経済崩壊後の経済情勢の変化について説明します。

図 6-9 はバブル崩壊前からの日経平均株価と景気動向指数の軌跡です。日経平均株価はバブル景気の際が頂点であり，その後のバブル崩壊時に，長期化する景気後退や資産デフレの影響を受けて銀行等では深刻な不良債権問題が発生しました。その後徐々に回復しつつありましたが，2008 年のリーマン・ショックによる世界同時不況や東日本大震災の影響を受けました。その後は回復基調でしたが，一昨年からは新型コロナによる影響を大きく受けています。昨年には日経平均株価が 30,000 円を超えましたが，その後ロシアのウクライナ侵攻もあって動きが激しくなっています。

地価の推移については，バブル景気に伴い急上昇したのちバブル崩壊の際に地価は大きく下落しており，特に東京などにおける不動産融資の不良債権化や不動産担保の価値低下により，多額の損失が発生し金融機関の経営に深刻な影響を与えました。

過去 50 年間（1972 年度から 2021 年度）の地域金融機関数の推移について見ると，地方銀行は 63 行から 62 行に，第二地銀は 72 行から 37 行に，信用金庫は 484 金庫から 254 金庫に，信用組合は 508 組合から 145 組合に減少していま

図6-9　1980年代後半以降の国内経済の軌跡等

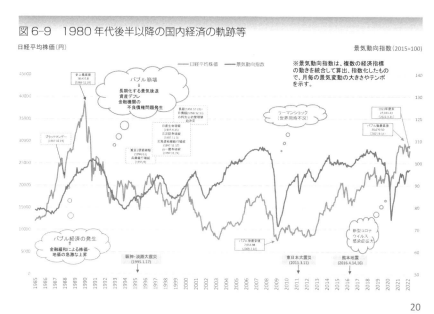

出典：内閣府，日本経済新聞社の公表データをもとに作成。

す。バブル崩壊後の1995年頃から10年弱の間に，第二地方銀行，信用金庫，信用組合等において，不良債権問題を契機とする金融機関の破綻や合併等が生じて金融機関数が減少していることが影響しています。

■預金取扱金融機関に関わる主な行政対応

　図6-10はバブル崩壊以降に行われた預金取扱金融機関に関わる金融行政の主な施策を整理したものです。

　まず，最上段は預金者保護に関する部分です。銀行など預金取扱金融機関が扱う預金（普通預金や定期預金）に関しては，万が一銀行が破綻しても預金保険制度により一定額までは保護されます。この預金保険制度は，金融危機が発生した際には国民の混乱を防ぐ観点から変更されており，平成8年から，定期預金は平成14年まで，普通預金は平成17年までは，預金を全額保護していました（ペイオフ凍結）。現在ではこの特別措置は終了し，例えば普通預金や定期預金は，金融機関毎に預金者1名あたり元本1,000万円までと破綻日までの

図6-10　預金取扱金融機関に関わる主な行政対応

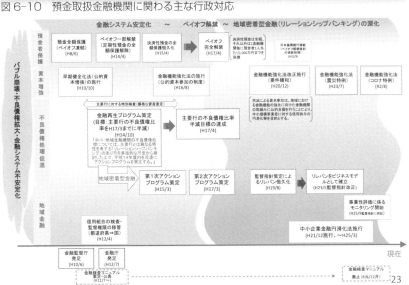

利息等が保護されます（ペイオフ解禁）。

　次の段は銀行等の資本増強に関する制度です。多額の不良債権処理のため自己資本が減少した金融機関に対して，企業への貸渋りなど行わずしっかりと企業に融資ができるよう，国が公的資金を注入する制度が作られました。最近では東日本大震災により大きな被害を受けた東北地方の金融機関で活用されました。また最近の新型コロナにも対応できるように制度改正されています。

　3段目は不良債権問題の処理促進に関する取組みです。まず都市銀行など主要行に関しては，バブル崩壊に伴い不動産融資等で多額の不良債権が発生していましたが，早期に不良債権問題を処理してわが国金融システムの信用を取り戻すという観点から，平成14年に主要行の不良債権比率を3年以内に半減させるという目標（金融再生プログラム）を立て，金融当局も厳格な検査を行い不良債権の処理を促しました。この結果，銀行の多大な努力もあって平成17年3月期に半減目標を達成しました。

　またその際に，地域銀行や信用金庫，信用組合に関しては，不良債権処理を急ぎ過ぎると企業倒産の急増など地域経済への悪影響が出るおそれもあること

から，ある程度時間を掛けつつ対応することとされました。このため地域金融機関と地域企業がその密接な関係（リレーションシップ）を活かして，中小企業金融の再生に向けた取組みを進めるとともに，地域金融機関自身の健全性確保と収益力の向上を図るという，地域密着型金融の推進という施策が進められることとなりました。3年毎にアクションプログラムを2回進めたのちに，現在では恒久的に実施されています。

またリーマン・ショック時には，急激な経済悪化に対応するため，一定期間債務の返済を猶予することを認める特別措置を定めた中小企業金融円滑化法が施行されました（平成21〜25年）。

このような施策が進められた結果，先述した不良債権問題の処理に関しては，主要行の不良債権比率は平成17年3月期（2.9%）には平成14年3月期（8.4%）に比べて半減以下となり，金融再生プログラムの目標は達成されました。また地域銀行や信用金庫，信用組合に関しては地域経済への影響も配慮して具体的な目標年限は定めずに不良債権問題の処理が進められましたが，地域銀行も平成20年3月期（3.7%）には平成14年3月期（8.0%）当時から半減するなど，不良債権比率は低下しています。さらに近年では不良債権比率はさらに大きく低下している状態ですが，現在新型コロナの流行が経済に大きな悪影響を与えているため，今後の動きについては注視しています。

■金融行政の目標

ここ数年の金融行政の目標は，金融機関に対する規制を重視した「安定重視」から経済の発展とのバランスを重視する「安定と成長の両立」へと変化しています（図6-11参照）。

これまでの金融庁は前身の金融監督庁時代も含め，バブル崩壊後の不良債権問題の解決と金融システムの安定を基本に金融行政を進めており，図6-11左側にあるように，①個別金融機関の健全性の確保を含めた金融システム全体の安定，②預金者などの金融サービス利用者の保護，③証券市場等の公正・透明性の確保を目標としていました。

それに対してこれからは図6-11右側にあるように変更していきます。まず，金融行政の究極の目標は国民の厚生の増大と考えます。そのために企業や経済

図 6-11　金融行政の目標（安定重視から安定と成長の両立へ）

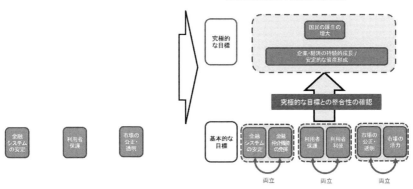

出典：「金融検査・監督の考え方と進め方（検査・監督基本方針）」平成 30 年 6 月，金融庁。

の持続的な成長とその果実として国民の安定的な資産形成を目指します。そしてこの究極目標を達成するための基本的な目標として，従来からの 3 目標はそのまま維持しつつもそれぞれ対になる観点も持って，①金融システムの安定と金融仲介機能の発揮，②利用者保護と利用者利便，③市場の公正・透明性と市場の活力，といったバランスを重視する形としました。

　例えば最初の目標に関しては，金融システムの安定を重視するために銀行の不良債権の増加抑制ばかりを重視しすぎると，銀行は不良債権が発生させないことに注力して中小企業への貸出を積極的に行わない，いわゆる貸渋りの状態となるおそれがあります。しかしこれでは金融の円滑化という点では大きな問題があり，究極的目標である経済の持続的成長に繋がらないため，もう 1 つの視点である金融仲介機能の発揮という観点も重視し，両者のバランスを見ながら経済情勢に応じて適切に対応していこうとするものです。

　次に，利用者保護と利用者利便について，金融機関が利用者保護のためのルールを順守することは当然です。しかし仮に，最低限の規範であるルールさえ守っていれば十分であるとの考え方が金融機関に広まった場合には，利用者の最善の利益に沿った商品・サービス提供に向けた努力が十分行われない可能性

があります。これでは国民の資産の安定的な形成を行う，ひいては国民の厚生の増大を目指す観点からは問題であるため，利用者保護と利用者利便の両方が実現できることを目指すことが重要です。

　さらに市場の公正・透明性の確保と市場の活力については，市場の公平性・透明性の確保は市場が機能するためには当然不可欠です。他方において国際的な市場間競争が厳しくなる中，わが国の市場が活力のないままであると，企業の資本調達や国民の資産形成に際して十分な役割を果たせないおそれがあります。このため世界中から情報が集まり優れた金融事業者が集積することを通して，市場の利用者にさまざまな機会を提供できるような活力ある市場を目指すことが必要です。市場の公正・透明性と，市場の活力との双方を実現していくことが重要です。

■利用者を中心とした新時代の金融サービスと金融仲介機能の十分な発揮

　図6-12は金融行政の変化を踏まえた今後の新しい方針について整理したものです。今から3年前となる令和元年度の金融庁の行政方針（1年間の活動指

図6-12　利用者を中心とした新時代の金融サービス

1．金融デジタライゼーション戦略の推進
- データの利活用の促進等のデータ戦略の推進
- イノベーションに向けた FinTech Innovation Hubによる情報収集・支援機能の強化
- 機能別・横断的法制による多様な金融サービスに向けたイノベーションの促進

2．多様なニーズに応じた金融サービスの向上
- 社会環境の変化や多様なライフプラン・ニーズに応じた金融・情報リテラシーを得られる機会の提供
- 最終受益者の資産形成に資する資金の好循環の実現
- 高齢者，障がい者，被災者等の多様な利用者にとっての信頼・安心確保
- 暗号資産（仮想通貨）への対応

3．金融仲介機能の十分な発揮と金融システムの安定の確保
- 人口減・低金利環境等の下，金融仲介機能の適切な発揮と金融機関の健全性確保の両立に向け，的確なモニタリングを実施
- 地域金融機関の経営理念やビジネスモデルについて対話・検証
- 地域金融機関のビジネスモデル確立のための環境整備に向け，業務範囲にかかる規制緩和や，地域金融機関の経営・ガバナンスの改善に資する主要論点（コア・イシュー）の策定等を実施

「金融育成庁」として、金融サービスの多様な利用者・受益者の視点に立った3＋2の取組みを推進し、より豊かな国民生活の実現へ

＋1．世界共通の課題の解決への貢献と国際的な当局間のネットワーク・協力の強化
- 各国間の規制の齟齬への対応や，金融技術革新を踏まえた規制のあり方の検討など，G20福岡で提起した課題のフォローアップ
- 本邦金融機関の海外進出支援に向けた幅広い国との協力強化

＋2．金融当局・金融行政運営の改革
- 利用者視点に立った質の高い金融行政を実現
- このため，職員の自主的な取組みの推進等により組織活性化
- 分野ごとの「考え方と進め方」による新しい検査・監督の実践

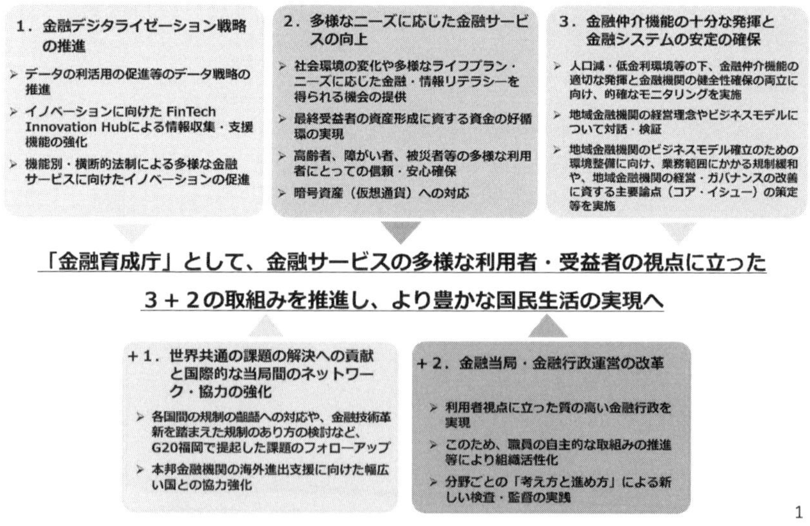

出典：「金融行政のこれまでの実践と今後の方針（令和元事務年度）について」令和元年8月，金融庁。

1

針）の概要です。

　中央にある「金融育成庁として，金融サービスの多様な利用者・受益者の視点に立った3＋2の取組みを推進し，より豊かな国民生活の実現へ」と大目標を掲げており，それに向けて上段にある3つの施策を推進しています。

　まず，①金融デジタライゼーション戦略の推進について，IT技術の進展に伴いフィンテックを活用した新しい金融サービスの提供やいわゆる情報銀行など金融機関の情報の利活用の取組みを促進させます。他方，その際には顧客のプライバシーなど顧客保護も重視します。

　②多様なニーズに応じた金融サービスの向上について，ライフプラン設計の重要性や金融詐欺の防止を踏まえ，家計の金融・情報リテラシーを向上させるとともに，長期・積立・分散投資の推進に向けてつみたてNISAの普及を図るほか，金融機関における顧客本位の業務運営の確立とその定着の推進などを目指します。

　③金融仲介機能の十分な発揮と金融システムの安定の確保に関しては，現在日本の多くの地域では人口の高齢化と人口減少が進んでいます。その結果経済活動が低下し，新しく創業する企業や優良な融資先が現れにくいこと，また近年の低金利もあって既存の貸出金利が下がり，有価証券の利息収入が減少する等により，地域金融機関の経営環境は厳しさを増しています。

　このような中で地域金融機関が，①安定した収益と将来にわたる健全性を確保すること（持続可能なビジネスモデルの構築），②金融仲介機能を十分に発

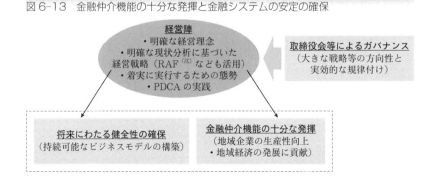

図6-13　金融仲介機能の十分な発揮と金融システムの安定の確保

揮して，地域企業の生産性向上ひいては地域経済の発展に貢献していくことが重要です（**図6-13**参照）。

またその際には時間軸を意識して取り組むことが重要と考えています。金融庁・財務局としては，経営者の役割とガバナンスに着目して，金融機関と対話することにより，検査・監督を進めていくこととしています。

> ## 6.4 新型コロナウイルス感染症への対応など最近の動き

■新型コロナの経済への影響

九州財務局では，南九州地域の経済状況について年4回取りまとめ，管内経済情勢報告を公表しています。直近の報告（令和4年4月公表）では，新型コロナはオミクロン株の大流行もあり，年明けから3月中旬位までは事実上移動が制限されるなど経済への影響が出ましたが，その後は景気回復に向けた動きも見られています。また2月以降ではロシアのウクライナ侵攻により原油価格や原材料価格が高騰した影響も出ているところです。

総括判断については「新型コロナウイルス感染症の影響が見られるなか，一部に弱さが見られるものの，持ち直しつつある」として，今回（4月）と前回（1月）の経済情勢は概ね横ばいと評価しています。

また先行きについては，「感染対策に万全を期し，経済社会活動が正常化に向かう中で，各種政策の効果や海外経済の改善もあって，持ち直していくことが期待される。ただし，感染症による影響やウクライナ情勢による不透明感が見られる中で，原材料価格の上昇や金融資本市場の変動，供給面での制約等による下振れリスクに十分注意する必要がある。」としています。

なお今回の経済情勢を判断するために，南九州地域のさまざまな企業等にヒアリングしたところ，コロナ禍により飲食店や宿泊業を中心にサービス業に対する大きな影響，円安やウクライナ情勢などに伴う原油や原材料価格高騰の影響，自動車生産などでの半導体不足・部品不足の影響などさまざまなご意見をお聞きしているところです。

財務局においては，このように地域の経済情勢やさまざまなご意見について取りまとめて財務省（金融庁）に報告しており，それが政策立案の判断材料と

なっています。

■金融庁 2021 事務年度　金融行政方針（概要）

　このように近年新型コロナが経済に大きな影響を与えており，金融庁でもこれに対応しています。令和3年8月に公表した「2021事務年度（令和3事務年度）の金融行政方針」では，基本的な考え方は令和元年版と概ね同じですが，一昨年から大流行した新型コロナの影響を踏まえ，金融分野においても「コロナを乗り越え，力強い経済回復を後押しする」ことを最大のミッションとして掲げています（**図6-14**参照）。

図6-14　金融庁 2021 事務年度　金融行政方針概要

Ⅰ．コロナを乗り越え，力強い経済回復を後押しする

第一に，新型コロナウイルス感染症による深刻な影響を受けた経済社会を，金融機関が引き続き金融仲介機能を発揮して力強く支えぬくことができるよう，行政としても万全を期す。さらに，ポストコロナの活力ある経済の実現を目指して，金融機関等による事業者の経営改善・事業再生・事業転換支援等を促していく。

- 金融機関に対して，事業者の資金繰り支援に万全を期すよう求めていくとともに，対応状況を確認する。企業決算・監査への対応についても，関係者間で適切な連携を図る。
- 豪雨等の自然災害の発生時には，金融機関に対して，きめ細かな被災者支援を行うよう促していく。自然災害債務整理ガイドラインの活用など，自然災害やコロナの影響で債務弁済が困難となった個人・個人事業主の生活・事業の再建支援を促す。
- 金融機関等による事業者の経営改善・事業再生・事業転換支援等の取組みを促す。このため，事業者支援にあたっての課題や対応策を共有する「事業者支援態勢構築プロジェクト」の推進，中小企業の実態を踏まえた事業再生のための私的整理ガイドラインの策定等を行う。
- 地域経済全体の活性化に向け，地域企業のための経営人材マッチングを促進するほか，金融機関職員の地域・組織・業態を超えた事業支援のノウハウ共有や兼業・副業の普及・促進を後押しする。
- 地域金融機関が地域の実情等を踏まえ持続可能なビジネスモデルを構築するよう，対話を通じて経営改革に向けた取組みを支援していく。

Ⅱ．活力ある経済社会を実現する金融システムを構築する

第二に，国内外の経済社会・産業をめぐる変化を成長の好機と捉え，国内外の資金の好循環を実現するとともに，金融サービスの活発な創出を可能とする金融システムを構築することにより，活力ある経済・社会構造への転換を促していく。

- 金融分野におけるデジタル・イノベーションを推進するため，利用者保護の確保を図りつつ，送金手段や証券商品のデジタル化に対応した金融制度の検討，決済インフラの高度化・効率化等を進める。
- 国際金融センターとしての地位確立を目指し，海外金融事業者に対する登録手続きの迅速化や英語対応の強化を一層進めるほか，金融創業支援ネットワークを構築する。また，積極的なプロモーションを進める。
- サステナブルファイナンスを推進し，国際的な議論において主導的な役割を担う。国内外の成長資金が日本企業の脱炭素化への取組みに活用されるよう，企業開示の充実，グリーンボンド等の認証枠組みや情報プラットフォームの構築による「グリーン国際金融センター」の実現等を図る。
- インベストメント・チェーン全体の機能向上に向け，投資家保護にも留意しつつ，成長資金の供給を含む，市場機能向上のための制度・市場慣行の点検・見直しを行う。あわせて，コーポレートガバナンス改革を推進するとともに，会計監査を巡る諸課題を総合的に検討する。
- 利用者目線に立った金融サービスの普及を促すため，顧客本位の業務運営についての取組状況の見える化等を進める。
- マネロン等対策の強化やサイバーセキュリティの確保のほか，システムリスク管理態勢の強化を促す。

Ⅲ．金融行政をさらに進化させる

第三に，「金融育成庁」として国内外の経済社会に貢献していくため，データ分析の高度化等を通じたモニタリング能力の向上や，専門人材の育成など，金融行政を担う組織としての力を高めていく。

- 金融機関からの徴求データを企業の個社データと組み合わせた分析を実施するなど，データ分析の高度化を推進する。
- 金融行政各分野の専門人材の育成を進めるとともに，職員の主体的な取組みを奨励する枠組みの一層の活用，財務局とのさらなる連携・協働，職員が能力を発揮できる環境の実現や，質の高いマネジメントによる組織運営を推進する。

出典：「2021事務年度金融行政方針」2021（令和3）年8月，金融庁。

　新型コロナウイルス感染症により深刻な影響を受けた経済社会を，金融機関が引き続き金融仲介機能を発揮して力強く支え抜くことができるよう，行政として万全を期す，さらにポストコロナの活力ある経済の実現を目指して，金融機関等による事業者の経営改善・事業再生・事業転換支援等を促していく，ことを目標としています。

　もう1つの大きなミッションは，「活力ある経済社会を実現する金融システ

ムを構築する」です。国内外の経済社会・産業をめぐる変化を成長の好機と捉え，国内外の資金の好循環を実現するとともに，金融サービスの活発な創出を可能とする金融システムを構築することにより，活力ある経済・社会構造への転換を促していくことが目標です。具体的には，例えば金融分野におけるデジタルイノベーションを推進するためデジタル化に応じた金融制度の検討や決済インフラの高度化・効率化を進める，サスティナブルファイナンスを推進し国内外の成長資金が日本企業に活用されるよう企業開示の充実等を図る，マネロン対策の強化やサイバーセキュリティの確保，システムリスク管理態勢の強化を促す，こととしています。

図6-15は金融行政方針における新型コロナ対応の具体的な施策についてまとめたものです。

図6-15 金融庁2021事務年度 金融行政方針概要（新型コロナ対応）

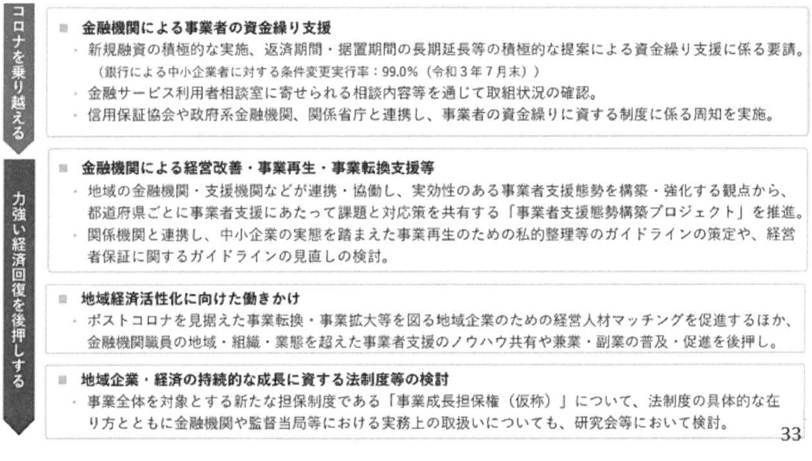

■ 金融機関による事業者の資金繰り支援
- 新規融資の積極的な実施，返済期間・据置期間の長期延長等の積極的な提案による資金繰り支援に係る要請。
  （銀行による中小企業者に対する条件変更実行率：99.0%（令和3年7月末））
- 金融サービス利用者相談室に寄せられる相談内容等を通じて取組状況の確認。
- 信用保証協会や政府系金融機関，関係省庁と連携し，事業者の資金繰りに資する制度に係る周知を実施。

■ 金融機関による経営改善・事業再生・事業転換支援等
- 地域の金融機関・支援機関などが連携・協働し，実効性のある事業者支援態勢を構築・強化する観点から，都道府県ごとに事業者支援にあたって課題と対応策を共有する「事業者支援態勢構築プロジェクト」を推進。
- 関係機関と連携し，中小企業の実態を踏まえた事業再生のための私的整理等のガイドラインの策定や，経営者保証に関するガイドラインの見直しの検討。

■ 地域経済活性化に向けた働きかけ
- ポストコロナを見据えた事業転換・事業拡大等を図る地域企業のための経営人材マッチングを促進するほか，金融機関職員の地域・組織・業態を超えた事業者支援のノウハウ共有や兼業・副業の普及・促進を後押し。

■ 地域企業・経済の持続的な成長に資する法制度等の検討
- 事業全体を対象とする新たな担保制度である「事業成長担保権（仮称）」について，法制度の具体的な在り方とともに金融機関や監督当局等における実務上の取扱いについても，研究会等において検討。

（コロナを乗り越える / 力強い経済回復を後押しする）

33

まず，コロナ禍が始まった令和2年から実施されている金融機関による事業者への資金繰り支援については，令和3年7月以降も引き続き，コロナ禍を原因とする事業者から申出があれば返済期間や据置期間の延長等に積極的に応じることを要請しています。

次に資金繰りが一段落した事業者について，企業の売上が復元・増加しないと借金返済が難しくなることから，地域の金融機関と支援機関（保証協会・商

工会議所・税理士等）が連携して，事業者に対してそれほど業績が悪化していない早い段階からの経営改善支援を実施して早期回復を目指すことや，企業経営が厳しい状況になった場合には，抜本的な解決策による事業再生・事業転換の支援を行うことなどを金融機関に求めています。

このような取組みを推進するため，地域の事業支援の関係者が集まって解決策を議論する「事業者支援態勢構築プロジェクト」を推進しています。

また地域金融機関に対する対応については，地域の実状等を踏まえ持続可能なビジネスモデルを構築し，将来にわたって健全性を確保するための実効性のある方策を自ら策定・実行していくことが必要であり，金融当局として経営改革に向けた取組みについて金融機関と丁寧に対話を行う，こととしています。

具体的には，①経営の多角化・高度化を図る地域金融機関と深度ある対話を行い，グループ全体にわたるガバナンス機能の発揮を促していく，②地域金融機関による資金繰り支援や，経営改善・事業再生・事業転換支援等への取組状況や，内外の経済・市場動向等を踏まえて大口与信先を含む信用リスクや有価証券運用の管理状況についてモニタリングを実施していく，などです。

■新型コロナを踏まえた事業者への資金繰り支援等の対応

新型コロナが大流行した令和2年春以降，金融庁では金融機関による事業者の資金繰り支援などを円滑に進めるため，状況の変化に応じて金融担当大臣談話の公表や金融機関に対する要請を繰り返し実施してきました。

令和2年4月27日に当時の麻生財務大臣兼金融担当大臣と梶山経済産業大臣連名の談話では，新型コロナのため売上が大きく下がった民間事業者への資金繰り支援として，令和2年3月から政府系金融機関が，実質的に無利子・無担保の融資を特別制度として実施していましたが，窓口に申込みが殺到して迅速な対応が困難となったため，民間金融機関においても同様の実質無利子・無担保の特別融資ができるように制度整備を行ったこと，また同年5月の連休期間中では休日でも銀行等の店舗を開いて事業者が相談できるようしたなど，事業者への資金繰り支援が大きく強化されたことを公表しています。

図6-16は金融庁から金融機関に対し累次に要請した事業者への資金繰り支援への対応について，令和2年5月時点での金融機関の具体的な取組状況を取

りまとめたものです。

　また民間金融機関が実施した資金繰り支援の一例として，中小企業の事業者から，既存の借入に関してコロナ禍で売上が急減したため貸付条件の変更の申込みがなされた場合などにおける金融機関の対応状況について，金融庁で取りまとめています。

図 6-16　新型コロナを踏まえた事業者への資金繰り支援等

令和2年5月22日
金融庁

新型コロナウイルス感染症を踏まえた金融機関の対応事例

　金融庁では，新型コロナウイルス感染症について，債務の条件変更・新規融資など，事業者の実情に応じた万全の対応を金融機関に要請し，事業者への資金繰り支援の促進を当面の検査・監督の最重点事項として，特別ヒアリング等で，金融機関の取組状況を確認してきたところである。
　確認した金融機関の取組みのうち，他の金融機関の参考となる事例について，随時取りまとめ・公表する。

【条件変更・新規融資等の対応】
○ 事業者からの条件変更等の相談があった場合には，審査を行うことなく，まずは，3ヶ月の元金据置ないし期限延長を実施
○ 事業者からの相談を受け，これまでの事業実績の評価に基づき，今後も事業を継続させていくため，1年間の元金据置・期限延長を実施
○ 受注が大幅に減少した事業者に対し，積極的な支援策としてまず1年間の元金据置を実施。将来の資金面の見通しがついた時点で，見通しに合わせ返済期限を柔軟に延長予定
○ 返済財源等に見通しが立たない場合に，一旦，6ヶ月程度の短期資金の貸出で対応し，その間に資金面・事業面で必要な対応策が考え得るか，事業者とともに検討
○ 事業者の不安を解消するため，コロナ関連の特別融資（プロパー）の返済期間を10年から15年へ，元金据置期間を2年から5年へと延長
○ テナントの家賃支払いを1年間減免しているビル所有者への融資について，同期間の元金据置・期限延長を実施
○ テナントの家賃支払いを1年間猶予したビル所有者に対して，家賃収入の減少額に相当する金額を，複数の民間金融機関が協調して融資実行
○ 2年以内の元金据置であれば案件問わずに支店長専決権限として，条件変更を実施
○ 条件変更等にあたって通常であれば支払いを求めている違約金・手数料等について，本部からの明確な指示の下，一律に免除
○ 住宅ローンに係る返済猶予等の相談について，審査を行わずに最長1年間の元金据置等を実施

【書面等の省略・簡素化】
○ 融資実行にあたり，資金収支の状況など必要な情報についての資料がそろっていなくても，聞き取り・ヒアリングで足りることとする
○ 条件変更について柔軟に対応することとし，必要な事業計画書等の書類については，業況が落ち着いてから後々でよいとの取扱いとする
○ 新たな資料・データを求めず，原則，過去に提出を受けたデータ等により融資や条件変更等の可否を判断し，確認が必要な情報についても，すぐに提出が可能な直近のデータ等のみで対応する

【金融機関の態勢】
○ 事業者の融資ニーズを確認してから何日経過しているか，受付審査の状況等を集計。案件進捗・滞留案件の状況について管理
○ 営業店が情報収集した事業者相談等をイントラネットに随時入力することで，役員・本部担当者がその内容をタイムリーに把握し，営業店の対応に不足があれば，必要な指示を行う

【事業者の本業支援】
○ 地元商店街など販売が減少した事業者に対して，他の事業者とのマッチングを通じた販路拡大など，取引先を面的に支援
○ 資材・原材料の輸入が滞る中，金融機関間で連携し，代替品を取り扱う事業者を紹介
○ 事業者における雇用調整助成金の申請を支援するため，社会保険労務士を支店に配置

【他機関との連携】
○ 地域内の自治体や金融機関，信用保証協会において，例えば一部の金融機関や保証協会の窓口が混雑した場合には，他の金融機関等が人員を派遣する等，相互協力の枠組みを設ける
○ 市町村におけるセーフティネット保証の認定業務を支援するため，市町村へ職員を派遣し，決算書や事業者規模等を確認
○ 市町村と協議の上，金融機関が事業者の売上高の減少を確認・書類に押印することを以って，市町村におけるセーフティネット保証の認定に十分とする取扱いを実施
○ 日本政策金融公庫の特別融資を希望する取引先を支援するため，当該地域の公庫支店と調整の上，「事務フロー」を作成し，全営業店に示達

　表 6-3 は，全国の銀行における令和2年3月から令和4年3月末までの貸付条件の変更等の申込みへの対応状況をまとめたものです。事業者からの申込みに対し，ほとんどの案件が迅速に対応されています。なお，信用金庫や信用組合など協同組織金融機関においても同様の対応がなされています。

　このような金融機関に対する資金繰り支援等について，直近では令和4年5月に，新型コロナの影響が長期化していることに加え，令和4年2月以降のウクライナ情勢や世界中に広がっている原油高・原材料高に伴う物価高騰の影響も含めて，事業者に対する資金繰り支援の徹底等について金融機関に改めて要

表6-3　貸付条件の変更等の状況について（令和2年3月10日から令和4年3月末までの実績）

[債務者が中小企業者である場合]

（単位：件）

	申込み	実行（A）	謝絶（B）	審査中	取下げ	A/(A+B)
主要行等（9）	135,389	122,756	3,549	6,036	3,048	97.2%
地域銀行（100）	670,084	636,628	4,312	17,114	12,030	99.3%
その他の銀行（77）	1,113	974	76	16	47	92.8%
合計（186）	806,586	760,358	7,937	23,166	15,125	**99.0%**

・主要行等とは，みずほ銀行，みずほ信託銀行，三菱UFJ銀行，三菱UFJ信託銀行，三井住友銀行，りそな銀行，三井住友信託銀行，新生銀行，あおぞら銀行をいう。
・地域銀行とは，地方銀行，第二地方銀行及び埼玉りそな銀行をいう。
・その他の銀行とは，主要行等・地域銀行を除く国内銀行，外国銀行支店，整理回収機構をいう。
・左端の欄中の括弧内は，令和4年3月末時点の金融機関数。
・件数は，貸付債権ベース。

請しています。

　具体的には，コロナ禍だけでなくロシアとの取引がある事業者や，部品納入の遅れ等により影響を受けた事業者などにも影響が拡大していることから，このような事業者に関しては，中小企業だけでなく中堅企業や大企業なども含め，事業者に寄り添ったきめ細やかな支援の実施を要請しています。

　またコロナ禍が3年目に入る中，複数回となる返済猶予や条件変更の相談があった場合にも，最大限柔軟な資金繰り支援を行うことなど，さまざまな支援の実施を金融機関に要請しています。

■事業者支援態勢構築プロジェクト（熊本県）

　この取組みは全国各県で実施されていますが，ここでは熊本県の事例を紹介します。熊本県では，すでに中小企業の創業支援や再生支援を応援するプラットフォームとして，「熊本県中小企業経営支援連携会議〜がんばろう！くまもと経営支援ネットワーク〜」という組織があり，例えば，熊本地震や人吉地域を中心とする水害等により大きな影響を受けたり，経営上の課題を有する中小企業の事業者支援を行っています。

　ここには県内に本店を有する金融機関や政府系金融機関である日本政策金融公庫・商工中金，熊本県中小企業再生支援協議会，税理士会，公認会計士協会，

弁護士会，商工会議所連合会，熊本県事業承継・引き継ぎセンターなど熊本県の各種機関，熊本県信用保証協会等が参加しています。

その参加者に，今回コロナ禍により売上減少など苦労している中小企業事業者を応援するためにどのような施策が有効か質問したところ，「早い段階で事業者の経営改善支援に着手することの必要性」や「外部の支援が必要な事業者を掘り起こし，問題が顕在・深刻化する前の段階で案件をネットワークに持ち込むキーマンの必要性」について問題提起がありました。このため当局は当該組織の事務局である熊本県信用保証協会とも相談し，参加者の議論を経て，新しく「経営改善支援ネットワーク」という組織を作り「コロナ禍で多様な経営課題に直面する中小・小規模事業者に対して，会員相互で連携しながら，早い段階からの金融支援や，経営改善支援に取り組む」こととしました。熊本県では，本取組みについて令和4年1月に関係者間で決定され，すでに事業者支援の取組みが進められています。

財務局としては，このような南九州各県における中小企業支援の取組みの強化について，支援等を続けていく所存です。

■成年年齢の18歳への引下げについて

最近の金融トピックその1として，成年年齢の18歳への引下げについて説明します。

皆さんもすでにご存じかと思いますが，民法の改正に伴い令和4年4月からは18歳で成年となりました。成年年齢には，「一人で契約をすることができる年齢」という意味と，「父母の親権に服さなくなる年齢」という意味があり，つまり成年に達すると親の同意を得なくても自分の意思でさまざまな契約ができるようになるということです。

具体的には，携帯電話を契約する，一人暮らしの部屋を借りる，クレジットカードを作る，高額な商品を購入した時にローンを組む等の行為については，成年に達すると親の同意が無くても自分一人で契約することができるようになります。逆にいうと，未成年の時には親の同意を得ずに契約した場合には，民法が定める「未成年者取消権」に基づき，契約を取り消すことができましたが，成年に達するとそれは行使できなくなります。つまり契約を結ぶかどうかを決

めるのも自分ならば，その契約に対して責任を負うのも自分自身となります。

　世の中には悪質な業者がいますので，そのような者が社会経験に乏しく保護が無くなったばかりの新成年を狙ってくる可能性もあり得ますので，皆さん，契約を行う際には注意が必要です。

　今回特にお伝えしたいことは「お金を借りるときには借りすぎに注意！」です。軽い気持ちで借金をして高い金利の借金を返せずにいると，返済財源として複数の会社から次々借金を重ねていく，いわゆる多重債務に陥ることになりますので，ご注意ください。

　またもう１つの大きな注意点として，絶対に違法なヤミ金融業者は利用しないでください。このような業者からお金を借りると，そもそも金利が高すぎて返済ができず，また過酷な取り立てにより，生活が破綻するおそれが高くなります。

　本件に関する詳しいことは，図 6-18 の⑤において，関連するホームページを紹介していますので，時間のある時に是非ご覧ください。

■マネー・ローンダリング，テロ資金提供対策について

　最近の金融トピックその２として，マネー・ローンダリング，テロ資金供与対策についてです。

　マネー・ローンダリングとは直訳すると資金洗浄という意味ですが，麻薬取引や賭博，脱税などの犯罪行為により手に入れた資金について，資金の出所をわからなくするために，架空または他人名義の銀行口座などを利用して複数の

図 6-17　マネー・ローンダリング

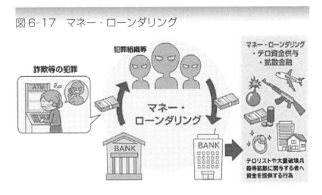

金融機関に転々と送金させ，正当に得た資金のように見せかける行為を指します。これにより犯罪組織やテロ組織が利益を得て，さらなる犯罪行為やテロ活動を助長することになりかねないため，世界的に対策の強化が求められています（**図 6-17** 参照）。

　皆さんもこれまで銀行等で預金口座を開設する場合や多額の送金をする場合，クレジットカードを作る場合等には，取引に際して免許証などの提示が求められるなど本人確認の手続きをしたことがあるかと思います。

　世界的なマネロン対策の強化により，わが国の金融機関においてもマネロン・テロ資金供与対策の取組み強化が求められています。金融機関からは，過去に本人確認済みであっても，取引の状況によっては改めて顧客の本人確認（住所・氏名），取引の目的等について確認することがあります。銀行の店頭や郵便等での照会があった場合には，お手数ですがご協力をよろしくお願いします。

　またもう 1 つ注意事項ですが，犯罪集団は犯罪に利用するため，「預金口座を作って（通帳や印鑑，キャッシュカードを）譲渡すれば報酬を払う」などと持ち掛けてくる場合がありますが，これに協力すると当該犯罪集団が行う犯罪行為への加担になる可能性があります。

　皆さんも大学を卒業されたりして転居され，銀行等の預金口座を使わなくなった場合には，当該金融機関に行って速やかに口座を解約してくださるよう，よろしくお願いします。

図 6-18　参考資料

① 2021 事務年度　金融行政方針
　https://www.fsa.go.jp/news/r3/20210831/20210831.html
② 金融検査・監督の考え方と進め方
　https://www.fsa.go.jp/policy/supervisory_approaches.html
③ 新型コロナウイルス感染症関連情報
　https://www.fsa.go.jp/ordinary/coronavirus202001/press.html
④ 基礎から学べる金融ガイド
　https://www.fsa.go.jp/teach/kou3.pdf
⑤ 18 歳，19 歳のあなたに伝えたい！過剰借入・ヤミ金融にはご注意
　https://www.fsa.go.jp/ordinary/chuui/seinen.html
⑥ 金融機関窓口や郵送書類等による確認手続にご協力ください
　https://www.fsa.go.jp/news/30/20180427/20180427.html

　本件に関しては詳しいことは，**図 6–19** の⑥において，関連するホームページを紹介していますので，時間のあるときに是非ご覧ください。

■最後に

　最後に，参考になるような資料についてご案内します。いずれも金融庁ホームページに掲載しています。

　特に**図 6–18** の④「基礎から学べる金融ガイド」には，キャッシュカードやクレジットカードに関する注意点や多重債務問題について簡潔に書いてあり，さらに金融トラブルに合った際の相談窓口などがコンパクトにまとめられています。是非一度ご覧ください。

7. 国有財産行政

7.1 はじめに

　全国の財務局の管財部では，国有財産に関わるさまざまな仕事を行っています。国有財産とは何か，その国有財産を使ってどのような行政を行っているのか，以下の項目について，概要を説明します。

　　7.2　国有財産の概要

　　7.3　庁舎・宿舎行政

　　7.4　国有地の管理処分

　　7.5　最近のトピックス

　7.2節では，国有財産とは何か，どのような種類のものがどのくらいあるのか，7.3節では，国の庁舎・宿舎の現状や課題，7.4節では，管理処分の方法や手続き，政策課題に対応した多種多様な処分方策等，7.5節では，経済対策における最近の国有財産の活用，全国的な問題となっている所有者不明土地に関する取組みなどについて説明します。

7.2 国有財産の概要

■国有財産の範囲

　まず，国有財産の範囲については，文字どおり国が所有する財産になりますので，土地や建物などの不動産，現金，自動車，船舶，航空機などの動産，地上権や地役権などの用益物権，貸付金などの債権，特許権や著作権などの知的財産権，株式や社債といった有価証券など，国が所有するすべての財産を，一般的に国有財産と呼んでいます。

　なお，「国有財産法」上の国有財産というのは，国が所有するすべての財産のうち，図7-1にあるように「有体物」と「財産権」に分けられており，不動

図 7-1 国有財産の範囲

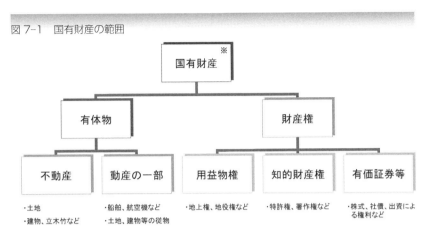

※ 国有財産法上の国有財産（狭義の国有財産）。ここには、現金・預金、物品、債権などは含まれません。

出典：「国有財産レポート」令和4年8月，財務省理財局。

産，動産の一部，用益物権，知的財産権，有価証券など，これらを国有財産法上の国有財産と呼んでいます。

　国有財産法上の国有財産に該当しないものとしては，現預金や物品，債権などですが，物品であれば「物品管理法」，債権であれば「国の債権の管理等に関する法律」によってそれぞれ管理しています。したがって，国有財産といっても，国が所有する全ての国有財産を，広い意味で「広義の国有財産」と呼ぶ場合があり，これに対して，国有財産法上の国有財産は「広義の国有財産」の一部となるので，狭い意味で「狭義の国有財産」と呼ぶ場合があります。

　これから説明する「国有財産行政」の国有財産というのは，国有財産法の国有財産のことであり狭義の国有財産になりますが，私たち九州財務局の管財部では，この狭義の国有財産の管理処分を担っています。

■国有財産の分類

　国有財産法上，国有財産は「行政財産」と「普通財産」に分類されます。

　図 7-2 のとおり，行政財産は，国の庁舎や宿舎，刑務所や自衛隊の演習場といった「公用財産」，国道や一級河川あるいは港湾施設などの「公共用財産」，皇居や御用邸といった「皇室用財産」，国が森林経営の用に供するための「森

図 7-2　国有財産の分類

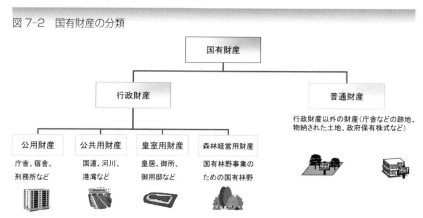

出典：「国有財産レポート」令和 4 年 8 月，財務省理財局。

林経営用財産」の 4 つに分類されます。これらの財産は，基本的には国が行政
目的のために所有する財産で，各省各庁の長が管理しています。

　それに対して普通財産は，行政財産以外の財産を指しており，行政の目的と
して使用しない財産や使用しなくなった財産で，例えば国の庁舎や宿舎の跡地，
相続税を金銭に代えて物納した財産，国庫帰属された財産，政府保有株式など
さまざまなものがありますが，国有財産法上，これらの普通財産は財務省が管
理処分を行っています。

■国有財産の現在額

　令和元年度末における国有財産の現在額は，約 110 兆円，うち行政財産が約
25 兆円，普通財産が約 85 兆円となります。

　行政財産は，約 25 兆円のうち約 8 割を公用財産が占め，普通財産は，約 85
兆円のうち約 9 割を独立行政法人等への出資財産（出資による権利）が占めて
います。

　また，土地だけで見ると全体で約 19 兆円，行政財産は約 14 兆円でそのうち
防衛施設が一番多く約 4 兆円です。普通財産は約 5 兆円でそのうち在日米軍施
設敷地として提供している財産が約 2 兆円，地方公共団体等へ公園の敷地等で
貸し付けている財産が約 2 兆円となりますが，全国の財務局が管理処分を行っ

ている未利用国有地はわずか約 0.3 兆円となっています。国土に占める国有地の面積割合は 23.1% となっており，国土の約 4 分 1 を占めています。その国有地の大部分は行政財産の森林経営用財産となっており，屋久島，小笠原諸島，白神山地のように世界遺産に登録されているものもあります。

7.3 庁舎・宿舎行政

■国の庁舎等の概要

国の庁舎等は，国有財産の分類でいえば行政財産に該当します。国の庁舎等とは，多数の官署が入居する合同庁舎や単独で入居する単独庁舎などの一般事務庁舎，海上・航空・陸上といった自衛隊の施設，刑務所などの施設のことを指しています。

表 7-1　国の庁舎等の概要

国の庁舎等の建物数，延面積

区分	建物数			延面積（m^2）		
	平成 29 年度末	平成 30 年度末	令和元年度末	平成 29 年度末	平成 30 年度末	令和元年度末
合　同　庁　舎	1,708	1,697	1,675	4,450,445	4,435,012	4,405,368
単　独　庁　舎	30,854	30,561	30,315	15,382,150	15,435,222	15,536,744
刑務所その他の収容施設	4,089	4,007	3,993	2,896,192	2,956,420	2,905,282
自 衛 隊 関 係 施 設	22,430	22,457	22,414	13,862,691	13,986,957	13,976,655
計	59,081	58,722	58,397	36,591,479	36,813,611	36,824,049

出典：「国有財産レポート」令和 4 年 8 月，財務省理財局。

表 7-1 に区分ごとの建物数や延べ面積が 3 年分記載していますが，建物数，延べ面積共に，単独庁舎が一番多い結果となっています。

■庁舎の取得・有効活用に関する財務省の役割

財務省は国有財産法上，国有財産を総括すると規定されていますので，図 7-3 左側にあるとおり，国有財産の効率的整備・有効活用を図るという役割があります。各省各庁が自由に庁舎や宿舎を整備したりすることは，予算執行の面や

図 7-3　庁舎の取得・有効活用に関する財務省の役割

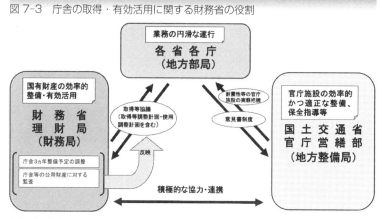

出典：「国有財産レポート」令和4年8月，財務省理財局。

有効活用を図る観点から好ましくない場合もあることから，財務省は，その内容が効率的な整備となっているか，有効活用が図られているかといった観点で審査する必要があり，事前に各省各庁から協議を受ける仕組みとなっています。

　一方，国土交通省（以下，「国交省」という）は，実際に官庁施設を整備，保全指導する役割があります。財務省は，各省各庁の庁舎整備にあたっては，庁舎整備を実施する国交省と連携し，効率的な庁舎の取得や使用に向けて，要求省庁などと調整・協議を行う役割となっています。

■国有財産の効率的整備・有効活用（庁舎等取得等調整）

　図7-4は各省各庁が庁舎等を取得や整備しようとする際に，どのように予算措置まで流れていくのかを示しています。各省各庁が国交省に対し営繕計画書を提出し，その後，財務省理財局に庁舎等の取得等予定調書を提出した後，財務省，国交省がそれぞれ審査を行い，各省各庁や財務省主計局に対して審査結果や意見書を提出し，最終的に審査で了承されたものだけが予算措置につながっていくことになります。

■国有財産の効率的整備・有効活用（庁舎等使用調整計画）

　国有財産の効率的使用・有効活用の一環として，庁舎等の取得調整計画とは

図 7-4　国有財産の効率的整備・有効活用（庁舎等取得等調整）

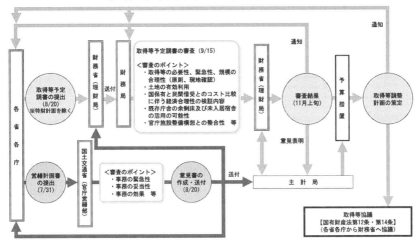

出典：「国有財産レポート」令和 4 年 8 月，財務省理財局。

別に，庁舎等使用調整計画という制度があります。財務省は，国有財産の総括的役割を担っているという観点から，合同庁舎や単独庁舎に空きスペースがある場合，省庁横断的な入替調整を行って，庁舎等の効率的な使用を推進しています。

図 7-5 の左下にあるとおり，X 庁舎に空きスペースが発生している場合に，C 官署の単独庁舎において老朽化が著しく建替えが必要な場合には，空いている X 庁舎の空きスペースに C 官署を入居させることや，土地や建物を借り受けて庁舎として使用している D 官署を X 庁舎の空きスペースに入居させることで，C 官署の跡地が売却することができるほか，D 官署の借受料が削減できる効果が生み出されるので，このような効果的な調整を行うことを庁舎等の使用調整計画の策定と呼んでいます。

東京都千代田区霞が関にある中央合同庁舎第 2 号館の使用調整計画では，2 号館の空きスペースに，民間ビルに入居していた総務省の 2 官署を入居させることで借受料を削減することできました。また，デジタル基盤推進室やマイナンバー制度支援室の新規設置といった，新たな行政需要への対応などの使用調

図 7-5　国有財産の効率的整備・有効活用（庁舎等使用調整計画）

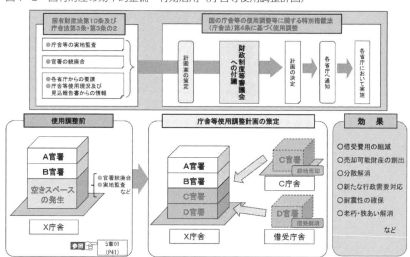

出典：「国有財産レポート」令和4年8月，財務省理財局。

整計画が策定されました。

■特定国有財産整備計画

　特定国有財産整備計画とは，スクラップ＆ビルドという考えで庁舎等の建設計画を策定するもので，新しく建てる庁舎の整備財源は，古い施設の土地や建物を売って得られた収入で賄おうというものです。この計画は，過去には一般会計とは別の特定国有財産整備特別会計で処理していましたが，同会計が廃止されたため，平成22年度以降は一般会計の中で策定しています。

　図7-6は，平成22年度以降，一般会計の中で実施する計画の収支を記載しています。計画策定した新たな庁舎整備費の支出が平成23年度から続き，平成26年度に移転後の跡地等の売却収入を計上しています。全体計画の収支は，収入額の合計が737億円に対して，支出額の合計が490億円となっていますので，現時点ではこの計画の収支は248億円の黒字ということになります。

図 7-6　特定国有財産整備計画

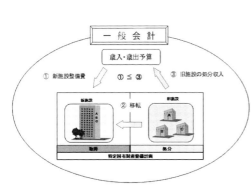

一般会計で実施する計画の収支　（単位：億円）

	収入額	支出額	差引
平成22年度	0	0	0
平成23年度	0	0.4	▲0.4
平成24年度	0	2	▲2
平成25年度	0	6	▲6
平成26年度	9	26	▲17
平成27年度	0	1	▲1
平成28年度	8	4	4
平成29年度	0	12	▲12
平成30年度	3	18	▲15
令和元年度	68	11	57
令和2年度	48	18	30
令和3年度	132	64	68
令和4年度以降	470	328	142
合計	737	490	248

（注1）　単位未満を四捨五入。

（注2）一般会計で実施する計画の他、特定国有財産整備特別会計が廃止された平成21年度末までに計画策定されていた事業で現在も未完了のものについては、当該事業が完了するまでの間、経過勘定として設置された財政投融資特別会計特定国有財産整備勘定において経理を行っている。

出典：「国有財産レポート」令和3年8月，財務省理財局。

■庁舎行政の見直し

地方都市における既存庁舎の徹底活用についてです（**図7-7**参照）。

余剰が生じている庁舎等の使用調整計画については先述しました。地方では，主に国の組織改編や統廃合，定員削減等により，庁舎に余剰スペースが生じる

図 7-7　庁舎行政の見直し

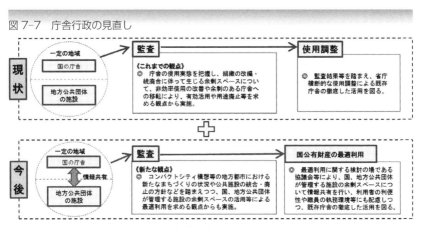

出典：「国有財産レポート」令和4年8月，財務省理財局。

ケースが多々ありますが，入居できる官署が近隣にないこともあって，余剰スペースをすべて埋めるだけの使用調整計画を策定しづらい状況にあり，長年，非効率な状況が続く場合があります。

　一方で，地方都市では「コンパクトシティ構想」といった街づくりが進められたり，地方公共団体などの公共施設の統廃合などが進められたりすることを踏まえて，国の庁舎の余剰スペースに地方公共団体施設の入居を促すなど，国の既存庁舎の徹底した活用を進めることとしています。

■権利床の活用事例

　権利床とは，市街地再開発事業によって建てられた建物の区分所有権のことです。

　国の土地所有権が市街地再開発事業等によって権利変換され，その権利変換によって生み出される権利床の取得が見込まれるような場合には，庁舎の需要などを勘案して，その権利床を庁舎として活用する場合があります。

　例えば，もともと国の庁舎や宿舎の跡地である国有地が存在し，その国有地や周囲の民有地が再開発事業の区域になった場合，権利変換を受けるということは，国はその国有地に見合う建物の区分所有権と土地の共有持分を取得することになります。しかし，床でもらっても，庁舎利用の需要がない場合や，権利床を売却や貸し付ける方が不利と判断される場合には，従前の国有地の対価に相当する金銭の納付を受けて一連の手続きを終了する場合もあります。いずれにしても，金銭納付を受けて終わりにするのか，権利床をもらって庁舎等として利用するのか，権利床を売却したり貸したりするのかは，個別に検討して判断することになります。

　権利床の活用事例として，東京の四谷駅前の再開発事業があります。国が権利変換を受けた床の部分は，事務所のうち 13〜15F までの約 6,000 m^2 であり，そこには，外国人在留支援センター（法務省所管の独立行政法人）や，国交省の運輸安全委員会や国土交通政策研究所などが入居することになりました。

■地域における国公有財産の最適利用

　近年，国が保有する施設や地方公共団体が保有する施設の老朽化や耐震化へ

図 7-8　地域における国公有財産の最適利用

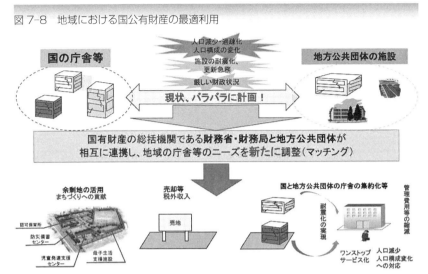

出典：「国有財産レポート」令和4年8月，財務省理財局。

の対応が求められています。これまでは，国，地方がバラバラに施設の建設計画などを策定していましたが，人口減少や厳しい財政状況の中で，それぞれ連携して公的施設の効率的な再編や最適化を図っていくことが求められています（図7-8参照）。

　地域の街づくり計画や課題の解決に向けて，国と地方公共団体の施設の集約化や空いた床を相互に融通し合ったり，国有地や公有地の有効活用を図るなど，さまざまな形で連携を図っていくことが重要です。財務省は国の庁舎や宿舎に関する課題だけではなく，地域の課題解決に向けて，地方公共団体をはじめとして国交省などの関係省庁や制度官庁などとも連携して，国公有財産の最適利用に向けて調整を行っています。

　図7-9は東北財務局管内の山形県鶴岡市の国公有財産の最適利用の事例です。鶴岡市が平成14年に市立病院跡地について，官公庁施設を核とした都市基盤整備事業を実施する区域として定めたことを受け，市有地である市立病院跡地と国有地である鶴岡税務署や検察庁の敷地と交換し，市立病院跡地に国の合同庁舎を建てることで，住民の利便性向上や公共施設の機能連携が図られるとともに，市が交換で取得した鶴岡税務署の敷地は，専門学校の移転候補地とした

図 7-9　国公有財産の最適利用の事例

≪国の合同庁舎の建設及び市施設の整備　（山形県鶴岡市）≫

○ **事案の検討が始まった契機**
・ 鶴岡市が、国土交通省のシビックコア地区整備制度を活用し、平成14年7月に「鶴岡文化学術交流シビックコア地区整備計画」を策定。
・ 同地区のうち市立病院跡地を中心とした街区をアクションエリアと定め、官公庁施設を核とした都市基盤整備事業等を重点的に事業化するエリアとされた。

○ **基本方針等**
・ 老朽・狭隘化が進んでいる国の行政機関を集約立体化し、鶴岡第2地方合同庁舎を整備。その用地は国と市の土地交換で手当て。
・ 合同庁舎1階に鶴岡市の防災資機材庫を合築整備。

○ **事案のポイント**
・ 市立病院跡地を合同庁舎用地として活用することで、中心市街地のまちづくりのスタートアップに寄与。また、市立病院跡地との交換により市有地となった財産を、市においてまちづくりに活用する動きが波及（看護専門学校の移転新築の候補地など公共的な利用を計画中）。
・ 合同庁舎の整備によって、住民の利便性の向上、公共施設の機能連携が図られる。
・ 市の防災資機材庫の合築により、地域の防災機能が充実。

【鶴岡第2地方合同庁舎　事業概要】
敷地面積：約3,900㎡　延床面積：約3,500㎡
構　　造：鉄筋コンクリート造（3階建て）
入居官署：鶴岡税務署、鶴岡公共職業安定所
　　　　　山形地方検察庁鶴岡支部・鶴岡区検察庁
　　　　　鶴岡市（防災資機材庫）
完成時期：令和4年度（予定）

出典：「国有財産レポート」令和4年8月，財務省理財局。

り，検察庁の敷地についても，市が公共的な利用を計画するなど，国が市と連携して最適利用の計画を策定し実行しました。

■国家公務員宿舎について

　国家公務員宿舎は，国家公務員宿舎法において，国家公務員の職務の能率的な遂行を確保し，もって国の事務及び事業の円滑な運営に資することを目的としています。

　国家公務員宿舎の総戸数は，宿舎の削減計画により平成24年から5万6千戸が削減され，令和2年9月1日現在で約16万2千戸ありますが，そのうち合同宿舎が約7万7百戸，省庁別宿舎が約9万1千戸となっています。

　宿舎使用料については，平成25年に3段階に分けた段階的引上げを開始し，平成30年に最後の引き上げが実施されました。引上げ前と引上げ後の比較が，**図7-10**の棒グラフで示されていますが，民間の社宅と比較すると相当の引上

図 7-10　宿舎使用料の現状

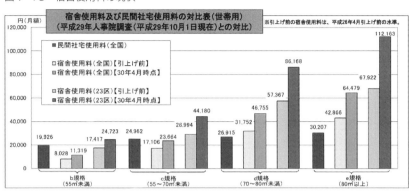

出典：「国有財産レポート」令和4年8月，財務省理財局。

げ額となっています。

　現在，国家公務員宿舎を全国の地域ごとに見ると，供給過多地域や需要過多地域が存在することになりますが，宿舎が足りないところにどうやって確保していくのか，余っているところはどうやって減らしていくのかといった課題や，特に近年，大規模な災害が頻発する中，災害発生時等の初動体制を確保することが重要であるため，緊急参集要員用の宿舎確保が課題となっています。

　住戸規格のミスマッチ解消とは，宿舎を必要とする者のニーズが時代とともに変わってきたということで，ひと昔は，独身寮と世帯用の宿舎があれば良かったのですが，寮は，共同風呂に共同トイレといった今の若い人が敬遠する施設のため，寮については全国的に廃止している状況です。

　一方，世帯用の宿舎も単身赴任者の増加によって，需要が減っていることから，全体的に世帯用宿舎が余り，独身用・単身用宿舎が足りないといった規格のミスマッチが生じている状況です。

　これに対するハード面での対応は，既存宿舎を模様替えして独身用や単身用の宿舎を確保することが考えられますが，多額の費用がかかる場合も想定されるので，各官署で民間のマンションなどを借り受けして宿舎にする「借受宿舎」への対応も検討されています。

　ソフト面での対応は，独身用宿舎には若年層を優先して入居させる，係員ク

ラスの職員に世帯用宿舎を貸与できるようにする，あるいは係員クラスの独身職員に世帯用宿舎を貸与する場合には，宿舎料を80%にするなど，若年層の負担を軽減しつつ既存の世帯用宿舎の活用を図ることとしています。

図 7-11　国家公務員（合同宿舎）の経年別戸数

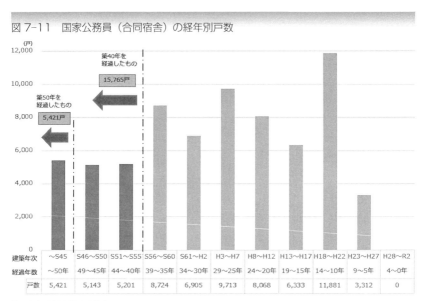

建築年次	～S45	S46～S50	S51～S55	S56～S60	S61～H2	H3～H7	H8～H12	H13～H17	H18～H22	H23～H27	H28～R2
経過年数	～50年	49～45年	44～40年	39～35年	34～30年	29～25年	24～20年	19～15年	14～10年	9～5年	4～0年
戸数	5,421	5,143	5,201	8,724	6,905	9,713	8,068	6,333	11,881	3,312	0

注：令和2年9月1日時点。
出典：「国有財産レポート」令和3年8月，財務省理財局。

　合同宿舎の経年別戸数について，現在，築50年を経過したものが5千戸，築40～49年経過が1万5千戸の合計で約2万1千戸が築40年を超えており，10年後には合同宿舎7万戸のうち，3割の2万1千戸が築50年以上となりますので，その対応が急がれる状況です（**図 7-11** 参照）。

　老朽化への対応について，宿舎の改修予算には限りがあるので，建築年次や立地条件，入居状況を勘案し，長期に使用することが可能なものは大規模改修（所謂リノベーション）を行い，長期に使用することが困難なものは将来的には集約化を検討し必要最低限の維持修繕に努めており，個々の宿舎に応じて予算配分を行うことで，計画的かつ効率的に改修を行って必要な宿舎の確保を進めることとしています。

7.3 | 国有地の管理処分

■国有地の管理処分手続きの原則

　国有財産の分類において，行政財産以外の行政目的としての使用が見込めない財産，所謂普通財産をどのようにして管理や処分を行っていくのか説明します。

　まず，国有地の管理処分手続きの原則について説明します。1つ目として，国有財産は財政法第9条に，「適正な対価なくしてこれを譲渡し若しくは貸し付けてはならない」と規定されています。

　2つ目として，例外で国有財産法や国有財産特別措置法に，特に公共性の高い用途に供する場合には，無償あるいは減額して売却または貸し付けることができると規定されています。学校や病院，社会福祉施設といった用途で処分する場合には減額貸付や減額売払，公園・緑地ごみ処理施設といった用途で処分する場合には無償貸付，道路・河川等の公共用財産として処分する場合には譲与といった区分で処理することが可能です。

　3つ目として，これらの優遇的な措置については，現下の厳しい財政状況等に鑑み，制限的な運用を行うこととしており，**図7-12**右側のとおり，その財産の取得経緯が相続税物納財産や庁舎などの代替施設の整備に経費を要した財

図 7-12　国有地の管理処分手続きの原則

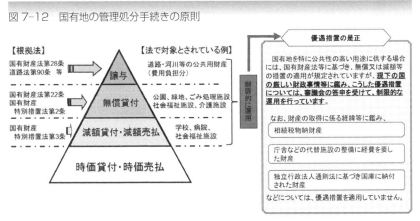

出典：「国有財産レポート」令和4年8月，財務省理財局。

146

産などは，優遇措置を適用せずに処理を行っています。

■国有地の売却等手続き

　国有地の売却等については，公用・公共用の利用を優先するという原則があ
りますので，廃止した庁舎や宿舎，あるいは相続税物納財産などの普通財産は，
国が利用しなければ地元の地方公共団体に対して，3か月間取得要望等の受付
を行い，要望があれば内容を審査して売却相手方を決定し，その後売却価格の
見積り合わせを行い，売買契約を締結することになります。

　仮に，地方公共団体からの取得等の要望がなかった場合や取得等要望があっ
た場合でも，見積もり合わせが成立しない場合や契約締結期限を経過した場合
などには，一般競争入札の手続きへ移行することになります。

■一般競争入札の手続き

　図7-13は基本的な流れについて記載していますが，入札保証金の納付が必
要，落札後は所有権移転登記の手続きに要する費用が不要，落札しなった物件
は先着順で購入することが可能など特徴的な内容となっています。

図7-13　一般競争入札の基本的な流れ

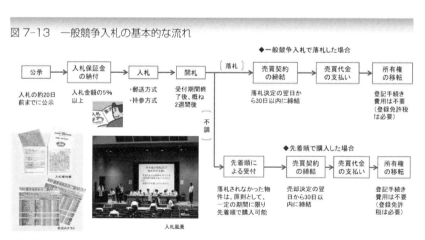

出典：「国有財産レポート」令和4年8月，財務省理財局。

■未利用国有地のストックの推移

　未利用国有地については，基本的には売却して財政収入の確保に努めながら，地域や社会のニーズに応えるような有効活用を推進しているところです。この未利用国有地は，**図7-14** の棒グラフのとおり，平成11年当時の台帳価格で1兆8千億円あった財産が急激に減少して，令和元年には4千億円を切っています。これは主に一般競争入札により処分する予定の財産が減少していることによるものです。

　バブル崩壊による地価下落の影響で相続税を金銭での納付に変えて土地を物納する案件が急増したために，一時的にそのような財産が増加しましたが，以降，集中的に物納財産の処理を進めたことや物納財産そのものが減少傾向となりましたので，処分可能な財産が全体で減少しました。

　地価が上昇している局面では，土地を処分してその代金から相続税を金銭で納めた方が有利といわれていましたので，土地を物納する人はほとんどいませんでした。しかし，地価が下落している局面では土地を物納する人が増加したことが顕著に反映されたことになります。

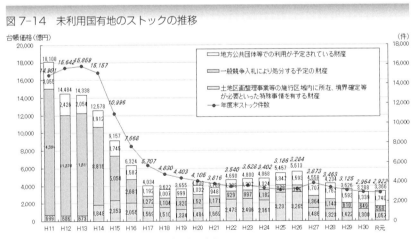

図7-14　未利用国有地のストックの推移

出典：「国有財産レポート」令和3年8月，財務省理財局。

■国有地の管理処分の基本方針の変遷

　表7-2のとおり昭和20年代以降，社会情勢の変化によって，国有地の管理処分の基本方針が少しずつ変化していることがわかります。基本的に公用・公共用優先の原則は変わりませんが，最近では，待機児童といった保育の問題や高齢化に伴う介護施設の問題など社会問題化されている施設整備に国有地を活用するなど社会や地域のニーズに対応した国有地の有効活用を進めているところです。

表7-2　国有地の管理処分の基本方針の変遷

昭和20年代	昭和30年代	昭和40年代〜昭和50年代前半	昭和50年代後半〜昭和60年代	平成初期	バブル崩壊後〜	平成10年代後半〜	現在
民生の安定と経済復興に寄与するため，大量の国有地を積極的に活用	財産の実態把握や台帳の整備改善など内部管理体制の整備に重点	土地問題・都市問題の解決が課題となり，従来よりも一層，公用，公共用の用途に優先的に活用	国の財政事情が著しく悪化し，公用，公共用優先の原則を損なわない限度で，極力財政収入を確保	地価高騰が社会問題となり，公用，公共用優先の原則を更に徹底，特に都市部の財産については重点的活用，適正な管理を図る必要	公用，公共用優先の原則を基本としつつ，急増した物納不動産の売却を促進	効率的な庁舎等の使用・整備や，売残財産等の未利用国有地の売却を促進	将来世代にも裨益する管理処分の多様化，将来に続く行政インフラの強靭化，将来を見据えた管理の効率化などの多面的な観点から，国有財産の「最適利用」を追求
（主要な答申）		S47.3.10「有効利用答申」	S58.1.24「当面答申」	H2.6.20「有効活用答申」	—	H18.1.18「効率性答申」	R1.6.14「最適利用答申」

出典：「国有財産レポート」令和4年8月，財務省理財局。

■定期借地権を活用した貸付スキームのイメージ

　定期借地制度は，借主との間で一定の契約期間を定めて，契約終了時には建物を壊して更地にして地主に返還することを条件に，土地の賃貸借契約を締結する制度です（**図7-15**参照）。

　同制度は，貸付期間が保証され事業計画が立てやすいことや，土地の購入費用や借地権利金の費用が不要であるため，事業を始める際は，初期費用が少ないなどのメリットがありますので，特に地価の高い都市部では有効な手段と言えます。したがって，比較的地価が安い地方都市などでは，借地を希望する者

よりも購入を希望する者が多い傾向があるため，実際に九州財務局管内の4県（熊本，大分，宮崎，鹿児島）において定期借地権を活用した貸付の事案は1件しかありません。

図7-15　定期借地権を活用した貸付スキームのイメージ

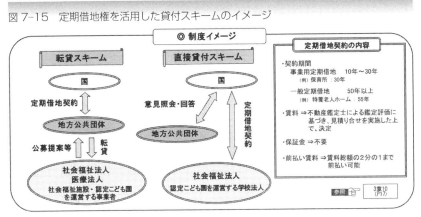

出典：「国有財産レポート」令和4年8月，財務省理財局。

■社会福祉分野における定期借地権を利用した貸付制度の導入

　近年，保育施設や介護施設といった社会福祉分野での需要が高まっているため，国有地の積極的な活用を進めているところです。

　図7-16の①から③までのようなスキームを導入し，地方公共団体や社会福祉法人などから要望があれば積極的に応えられるよう協議や調整を進めることとしています。

■社会福祉分野等における国有地の活用状況について

　図7-17は社会福祉分野において，国有地を売却あるいは定期借地権を利用して施設整備を行った実績です。年度別に件数で表示しており，保育関係が先行して件数を伸ばし，その後介護関係の件数が伸びている状況がわかります。

■地区計画活用型・二段階一般競争入札について

　一般競争入札を行う場合には，その地区で定められている都市計画（建ぺい

図7-16　定期借地権を活用した貸付スキーム

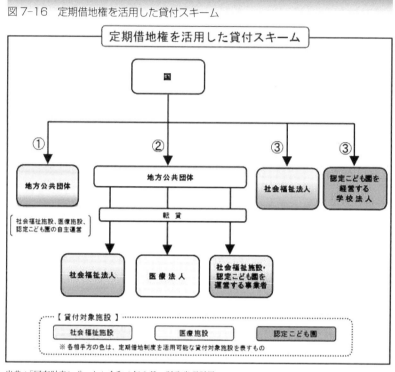

出典：「国有財産レポート」令和4年8月，財務省理財局。

図7-17　社会福祉分野等における国有地の活用状況について

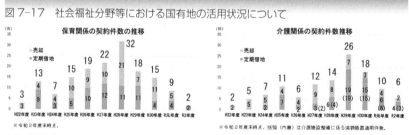

出典：「国有財産レポート」令和3年8月，財務省理財局。

率や容積率，日影規制など）以上の制約は設けていないため，落札者が都市計
画の範囲内で自由に開発等を行ってきました。しかしながら，必ずしも地元の

意向に沿った開発が行われているとは限らないことを踏まえ，あらかじめ地方公共団体と協議し地域住民の意向を反映しながら，開発条件を策定した地区計画を定めた上で価格入札を行う方法を導入しました。この入札制度を「地区計画活用型一般競争入札」と呼んでいます。

　一方，「二段階一般競争入札」とは，入札参加者にその土地利用に関する企画提案を提出させたうえで，まずその内容を審査委員会で審査して，審査に通過した者で価格入札を行うといった方法です（図7-18参照）。

　地区計画活用型一般競争入札と二段階一般競争入札を併用した入札を実施することも可能となっています。地区計画活用型一般競争入札は，街づくりに配慮した土地利用を行うことにより，地域経済を活性化すること等を目的とし，国有地を含む一定の区域に地区計画の都市計画決定を行うものであり全国的に利用しています。また，二段階一般競争入札は，地区計画の都市計画を策定するまではないものの，街づくりに配慮した土地利用を行うために，入札者からその土地利用の企画提案書を提出させて審査を行い，その審査を通過した者で価格競争を行うといった制度になります。

　いずれにしても，どの入札方法を選択するかは，個別の財産の状況を勘案して，地元自治体や地域住民と協議しながら検討していくことになります。

図7-18　地区計画活用型・二段階一般競争入札について

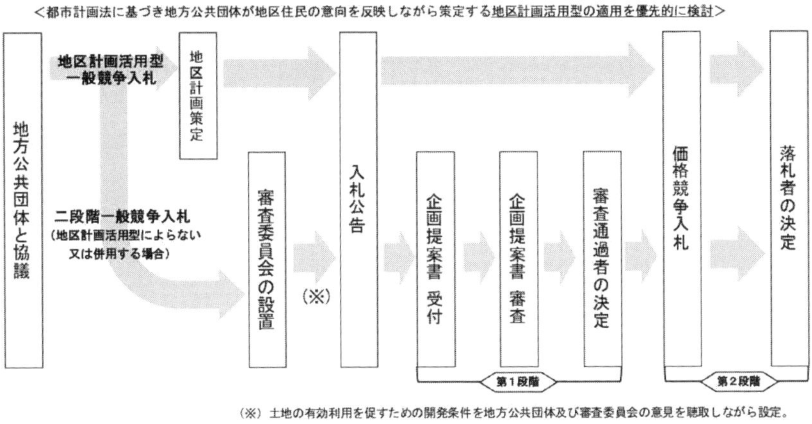

＜都市計画法に基づき地方公共団体が地区住民の意向を反映しながら策定する地区計画活用型の適用を優先的に検討＞

（※）土地の有効利用を促すための開発条件を地方公共団体及び審査委員会の意見を聴取しながら設定。

出典：「国有財産レポート」令和4年8月，財務省理財局。

■国有財産の信託及び交換事例

　図7-19 は東京都千代田区大手町の事例です。再開発後イメージのとおり，再開発で建設されたウエストタワーの約3フロアとイーストタワーの1棟すべてを国が取得した権利床となります。

　ウエストタワーにはもともと日本郵政が権利床を持っており入居予定であったため，国が所有する約3フロア部分を日本郵政ビルと等価交換することで，日本郵政は業務をウエストタワーに集約できるメリットがあり，国は日本郵政ビルを取得して，中央省庁の庁舎として利用できるメリットがあることから，このような交換を行ったものです。

　イーストタワーについては，1棟すべてを国が所有しており，財政制度等審議会においてできる限り多くの売却収入を確保する観点から，信託を活用しリーシング[1]を了した状態で売却を進めることが適当である旨の答申を受け，平成28年1月にみずほ信託銀行と信託契約を締結したものです。

図7-19　国有地の信託及び交換事例

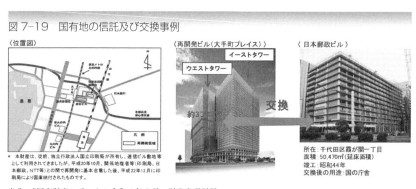

出典：「国有財産レポート」令和4年8月，財務省理財局。

■留保財産の選定について

　処分可能な未利用国有地が減少していると先述しましたが，今後も処分可能な財産をどんどん民間へ売却すると，処分可能な財産が尽きてしまう，尽きてしまうと将来，国が利用しようとする財産もなくなってしまう懸念があること

1　テナントを誘致して貸付けを行い，施設価値の向上を支援する業務。

図 7-20　留保財産の選定について

地域・規模の目安

ブロック	エリア 都道府県	エリア 市区町村	最低面積
首都圏	東京	23区内・武蔵野市・三鷹市	1,000㎡
首都圏	神奈川	横浜市・川崎市・相模原市	2,000㎡
首都圏	埼玉	さいたま市・川口市	2,000㎡
首都圏	千葉	千葉市	2,000㎡
近畿圏	大阪	大阪市・堺市・守口市・東大阪市	2,000㎡
近畿圏	京都	京都市	2,000㎡
近畿圏	兵庫	神戸市・芦屋市・西宮市・尼崎市	2,000㎡
北海道	北海道	札幌市	2,000㎡
東北	宮城	仙台市	2,000㎡
東北	新潟	新潟市	2,000㎡
北陸	石川	金沢市	2,000㎡
東海	愛知	名古屋市	2,000㎡
東海	静岡	静岡市・浜松市	2,000㎡
中国	広島	広島市	2,000㎡
四国	岡山	岡山市	2,000㎡
四国	香川	高松市	2,000㎡
四国	愛媛	松山市	2,000㎡
九州	福岡	福岡市・北九州市	2,000㎡
九州	熊本	熊本市	2,000㎡
沖縄	沖縄	那覇市	2,000㎡

※ 留保財産の対象地域は、上記市区町村の行政区域のうち、統計法(平成19年法律第53号)第5条第2項の規定に係る最新の国勢調査に基づく人口集中地区(DID)とする。

地域や規模の留保基準を満たすものの、個別的な要因から留保財産としない例

- 土地の形状が路地状である、あるいは道路幅員や接道の長さが大規模建築物等の建築に係る条例を満たしていないなど、開発制限が大きく、かつ、当該制限を緩和する可能性も見込まれない土地
- 地域における活用が特に考えられず、地価も低く、万が一、将来に取得の必要性が生じても、代替地の取得に特に支障がないと考えられる土地

地域や規模の留保基準を満たさないものの、個別的な要因から留保財産とする例

- 人口増加や再開発エリア、コンパクトシティ実現のための立地適正化計画における都市機能誘導区域内に位置するなど、今後、地域・社会ニーズが見込まれる土地
- 2,000㎡未満の土地であるが、公共交通機関のターミナル駅至近など立地条件が非常に優れ、基準容積率が高く、高度利用が可能など、希少性や有用性が高い土地

出典:「国有財産レポート」令和 4 年 8 月，財務省理財局。

から，有用性が高く希少な国有地は現世代で売却するのではなく，将来世代のために国が所有権を留保して，定期借地権による貸付けにより活用を図るといったことが，令和元年 6 月 14 日開催の財政制度審議会で答申されました。

　留保財産とする地域・規模の目安は**図 7-20** 左側のとおりですが，九州では福岡市・北九州市・熊本市の 2,000 ㎡以上の土地が選定の目安とされており，現在，熊本市では 4 物件，鹿児島市で 2 物件の留保財産を選定しています。鹿児島市は選定エリアには該当していませんが，**図 7-20** 右下枠のとおり，「地域や規模の留保基準を満たさないものの，個別的な要因から留保財産とする例」に該当するとして 2 物件を選定しています。

■**留保財産の利用方針の策定**

　留保財産については，定期借地権による貸付が前提とされていますので，貸付でも公用・公共用の原則は変わらず，地方公共団体に要望があるかどうか，ない場合でも定期借地権による貸付けの入札を実施することになります（**図 7-21** 参照）。

　図 7-22 は東京都目黒区に所在する留保財産の利用方針の策定事例です。活用イメージ②のとおり，敷地は全体で 1 万 ㎡，ここにどのような施設を導入するのが望ましいのか，目黒区や民間事業者，地元住民からヒアリングを行い，

図 7-21　留保財産の利用方針策定事例

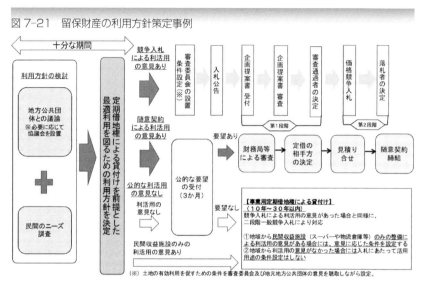

出典：「国有財産レポート」令和 4 年 8 月，財務省理財局。

図 7-22　留保財産の利用方針の策定

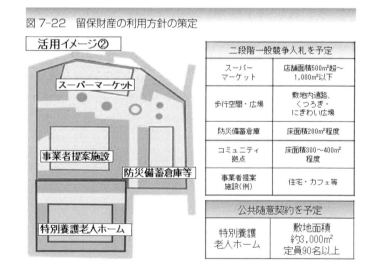

その結果，右下に記載している特別養護老人ホーム敷地（約3千m²）として目黒区と定期借地契約を締結しました。残りの7千m²については，民間事業者から企画提案を受け付け，審査後に価格入札を実施する二段階一般競争入札により処理するとの利用方針の策定について，昨年，国有財産関東地方審議会で決定されました。

■国庫帰属制度の課題と見直し等について

　相続人が不存在である場合の国庫帰属について，相続人が不存在であるとは，そもそも戸籍上相続人がいない場合や相続人が相続放棄をした場合が想定されています。

　このような財産が何かの事情で発見された場合，利害関係者から家庭裁判所に対して相続人不存在の申立てが行われ，裁判所が相続財産管理人を選定し，その管理人は被相続人の資産と負債を相殺する手続きを行い，最終的に残余の資産がある場合にはこれを国庫納付することとされています（**図7-23**参照）。

　この国庫納付された財産は財務局で引き受けることになります。土地や建物以外にも建物内に残された動産類は，国有財産法上の国有財産ではないので，結局は処分する費用が発生することや，崩壊しそうな建物であれば維持管理費用がかかることなど，いずれにしても税金でこれらを処理しなければなりませ

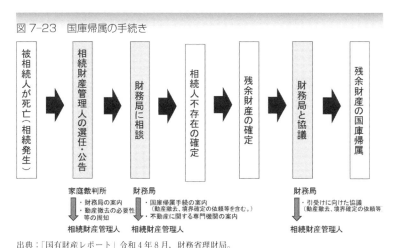

図7-23　国庫帰属の手続き

出典：「国有財産レポート」令和4年8月，財務省理財局。

ん。このようにさまざまな問題がありましたが，通達を制定してそれらの問題を解決し，この相続人不存在による国庫帰属の手続きをスムーズに行えるよう見直しを実施したものです。

相続放棄によって相続人不存在となった財産は，相続人が換価処分をしない価値が低い財産がほとんどなので，国庫帰属されて財務局が引き受けても結局のところ，なかなか処分ができない財産ということになります。

相続人不存在による国庫帰属手続きの流れが記載されています。国庫帰属財産の中に動産があったり，建物が壊れそうだったり，あるいは土地の境界が決まっていなかったりと，これらの問題をできる限り解決した上で国庫帰属されることが引き受ける財務局としても望ましいと考えていますので，事前に家庭裁判所や裁判所が選定する相続財産管理人などと情報共有を行って，国庫帰属の円滑化を図ることとしています。

図7-24は兵庫県淡路市に所在していた「世界平和大観音像」という観光施設が国庫帰属された事例です。この事案の問題は，建物の老朽化が著しく，早急な解体が必要であったこととその解体費が9億円もかかるということでした。その解体費が予算化できなければ国が維持管理をする必要があるため，どうやって維持管理するのかということでした。このような問題が絡んでいたことも

図7-24　国庫帰属の処理事例

【経緯及びスケジュール】

昭和63年4月	前所有者の夫死亡，妻・子相続
平成18年2月	妻（所有者）死亡
～平成19年1月	相続人ら相続放棄
平成30年6月	相続人不存在確定
この間，相続財産管理人等に事案の経緯や国庫帰属財産となることに問題がないかについて説明を求めるなど，事前協議や法律相談等を複数回実施	
令和2年3月	国庫帰属
令和2年11月	十重の塔・山門を解体撤去
～令和5年2月	大観音像を解体撤去予定

※ 建物解体後は，地元自治体（兵庫県及び淡路市）等からの取得要望を一定期間受け付け，要望がない場合は一般競争入札による売却を行う予定です。

所在地：兵庫県淡路市釜口字里2457番1ほか
土地：19,071.04㎡
建物：① 十重の塔（高さ約32m）、② 山門
　　　③ 大観音像（高さ約100m）

出典：「国有財産レポート」令和3年8月，財務省理財局。

あり，相続人らの相続放棄が平成19年1月，相続人不存在が確定したのが平成30年6月となり11年も時間を要しています。この間，国庫帰属財産となることに問題はないか，相続財産管理人等に説明を求めたり，法律相談を実施したり，国庫帰属で受けることに対して，相当慎重に検討してきたものと考えられます。慎重に検討した結果，国が建物を解体することはやむをえないとして，解体費用が予算化できることになったので，令和2年に国庫帰属を受け，現在，解体撤去の作業中です。

■積極的な情報発信・一時貸付等の活用について

　これまで説明してきたように，未利用国有地が減少していることに加えて，国庫帰属財産，境界確認が困難なもの，無道路地など，さまざまな事情で処分できない財産が増加している状況です。

　そうなると，維持管理コストが増加することになりますので，売却促進策として，図7-25左側のとおり，民間の不動産情報サイトに国有財産の売払い情報を掲載したり，宅地建物取引業者による媒介を活用した売却制度を導入しています。一方，図7-25右側のとおり，管理コストの低減策として，地元の自

図7-25　積極的な情報発信・一時貸付等の活用について

出典：「国有財産レポート」令和4年8月，財務省理財局。

治体に一時的に貸付けを行うなどの取組みを進めているところです。

■さらなる国有財産の最適利用のための処分等手法の多様化（現状）

　図7-26左側のような沿革で未利用国有地になった財産が，処分困難な事由があるかないかで，どういった財産に分類されるか示しています。

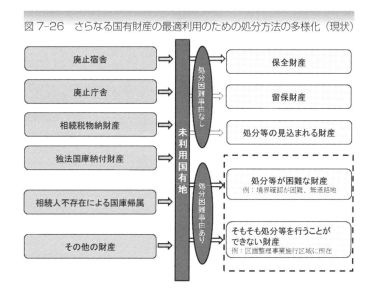

図7-26　さらなる国有財産の最適利用のための処分方法の多様化（現状）

■さらなる国有財産の最適利用のための処分等手法の多様化（今後）

　売却促進策の一環ですが，複数回入札を実施しても売却に至らない財産について，地方公共団体から優遇措置の適用が受けられる用途に使用したいと要望があれば，これまで行ってきた優遇措置の是正を行わず，優遇措置をそのまま適用できるとしたものです。

　優遇措置をそのまま適用することによって，地方公共団体の公的利用を促して，地域貢献に寄与できればと考えております（図7-27参照）。

■国有財産の有効活用事例

　図7-28は国有財産が，地域医療，環境対策などに活用された事例です。地

図 7-27　さらなる国有財産の最適利用のための処分方法の多様化（今後）

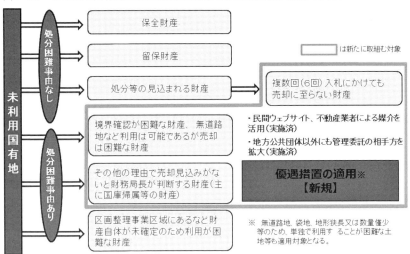

図 7-28　国有財産の有効活用事例

〇熊本市民病院【売却】

〇名古屋医療センター【売却】

〇座間総合病院【定期借地】

〇ゼロ・カーボン先進街区（福岡県北九州市）

〇メガソーラー事業用地（茨城県稲敷郡美浦村）

域医療では，熊本地震で被災した熊本市民病院の早期再建を図るために，未利用国有地の売却を通じて，震災からの復旧・復興，地域医療に貢献した事例です。

■熊本県内の主な国有地

　熊本県内の主な国有地について，無償で貸付している財産として面積が大きいものは熊本城公園，水前寺江津湖公園，県民総合運動公園などがあります。また，処分した財産には，先述の熊本市民病院敷地のほか，都市公園敷地や多目的広場，城彩苑の敷地などがあります。

7.4 最近の国有財産トピックス

■経済対策における国有財産の活用

　1つ目は，近年の激甚化する水害への対応を強化するため，まずは全国50か所を目標に，国有地を活用した遊水地や貯留施設の整備を推進することとしています。すでに活用可能な国有地のリストを国交省や各自治体へ情報提供しているので，今後必要に応じ財務局に相談が行われることとなります。

　2つ目は，各自治体における災害発生前の対応への支援ということです。最近では，災害が発生する前に自治体において，避難場所や廃棄物の仮置き場等を確保するといった事前の備えを行うケースが多いことから，これまでは災害が発生した後に国有地を無償で貸し付けしていましたが，災害が発生する前でも自治体から要請があれば国有地を無償で貸し付けることができるとして，災害対応を支援しています。

　3つ目が，デジタル社会の基盤となる5G基地局の整備を加速するため，事

図 7-29　国有地を活用した遊水地・貯留施設の整備

図7-30　経済対策における国有地の活用

ボックス型シェアオフィス設置例
（関東財務局）

業者による国の庁舎や宿舎の屋上を使った基地局の設置を後押ししています。

　4つ目が，新しい働き方改革の支援ということで，全国各地に所在する庁舎等をサテライトオフィスの設置場所として提供しようとするもので，関東財務局が入居しているさいたま新都心合同庁舎の1号館にJR東日本が事業者となって，写真のとおり2つのボックス型シェアオフィスが設置されました。

■所有者不明土地等に関する関係省庁における検討について

　所有者不明土地等とは，土地の所有権保存登記が行われたのが相当昔の話で，記載された登記名義人はすでに亡くなっている可能性が高いものの，相続登記が行われていないことから，誰が相続人になるのか，所有者がわからないまま放置されている土地のことをいうようです。令和3年3月に開催された法制審議会の答申には，土地を相続する際の登記の義務化や本当に所有者がわからない土地については，裁判所が管理人を選び，所有者に代わって管理や売却を行うことができる制度が設けられました。

　一方，建物や土壌汚染がないことを条件に，相続した不要な土地を国庫帰属する制度も盛り込まれました。これら答申に盛り込まれた制度は，民法・不動産登記法の改正など法案として，令和3年3月5日に国会に提出され4月21日に成立しています。

■引き取り手のない財産への取組み

　先述の法制審議会の答申に盛り込まれた制度で最後のところに「建物や土壌

汚染がないことを条件に，相続した不要な土地を国庫帰属する制度も盛り込まれました」と説明しましたが，**図 7-31** はその内容の詳細です。

　所有者不明土地の発生を予防するための仕組みの 1 つとして，相続等により取得した土地所有権を国に帰属させる制度が，「相続等により取得した土地所有権の国庫への帰属に関する法律（令和 3 年法律第 25 号）」により創設されました。本制度によって，国庫に帰属する土地のうち，農用地または森林は農水省，それ以外の土地は財務局が管理・処分を行うこととなりました。

　この法律の施行日は，令和 5 年 4 月頃と聞いていますが，それまでの間に，相続を受けた土地を手放して国庫に帰属できる要件を政令で定めると聞いています。相続した土地を無条件で国庫帰属できるのであれば，管理コストを国に転嫁できることや土地の管理を疎かにするなどのモラルハザードが起きる恐れを考慮して，一定の要件が定められることになっています。図 7-31 の真ん中に，要件としては「通常の管理又は処分をするにあたり，過分の費用又は労力を要する以下のような土地に該当しないこと」とあり，アからカのような土地

図 7-31　所有者不明土地の発生を予防する方策

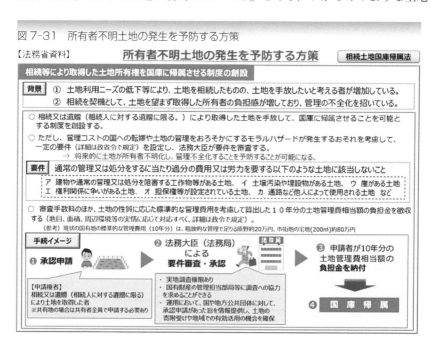

に該当しないとなっています。法務省が国庫帰属の要件として審査することに
なります。

　また，「要件」欄の下に「審査手数料のほか，土地の性質に応じた標準的な
管理費用を考慮して算出した10年分の土地管理費相当額の負担金を徴収する」
と記載されており，今後，このような国庫帰属の詳細な要件などが政令で定め
られることになります。

　令和5年4月に法律が施行される予定ですので，財務局においては，できる
だけ早期に法務省や農水省など関係省庁との連携や情報共有などを行う必要が
あると考えています。

■新型コロナウイルス感染症に対応した国有財産の活用

　東京では，大規模接種センターとして大手町3号館が使用され，全国で
PCR検査場，ワクチン接種ための施設や医療従事者の宿泊所等として国有財
産が無償提供されています（**図7-32**参照）。

　これまで，国有財産行政の概要について説明しましたが，国有財産行政はそ
の時代時代の社会や地域ニーズに素早く対応することが求められています。財
務局は社会や地域ニーズに応えられるよう，的確に対応していくことが重要で
あると認識しています。

図 7-32　新型コロナウイルス感染症に対応した国有財産の活用

ワクチン接種会場として使用された大手町合同庁舎3号館

コロナの影響等により，一時的に国有財産の貸付料等の支払いが困難な方へ

✓　新型コロナウイルス感染症等の影響により収入の減少があり，国有財産貸付料等の支払いが困
難な方に対して，無利息・無担保で最大1年間の履行期限の延長を実施中です。

詳細：https://www.mof.go.jp/national_property/topics/taiou.htm

8. キャッシュレス決済と銀行の動向

8.1 はじめに

　ここでは「キャッシュレス決済」と「銀行の動向」についてお話をしていこうと考えています。まず，あなたの**キャッシュレス決済比率**を考えてください。キャッシュレス決済比率が 50% 以上ですと答えられる人はすばらしいの一言です。キャッシュレス決済比率が 50% 未満だと思う人はまあ普通ということです。ちなみに私自身は 80% 程度だと思っています。現状，ランチだけが現金払いとなっています。昨今の銀行では小銭の入金に手数料がかかる時代となっています。将来的には現金支払いに手数料が上乗せされるという可能性も考慮しておかないといけないということです。ここで日本全体のキャッシュレス決済比率の基準は 2016 年の 20% という数値です。これはしっかりと覚えていただきたいと思います。

8.2 通貨の範囲

　1つ目の項目として教科書的なお話となりますが，通貨の範囲について確認していこうと思います。一般的に通貨という言葉がありますが，これを簡単な言葉で言ってしまえば「お金」です。この通貨は現金通貨と預金通貨の2つに分類できます。そして，現金通貨は銀行券と補助貨幣の2つに分類できる，ということです。もう一方の預金通貨についても代表的な2つ，当座預金と普通預金，この2つが当てはまります。まず，現金が通貨だということは納得いくかもしれません。どうして預金が通貨なのかという疑問がわくと思います。要は預金については当座預金や普通預金であれば，いつでも引出しできるということです。つまり引出しできるということは現金と同様にすぐ使えるということです。当座預金と普通預金だけではなく，要求払預金と呼ばれる預金が現金

通貨となります。その他には貯蓄預金，通知預金，別段預金，納税準備預金が含まれるということです。それから預金については期間の定めがある定期性預金という預金もあります。いつでも引出しできる要求払預金に対して，定期性預金というのは定期預金と定期積金，それからゆうちょ銀行の据置貯金，さらに外貨預金があります。定期性預金は期間の定めがあるため，すぐに引出しできないので通貨の範囲に含まないわけです。ただし，満期になれば引出しできるということで預金通貨に対して準通貨という名前で呼ばれています。これは知っておいていただきたいと思います。こちらの方は『金融読本』第31版8ページに掲載されています。

　ここで，一番最初の現金通貨に戻ります。現金通貨には銀行券と補助貨幣があるという話をしました。まず銀行券です。これは紙幣，つまりお札です。是非，自分の財布の中を見てください。お札には必ず「日本銀行券」と印刷されています。一方の補助貨幣，一般に硬貨ですが，是非，自分の財布の中を確認してください。硬貨には必ず「日本国」と書かれています。どういうことでしょうか。つまり銀行券と補助貨幣では発行する場所が違うということです。発行する組織が違うということになります。紙幣については日本銀行が発行し，補助貨幣については国が発行しているということです。発行している機関が違うということを是非とも知っておいていただきたいと思います。紙幣については，現在流通しているのは1万円，5千円，2千円，千円，この4種類となります。硬貨については500円，100円，50円，10円，5円，1円，の6種類が流通しているということになります。そして本日のテーマである「キャッシュレス決済」は，ここには登場しません。つまり，キャッシュレス決済は通貨ではありません。あくまでもキャッシュレス決済は決済手段ということになります。それから，皆さんは大いに関心があるのかと思いますが，仮想通貨ですが，今では暗号資産と呼ばれています。この暗号資産ももちろん通貨ではありません。投資でもなく投機であると認識してください。FXと同等です。これはしっかりと覚えておいていただきたいと思います。そしてこのあとに出てくる**「中央銀行デジタル通貨」**というものがあります。これは中央銀行が発行するので通貨です。これもこの資料の中には出てきませんが，今後，日本でも「中央銀行デジタル通貨」というものが発行されるようになれば，それは通貨の中

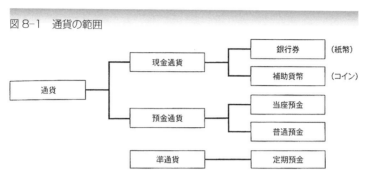

図8-1 通貨の範囲

（注）現金通貨＝銀行券（紙幣）＋補助貨幣（コイン）
預金通貨＝要求払預金（当座，普通，貯蓄，通知，別段，納税準備）
準通貨＝定期預金＋据置貯金＋定期積金＋外貨預金．

出典：島村・中島（2020）『金融読本』東洋経済新報社，p.8.

に含まれるということは覚えておいていただきたいと思います。

8.3 JAPAN STANDARD

ここでお話をしようと考えている JAPAN STANDARD という言葉は私が適当に付けた言葉であり，一般的ではありません。これについては日本では当たり前ですが，世界的に見ると当たり前でないという項目を JAPAN STANDARD と名付けています。ここでは3つの項目に注目しています。1つ目は自動振替です。2つ目はキャッシュカードです。そして3つ目は FeliCa です。この3つとなります。

1つ目の「自動振替」ですが，これはどう見てもキャッシュレス決済と判断できます。ところが，先ほど出てきたキャッシュレス決済比率の計算には含まれていません。どういうことかというと，何かの事情で最初の公表時に集計できていなかったものと予想しています。私の知っている限りでは世界的に見てイギリスの公表数値には自動振替の数値が含まれています。イギリスにおいて金融は非常に進歩しているということで，銀行の信頼度は非常に高いものと予想できます。日本も同じように，銀行は昔からとても信用されています。公表されている日本のキャッシュレス決済比率には自動振替の金額が含まれていないという事実を知っておいていただきたいと思います。

　次に2つ目のキャッシュカードです。こちらは皆さんもよく理解していると思いますが、日本ではキャッシュカードさえ持っていれば、いつでもどこでも現金を引き出すことができるという、とても便利な国ということです。日本では銀行で普通預金を開設すると必ずといっていいほどキャッシュカードも一緒に発行してくれます。ところが世界的に見ると、そもそも口座を作ることさえままならないというのが一般的のようです。要はお金持ちしか預金口座を持つことができないというのが当たり前ということのようです。それから銀行が発行するキャッシュカード、これ自体が当たり前ではないということのようです。キャッシュカードによく似たものとしてデビットカードというものが普及しています。デビットカードは国際ブランド、これは VISA カード、Mastercard、アメックス、JCB です。この国際ブランドがデビットカードを発行しています。

　最後の3つ目の話に入ります。FeliCa です。FeliCa というのはソニーが開発した**非接触 IC カード**の技術です。FeliCa を使った代表的なものに Suica があります。Suica はもともと乗車券の代わりです。これは 2001 年頃から使われています。九州では SUGOCA、私鉄では PASMO、これらは技術的にはほとんど一緒です。後からプリペイド電子マネーという形で普及したということです。FeliCa を使った電子マネーとしては他に nanaco（セブン＆アイグループ）や WAON（イオングループ）があります。一般に流通系電子マネーと呼ばれています。先ほどの Suica に代表される電子マネーは交通系電子マネーと呼ばれています。つまり電子マネーは交通系電子マネーと流通系電子マネーの、大きく2つに分類できるということになります。

　ここで世界標準の話をしておきましょう。非接触 IC 通信規格の世界標準には Type-A と Type-B という2つの方式があります。Type-A はフィリップスが開発した技術です。これはヨーロッパの企業です。Type-B はモトローラが開発した技術です。これはアメリカの企業です。Type-A については代表的なものとして Taspo（たばこ成人認証カード）があります。このサービスは近いうちになくなるようです。Type-B については結構多くて、運転免許証・住民基本台帳カード・マイナンバーカード・在留カード・パスポート等があります。多くは公的機関で発行するカード[1]です。こういった非接触 IC カードには Type-B が使われることが多いということです。FeliCa の特徴は、一言で

いってスピードです。前にも述べたように，すでに 20 年以上にわたり当たり前のように使っているので，すっかり FeliCa のスピードに慣れてしまっているという現実があります。さらに，Apple や Google[2] でさえも日本で自社の端末を売るために FeliCa の技術を採用したという経緯があります。皆さんもご存知のとおり，Apple Pay と Google Pay です。

以上で JAPAN STANDARD の話は終了です。残念ながら日本標準であって世界標準ではありません。あくまでも日本国内でしか通用しない日本標準であるということをしっかりと認識しておいていただきたいと思います。

8.4　ホットな話題

次の項目として「ホットな話題」ということで，ホットかどうかあやしいですが，2020 年頃の話を 3 つしていこうと思います。

まず 1 つ目は「中央銀行デジタル通貨」の話となります。中央銀行デジタル通貨というのは英語で書くと，Central Bank Digital Currency です。頭文字をとって CBDC と呼ばれています。日本では 2020 年 10 月に，中央銀行デジタル通貨に関する日本銀行の取組方針という文書を日本銀行が公表しています。この文書ではこれから中央銀行デジタル通貨の研究及び準備を日本銀行も進めるということを明らかにしたということです。同じく 2020 年の 10 月に 2 つの国が中央銀行デジタル通貨を発行したという事実があります。1 つは，中央アメリカのバハマという国が中央銀行デジタル通貨を発行しました。もう 1 つはアジアのカンボジアが中央銀行デジタル通貨を発行しました。ここで日本銀行はマイナス金利の時も，研究はするけれどすぐに導入しないといっておきながら，割と早い時期にマイナス金利を導入したという経緯があります。

ここでは個人的な見解ということでお断りしておきますが，日本でも中央銀行デジタル通貨がいつ発行されてもおかしくないと予想しています。ただしす

1　公共サービスでは WTO（World Trade Organization：世界貿易機関）を考慮して国際規格に準拠した製品を調達しなければなりません。
2　Apple と Google は GAFAM の一角と呼ばれることがあります。GAFAM は世界で支配的影響力を持つアメリカ IT 企業の雄である 5 社（Google，Amazon，Facebook，Apple，Microsoft）の頭文字をとった通称です。

べての通貨をデジタル通貨に移行するということではありません。おそらく一部から移行していくという方向性は考えられるということです。何も今すぐ日本でも中央銀行デジタル通貨を発行するということではないので，それは理解しておいてください。

2つ目は「PayPay銀行」と「みんなの銀行」で，これは新しい銀行の話となります。皆さんは覚えているでしょうか。前総理大臣の菅元首相が自民党の総裁選挙の出馬表明会見で「銀行は多すぎる」という発言をしました。その後菅さんが総理大臣になってから銀行の再編[3]が始まったというのはいうまでもないということです。地方銀行は淘汰される中，新しい銀行はしっかり新たにできているということです。しかも新しい銀行は勢いがあるということです。

PayPay銀行は2020年4月，インターネット専業銀行であるジャパンネット銀行が名称変更して新しい銀行となりました。それからみんなの銀行はふくおかフィナンシャルグループが設立したネット銀行ということで，ふくおかフィナンシャルグループはデジタルバンクと呼んでいます。これはありきたりのネット銀行ではないことをアピールしたいものと思われます。これが2020年の新銀行の開業です。それから今年2022年には2つの銀行が開業予定となっています。1つはSNSで有名なLINEです。LINEが銀行を設立するということで，これはだいぶ前から準備がされており，LINE自体はLINE Bankという名称で呼んでいます。もう1つが，東京きらぼしフィナンシャルグループという地方銀行グループが設立しました。先ほど出てきたふくおかフィナンシャルグループのデジタルバンクに対抗してということになるようです。東京きらぼしフィナンシャルグループがUI銀行を1月に開業しました。ユーとアイ。これはアルファベットのUとIです。

ここでさらに忘れてはいけないことがあります。とても大きな事件が1つ起きています。それは2019年から始まった投資会社SBIホールディングスによる地方銀行への出資です。加えて2021年12月には投資会社SBIホールディングスが新生銀行を買収しました。このSBI「地銀連合」[4]にはすでに9行が

3　「愛知銀行と中京銀行（2021年）」，「青森銀行とみちのく銀行（2022年）」，「八十二銀行と長野銀行（2022年）」の経営統合が公表されています。
4　SBI「地銀連合」は髙橋克英氏が使用している呼称です。

傘下となっています。ということで，今までは「銀行の敵は銀行」ということ
で競争してきたわけですが，一般企業が銀行を買収するというケースはなかっ
たはずです。投資会社 SBI ホールディングスが初めて新生銀行を買収したと
いう事実を知っておいていただきたいと思います。新生銀行は来年 2023 年に
は「SBI 新生銀行」に社名変更することが決まったようです。

　それから 3 つ目です。これは **QR コード決済**の話となります。2021 年 10 月
から PayPay の手数料有料化が始まったという話です。直前の 2021 年 7〜8
月には非常に大きな話題となりましたが，現実には 10 月からの決済手数料有
料化の影響は正直いって大したことはなかったようです。結果的に PayPay
の一人勝ちという形になったということです。この後また次のところで，QR
コード決済の話が続きますので，そこで細かい話をしていきましょう。

　最後におまけですが，実は QR コードは日本の企業が開発しています。こ
れは知っておいていただきたいと思います。デンソーという企業が QR コー
ドを開発しています。後発だったため無償提供という形になったようです。そ
ういった理由で中国のアリペイやウィーチャットペイが無償に目をつけたので
はないかと想像しています。

| 8.5 | 直近の動向 |

　ここからは QR コード決済に関する直近の動向ということで，2021 年以降
の話をしていこうと思います。まず最初は「異業種の残党」ということで，代
表的なものとして UNIQLO Pay，MUJI passport Pay，ファミペイ，スタバ
アプリ，を挙げておきましょう。要は多くの業態でいろいろと QR コード決
済に参入したわけですが，無残にも生き残れなかったということでしょう。ほ
とんどが他の QR コード決済事業者に吸収されていったわけです。上に挙げ
た代表的な企業だけが生き残ったということです。ではなぜ生き残ったのかと
いうことを考えていきましょう。共通点としては全国展開をしているという点
です。これは理由としては大きいと思います。それから独自のポイント事業に
力を注いだことも挙げられます。このあたりがやはり大きいのかなと考えてい
ます。私自身がすべての Pay を使っているわけではないので，詳細は正直わ

かりません。UNIQLO，無印良品，ファミリーマート，スターバックス，これらの店舗は全国どこへ行ってもある店舗です。どこでも使えるというところがやはり一番大きなメリットではないかと考えています。

　2つ目は先ほども出てきたPayPayの決済手数料有料化の件です。これについては先ほどお話したとおりで，PayPayの決済手数料有料化は事前にはどうなるのかという話題としては大きかったわけですが，蓋を開けてみると大きな影響は出てこなかったというお話です。要はPayPayの一人勝ちという形になりました。実際にPayPayは決済手数料1.6%となり，業界最安ということでPayPayとの契約をやめてしまうという店舗は実際には少なかったという結果となりました。契約をやめてしまえばPayPayを使えなくなるので，お客様があの店舗ではPayPayが使えなくなったということになれば，悪い噂がたつかもしれません。お客様は不便になったと感じ，その店舗の利用頻度が減る可能性が大きくなります。つまり売上減少への影響が出てきます。したがって売上減少に対する影響度の方が大きいと判断した可能性は充分にあると思われます。PayPayに対抗して楽天ペイや他のコード決済業者が1年間だけ決済手数料を無料にするという施策をとったので，あえてPayPayだけ解約するということはしなかった可能性もあると考えています。

　それから3つ目は楽天ペイの対応策です。楽天ペイだけではないですが，要はPayPayに対抗するコード決済業者です。楽天ペイは「中小店舗様応援 決済手数料実質0円キャンペーン」を実施しました。PayPayが決済手数料を有料化すれば，他のコード決済業者はチャンスと見るわけですから，当然の話なわけでチャンスを見逃すことはありません。しかしPayPayとの契約を取りやめてしまうという店舗が多くなかったというのが現実です。キャッシュレス決済界隈では，2021年に大きな変化が起きるのか，あるいは起きないのか，そういった予測はしていましたが，そんなに大きな変化は実際には起きなかったということです。

　最後にキャッシュレス決済関連の資料ついてです。皆さんには是非とも見てほしい資料として，「**キャッシュレス・ロードマップ**」という資料についてお話していこうと思います。これは当初は経済産業省が2018年に「キャッシュレス・ビジョン」という文書を公表しました。その後，経済産業省が組織した

「キャッシュレス推進協議会」という組織が引き継いで，毎年，キャッシュレス決済の課題を公表しています。キャッシュレス決済比率については実際には経済産業省が公表しています。今年は 2022 年 6 月 1 日に 2021 年のキャッシュレス決済比率を経済産業省が公表しています。その数字は 32.5% です。キャッシュレス決済比率の基礎となる 2016 年のキャッシュレス決済比率は 20% でした。2021 年にキャッシュレス決済比率が 32.5% ということは 5 年間で 12.5 ポイント増加しているわけです。政府は最終的に 2025 年までに 40% 程度まで増やすということを目標としているので，そういう意味ではこの目標数字 40% がかなり見えてきたと判断をしてもいいと考えているところです。

このキャッシュレス・ロードマップという資料ですが，その年によって公表される時期が遅れる傾向があります。2020 年の公表については 2020 年 3 月末に公表されていましたが，年々遅れて今年（2022 年）も今現在公表されていません。キャッシュレス決済比率の数値そのものは経済産業省が公表しているので，このキャッシュレス・ロードマップを待つことはないですが，それにしても公表時期が遅すぎると考えています。このキャッシュレス・ロードマップは毎年公表されています。キャッシュレス決済に関する最新の資料なので是非皆さんには目を通していただきたいと考えています。量的には非常に多くてすべてを見る必要もないので，概要という形で資料が掲載されているので，そういったものをしっかりとチェックすることを検討していただけたらと思っています。それからもう 1 つ総務省が公表している「**情報通信白書**」[5] という資料があります。こちらも大体毎年 7 月に公表されることは知っておいてください。例えば，スマートフォンの利用率とか，インターネットの利用率とか，そういった数値がしっかりと掲載されています。一番信憑性のある資料ということなので，是非覚えておいてください。

また，キャッシュレス決済比率に戻りますが，先ほどもいいましたが，基準となるのは 2016 年の 20% です。直近の 2021 年では 32.5% となりました。5 年間で 12.5 ポイント増加しています。これが現状の結果となったということです。先ほども述べたように，2025 年には 40% という目標がありますので，

5　情報通信白書は昭和 48 年版から現在まで，総務省のホームページに掲載されています。

ここにきてようやく目途がたってきたという印象を持っています。これについてはPayPayが実際にはQRコード決済の領域で牽引したことは事実としてしっかりと認識しておかないといけないと考えています。PayPayがキャンペーンを打つと，利用率が高まるという現象があります。良い悪いは別として，この5年間はPayPayがキャッシュレス決済比率増加に貢献したことは間違いないと思っています。これはしっかり知っておいていただきたいと思います。以上で，キャッシュレス決済比率関連のお話はここで終了します。

8.6 | 銀行の動向

　この項目では「銀行の動向」ということで，最近の数年の銀行の動向の話をしていこうと思います。まず1つ目は新しい銀行の話となります。ホットな話題の中で出てきましたが，まずLINEバンクの開業があります。このLINEはソフトバンクグループの一員です。またPayPay銀行もソフトバンクグループの一員ということです。つまり1つの企業グループ内に2つの銀行ができるということになります。通信業の企業グループ内に2つの銀行がぶら下がるのは初めてのことだと思います。PayPay銀行開業時に，PayPay銀行とLINEバンクは将来的に統合することはないという方針を公表しています。国内はPayPay銀行，国外はLINEバンク，といった方向性を見据えているようです。これが1つ目のお話となります。

　もう1つはふくおかフィナンシャルグループ[6]が作った「みんなの銀行」というのがありました。このみんなの銀行に対抗して東京きらぼしフィナンシャルグループ[7]が2022年1月に，UI銀行を開業しました。つまり今年は2つの銀行が新たに開業したという形となります。やはり新しい銀行は勢いがあるということになりそうです。

　2つ目の項目はSBI「地銀連合」の動向の話となります（高橋2020）。先ほ

---

[6] 2007年に設立された金融持株会社で，上場銘柄としては「ふくおかFG」を用いています。傘下には福岡銀行をはじめ，熊本銀行，十八親和銀行，そしてみんなの銀行があります。
[7] 2014年に東京TYフィナンシャルグループとして設立し2018年に改称した金融持株会社で，傘下にはきらぼし銀行とUI銀行があります。もとをただせば八千代銀行，東京都民銀行，新銀行東京の3行が合併してきらぼし銀行となりました。

どお話したように SBI「地銀連合」には 2022 年 5 月現在，9 行の地域銀行（島根銀行，福島銀行，筑邦銀行，清水銀行，東和銀行，きらやか銀行，仙台銀行，筑波銀行，大光銀行）がぶら下がっています。さらに昨年 2021 年 12 月には新生銀行が SBI ホールディングスに買収されて，来年には「SBI 新生銀行」という社名に変更することが決まっています。新生銀行の現状はノンバンク業務が中心となっているようですが，どういった形で地銀連合に関わってくるのか，目が離せない状況となっています。さらに最近，6 月 24 日の新聞記事で三井住友フィナンシャルグループが SBI ホールディングスに約 800 億円を出資するという記事が掲載されました。これはメガバンクの一角が SBI ホールディングスのバックボーンとなったということではないかと考えています。まちがいなく SBI「地銀連合」は規模が大きくなってきています。銀行系，特にメガバンクとの関わりによって将来良い影響が及ぼされると思われます。

3 つ目はコロナ特例による公的資金注入の話となります。まず山形県のきらやか銀行が「**金融機能強化法**」[8] に基づく公的資金注入を金融庁に申請する予定であることが 5 月に公表されました。やはり地方銀行，地域銀行はかなり厳しくなっていることはまちがいなさそうです。特に東北以北，東北地方の地方銀行はかなり厳しくなっていることが予想できます。東北地方だけということではなく，各地に点在していることも事実です。九州の地方銀行では SBI「地銀連合」の傘下に入っているのは今のところ筑邦銀行だけです。とはいえ，かなり厳しい状況になっている銀行もあるようです。今後，公的資金注入が必要となる銀行が出てくることが予想されます。

ここでは新しい銀行の興隆と地域銀行存亡の危機を見てきたわけですが，さらに目が離せない状況となってきています。金融あるいは銀行の動向については，自分には関係ないといった無関心では経済学部の学生としては不甲斐ないでしょう。何事にも通ずることではありますが，情報収集に努めていただきたいと思います。

8　金融機能強化法は資本に余裕のない金融機関に，あらかじめ政府が公的資金を投入する手続きを定めた法律で，2004 年に成立しました。

【参考資料】

島村髙嘉・中島真志（2020）『金融読本』第 31 版，東洋経済新報社

宮居雅宣（2020）『決済サービスとキャッシュレス社会の本質』金融財政事情研究会

キャッシュレス推進協議会（2021）「キャッシュレス・ロードマップ 2021」，キャッシュレ
　　ス推進協議会，https://paymentsjapan.or.jp/wp-content/uploads/2022/02/roadmap
　　2021.pdf

総務省（2021）『情報通信白書令和 3 年版』総務省，https://www.soumu.go.jp/johotsusin
　　tokei/whitepaper/ja/r03/pdf/index.html

髙橋克英（2020）「《地銀＆メガ》新生銀も傘下の SBI「地銀連合」が今一つさえないわけ」，
　　エコノミスト Online，https://weekly-economist.mainichi.jp/articles/20220607/
　　se1/00m/020/024000c

日本銀行「現在発行されている銀行券・貨幣」日本銀行，https://www.boj.or.jp/note_
　　tfjgs/note/valid/issue.htm/

日本経済新聞社（2022）「三井住友，SBI へ 796 億円出資発表　デジタル連携強化」日本経
　　済新聞，https://www.nikkei.com/article/DGXZQOUB232U80T20C22A6000000/

9. 物価と円高・円安

9.1 はじめに

　日本経済はバブル経済崩壊後，景気低迷とデフレに悩んできました。平成の30年間（1989〜2019年）日本のGDPはほとんど停滞していました。物価は1998年から2012年まで継続して前年に比べて低下するデフレーションを経験していました。この間，日本銀行はデフレからの脱却という目標を掲げて金融政策にあたってきましたが，意図したような成果は得られませんでした。ところが，思わぬところから物価を押し上げる要因が現れました。2022年2月24日のロシアによるウクライナ侵攻です。原油や小麦などの国際価格が上昇し，日本企業は軒並みさまざまな製品の値上げを発表しました。その結果企業物価指数や消費者物価指数は日本銀行の思惑とは異なった形で上昇することになりました。さらに，日本とアメリカ・欧州の金融政策の違いから，円相場が予想以上に円安方向に進み，国内の物価はさらに上昇する展開となっています。

　この章では，日本の近年の日本銀行による金融政策の特徴を整理した上で，物価の決まり方の基本を説明します。さらに，為替レートを決める短期的および中長期的な要因について標準的な見解を紹介します。

9.2 日本の金融政策

　「日本銀行は，通貨及び金融の調節を行うに当たっては，物価の安定を図ることを通じて国民経済の健全な発展に資することをもって，その理念とする。」（1997年施行の日銀法第2条）と謳っているとおり，日本銀行の目的は物価の安定です。その目的達成のために政策委員会が設置されています。日本の金融政策は9名からなる政策委員会の「金融政策決定会合」で多数決により決定されます。政策委員会を構成する9名は，日銀総裁1名，副総裁2名，審議委員6

名です。総裁，副総裁，審議委員は，衆参両議院の同意を得て内閣が任命し，任期は5年です。審議委員の出身は実業界，金融界，経済学界であり，1名は女性が含まれています。金融政策を審議する金融政策決定会合は原則年8回開催されます。金融政策決定会合には政府側から経済政策担当大臣や副大臣（国会議員）なども参加しますが，議決決定権はありません。審議内容である議事録は後日，日銀のサイトで公開されます。

　1980年代半ば以降90年代初めまで日本はバブル経済を経験し，1991年のバブル経済崩壊後は企業倒産とそれによる金融機関の多額の不良債権が発生しました。このような状況の中で1997年11月には山一證券などの大手金融機関が破綻。日本経済は1998年にはマイナス成長に陥り，1998年から2012年まで15年の長きにわたってデフレ状態に低迷しました。このような背景でデフレからの脱却を目指して登場したのが，1999年2月の「ゼロ金利政策」であり，2001年3月からの「量的緩和政策」です。これらの非伝統的な金融緩和政策によっても日本はデフレ経済から脱却することができず，2013年1月には，日本銀行は政府との間で「インフレ・ターゲット政策」を実施することを取り決め，4月には「量的・質的金融緩和」を実施しました[1]。2016年1月29日の金融政策決定会合では5対4とわずか1票差でマイナス金利政策が決まりました。市中銀行が日銀内に開設している日銀当座預金の一部（約1割）にマイナス0.1%を適用するものです。政策金利である無担保コール翌日物金利がマイナスになると，それに連動して長期金利の代表である10年物国債の利回りもマイナスに沈んでしまいました。長期金利で運用する金融機関にとっては痛手です。日銀としては短期の無担保コール翌日物金利は−0.1%近傍で推移しながら，長期金利は0%程度を維持するという目標を設定しました。債券の残存期間が長くなるにつれて利回りも上昇する関係である利回り曲線（イールドカーブ）をコントロールします。さらに，消費者物価上昇率2%を安定的に超えるまで金融緩和を継続するオーバーシュート型コミットメントを含みます。これが長短金利操作付き量的・質的金融緩和政策（YCC: Yield Curve Control）です。黒田東彦総裁（2期2013年4月9日〜2023年4月8日）の下で生鮮食品を

1　アベノミクス3本の矢の第1に相当します。

除く消費者物価指数の伸び率を 2% に引き上げようとさまざまな非伝統的金融政策を 10 年間にわたって繰り出してきましたが，日銀の政策のみによって目的を達成することはできませんでした（2014 年の消費税 8% 引上げ時を除く）。2% を超えたのはロシアによるウクライナ侵攻によって発生した国際小麦価格や原油価格などの原材料価格上昇と，アメリカでの物価上昇を抑える引き締め政策によって生じた米日金利差の拡大からもたらされた円安という国外要因によるものでした。

表 9-1　最近の日本の金融政策

政策名	期間等	当時の日銀総裁
ゼロ金利政策	1999 年 2 月 12 日～2000 年 8 月 11 日	速水優
量的緩和政策	2001 年 3 月 19 日～2006 年 3 月 9 日	速水優，福井俊彦
インフレ・ターゲット政策導入	2013 年 1 月 22 日	白川方明
安倍首相 3 本の矢（アベノミクス）国会演説	2013 年 2 月 28 日	白川方明
量的・質的金融緩和政策導入	2013 年 4 月 4 日	黒田東彦
マイナス金利導入	2016 年 1 月 29 日	黒田東彦
長短金利操作付き量的・質的緩和	2016 年 9 月 21 日	黒田東彦
新型コロナ対策，国債保有残高制限なし	2020 年 4 月 27 日	黒田東彦

図 9-1　消費者物価上昇率

データ出所：総務省，生鮮食品除く，暦年，2010-2021，2014 年は消費税増税 8% の影響。

9.3 物価の決まり方

　まず，標準的な総需要曲線（AD: Aggregate Demand）と総供給曲線（AS: Aggregate Supply）による分析を紹介しましょう。インフレあるいはデフレは，需要面と供給面の2つの側面から捉えることができます。総需要は消費，投資，政府支出，輸出，輸入（控除）の財市場と貨幣市場を総合した概念です。言い換えると，AD曲線はIS曲線とLM曲線を統合することで導出されます。まず消費や投資などの総需要が増加すると，需要曲線は右上方にシフトします。供給が一定の下では需要側が供給より大きくなり，超過需要が発生するので，全般的に物価水準が上昇します。このときは需要サイドの増加によってGDPは増加します。なお，貨幣供給量が増加する金融緩和の場合も総需要曲線が右上方にシフトします。金融緩和により金利が低下することで投資需要が増加するからです。財市場での需要増加や貨幣市場でのマネーストック増加によって総需要が増加することで発生するインフレがディマンド・プル・インフレーションです（**図 9-2**）。逆に総需要が低下する場合は，総需要曲線が下方にシフトし，物価の下落とGDPの低下が生じます。物価の下落が継続するというデフレーションが発生し，景気の停滞が観察されるのはこのタイプです。総需要側の要因によってインフレやデフレが生じた場合は，総需要をコントロールする財政金融政策によってインフレやデフレから脱出するのが標準的な対策になります。

　次に供給サイドについては，生産に関わる原材料の価格や賃金が問題になります。原材料価格や賃金が上昇すると，企業の生産コストが上昇するので，経済全体の総供給曲線は上方にシフトします。物価が上昇するので，以前の物価水準の時に比べて需要量は減少し，生産量も低下しGDPは低下します。これがコスト・プッシュ・インフレーションです（**図 9-3**）。この場合，物価の上昇とGDPの低下の併存というスタグフレーションの状態が現れることがわかります。1973年の第1次石油ショック後やロシアのウクライナ侵攻によって生じた国際的な原材料価格の急騰はこのようなタイプの物価上昇といえるでしょう。コスト・プッシュ型のインフレでは，費用を削減し総供給曲線を押し下げる政策を行うことが必要です。原材料価格や賃金が低下した場合は，総供給曲

線は右下方にシフトし，物価の下落と GDP の増加が生じます。

　以上のように，物価と実質 GDP の動きを観察することで，現状がディマン
ド・プル型かコスト・プッシュ型かがわかります。物価と GDP が同方向に動
くのがディマンド・プル型，両者が逆方向に動くのがコスト・プッシュ型です。

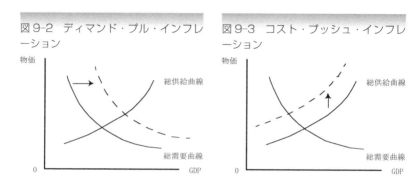

図9-2　ディマンド・プル・インフレ　　　図9-3　コスト・プッシュ・インフレ
　　　　ーション　　　　　　　　　　　　　　　　ーション

■ゼロ金利と量的緩和の分析

ゼロ金利政策

　図9-4 はゼロ金利政策と量的緩和政策を，実質金利を縦軸にとった IS-LM
曲線で解き明かした図です。ゼロ金利政策は日本銀行が政策金利である無担保
コール翌日物金利の目標を限りなくゼロに設定する政策です。LM 曲線を名目
金利がゼロとなる水準まで押し下げていく政策と理解することができます。日
本銀行はそのために国債の買いオペにより日銀当座預金残高を増やし資金供給

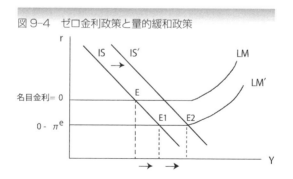

図9-4　ゼロ金利政策と量的緩和政策

を増加します。この場合，LM 曲線はゼロに近い利子率水準で水平になる部分を持つことが特徴です。この時の均衡点は**図 9-4** では E 点です。ゼロ金利政策では，名目金利をゼロ以下に下げることはできないので，LM はこれより下にシフトすることはできません。「流動性のわな」に陥った状態です[2]。

量的緩和政策

　量的緩和政策の真のねらいは，期待インフレ率（π^e）を引き上げることにあります。期待インフレ率が増加すれば，名目金利がゼロより低下しなくとも，実質金利を引き下げることができるので，LM 曲線はゼロ金利政策の時よりもさらに下方にシフトすることが可能になるからです。図では LM から LM′ へ下方シフトします。この状態では実質金利はマイナスの期待インフレ率と等しくなります。実質金利がマイナスとなるので，家計は貯蓄を減らし今期の消費を増やします。投資家は金利負担が低下するので，投資を増やします。為替の世界では円保有の魅力が下がるので，円安が生じて，純輸出が増えます。これらの実質金利低下はすべての需要を増加させるように働きます。これによりIS 曲線が右方にシフトし始めます。量的緩和政策での均衡は図では E1 からE2 点に移っていきます。日本銀行はこの過程で日銀当座預金を含むマネタリーベースを大幅に増加しています。需要増加に伴い AD が右方にシフトし物価と所得の増加が生じます。これまでの説明で明らかになったように，ゼロ金利政策よりも量的緩和政策の方が金融緩和政策としてより強力であることが示されました。伝統的な IS-LM 分析では「流動性のわな」に陥った場合，金融緩和政策は所得に対して無効でした。なぜ日本銀行は無効な金融緩和を一生懸命実施したのか。それは期待インフレ率を引き上げることに心血を注いでいたからです。残念ながら大規模金融緩和によっても期待インフレ率を引き上げることはできませんでした[3]。期待インフレ率の引上げに失敗した後では，実質金利を引き下げるには名目金利をマイナスに引き下げるしか方法はなくなりま

2　日本が流動性のわなに陥っていることを早くから指摘していたのは，グルーグマンです。Krugman（1998）。クルーグマン＝スヴェンソン（2003）『クルーグマン教授の〈ニッポン〉経済入門』春秋社，に邦訳があります。

3　日本銀行による検証としては次があります。日本銀行，「『量的・質的金融緩和』導入以降の経済・物価動向と政策効果についての総括的な検証」2016 年 9 月 21 日

した。マイナス金利政策は量的緩和政策と同じく LM 曲線をゼロ金利以下に押し下げる政策であると理解することができます[4]。

日銀の大規模な金融緩和政策が 10 年も継続したのに 2% の物価上昇を達成できなかったのはなぜでしょうか。金融緩和によって期待インフレ率が上がらず，実質金利が低下しなかったからです。総需要総供給曲線で分析すれば，流動性のわなのケースでは総需要曲線は，ある所得水準の下で垂直となり，期待インフレ率が上がらない場合は，金融緩和を実施しても総需要曲線は動かず，したがって物価水準と実質所得は変化しません（**図9-5** 参照）。

図 9-5　流動性のわなの場合の AD-AS 曲線

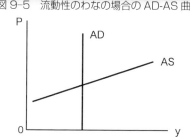

■ロシアのウクライナ侵攻の影響

2022 年 2 月 24 日ロシアが突如ウクライナに侵攻して以降，小麦価格や原油価格が国際的に急上昇し（**図9-6, 9-7** 参照），それに伴って食品を中心に広範囲に値上げが行われ，消費者物価指数上昇率は 2022 年 4 月にはあっという間に 2% を超え，9 月には 3% に達しました（**図9-8**）。日銀による 10 年間の金融緩和で達成できなかった 2% が国際的な原材料価格の上昇により半年足らずで実現してしまいました。アメリカと EU の消費者物価は日本以上に上昇し，特にアメリカはインフレを抑えるために利上げを立て続けに実施し（2022 年 6 月から 11 月の間に 0.75% の利上げを 4 回実施），米日金利差の拡大は円安をもたらすことになりました。物価上昇と円安が並行して進展していることが見て取れます（**図9-8** 参照）。前述の総需要総供給分析に当てはめれば，総供給曲

4　坂上・小葉（2021）第 14 章も参照してください。

図 9-6　原油価格の推移（2021 年 1 月 1 日〜2022 年 9 月 30 日）

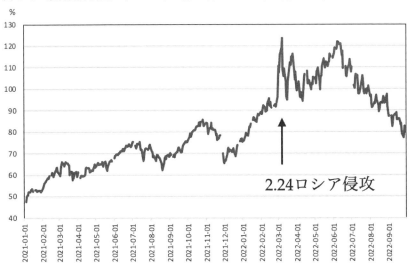

データ出所：FRED, Cushing, Oklahoma.

図 9-7　アメリカ小麦先物価格（2021 年 1 月 1 日〜2022 年 9 月 30 日）

データ出所：Investing.com.

184

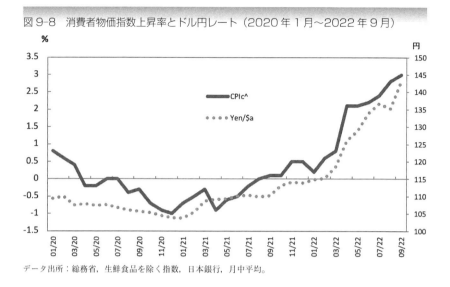

図 9-8　消費者物価指数上昇率とドル円レート（2020 年 1 月〜2022 年 9 月）

データ出所：総務省，生鮮食品を除く指数，日本銀行，月中平均。

線の上方シフトがおき，物価上昇と実質 GDP の低下が同時に発生するスタグフレーションの発生が危惧される状況になっています。

9.4 | 為替レートの決まり方

　変動為替相場制の下では，為替レートは日々変動しています。為替レートはどのような要因によって決まるのかについて，購買力平価，金利裁定式，経常収支の 3 つの要因に主に焦点を当てながら説明します。米ドルと円レートの関係を中心に見ていきます。

■購買力平価

　為替レートは長期的には国の通貨の購買力を反映するという見解が購買力平価（PPP: Purchasing Power Parity）です。購買力は，国の物価水準に関係します。物価が上昇すれば購買力は低下します。例えば 1 円で買えるモノが減る，あるいは 1 ドルで買えるモノが減ります。物価水準と通貨価値は逆の関係にあることがわかります。スウェーデンの経済学者カッセル（Gustav Cassel, 1866

～1945）が最初に唱えました。

　購買力平価には絶対的購買力平価と相対的購買力平価があります。前者は両国の価格同士で割って求めた購買力平価であり，後者は基準時点を決めて，それに対して購買力がどのように変化したかを捉えます。絶対的購買力平価で有名なのは，イギリスの経済誌が 1986 年から作成・公表している「ビッグマック指数（Big Mac Index）」[5] です。例えば，ビッグマック 1 個の価格が 2021 年 1 月日本で 390 円，アメリカでは 5.56 ドルでした。この時，円レートは 1 ドル＝何円で表すので，次のように計算できます。ちなみに外国為替市場で決まったレートは 104.30 円でした。この場合は，ビッグマック指数という購買力平価から判断すると，実際のレートは 32.74% の過小評価[6] になっていると判断できます。

$$ビッグマック指数＝\frac{日本の価格}{アメリカの価格}＝\frac{390 円}{5.56 ドル}＝70.14 円$$

　ビッグマック指数と実際の円レートの関係は**図 9-9** を参照してください。

　相対的購買力平価は，基準時点を設定して，基準時の為替レートと比較した購買力平価を計算します。ドル円レートの場合は次のようになります。

$$相対的購買力平価＝基準時のドル円レート×\frac{日本の物価指数（基準時＝100）}{アメリカの物価指数（基準時＝100）}$$

例えば，2021 年 1 月の購買力平価は次のように計算されます。

$$相対的購買力平価＝296.24×\frac{120.5}{354.8}＝100.61 円$$

ここで，296.24 は基準時とした 1975 年 7 月のレートであり，120.5 と 354.8 は 1975 年を基準とした日本とアメリカの企業物価指数です。**図 9-10** は 1973 年 1 月から 2022 年 9 月までの購買力平価と実際の円レートのグラフです。購買力平価は，1985 年 9 月のプラザ合意後が顕著ですが，短期的には実際の円レートと大きく乖離することはありますが，実際の円レートの長期的な傾向を捉えていることがわかります。

　実際の為替レートは短期的には購買力平価から大幅に乖離することがありま

5　*The Economist* のサイトは https://www.economist.com/big-mac-index
6　（ビッグマック指数－実際のレート）/実際のレート*100 で計算します。

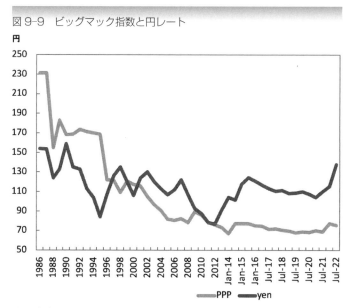

図9-9　ビッグマック指数と円レート

データ出所：*The Economist*，日本銀行。

す。外為市場で決まる為替レートは，物価要因だけでなく金利や経常収支やさまざまな期待，思惑などによっても影響を受けますが，物価の調整が十分進んだ長期均衡では通貨価値は購買力を反映した両国の物価比率に収束していくとみなせます。購買力平価については，基準時をいつにとるか，使う物価指数によっても変わります。購買力平価は，現在の為替レートがはたして適正な水準であるのかどうかを判断するベンチマークとして捉えることができることに意味があります。

■金利裁定式

　国際間の資本移動に関連して知っておくべき関係が金利裁定式です。国際間の資本移動が完全なら，自国の利子率（r）と外国の利子率（r^*）の間には，次のカバーなし金利裁定式（あるいは金利平価式）が成立します。eは現在の為替レート（スポットレート），e^eは将来の予想為替レートです。

図9-10　企業物価指数で計算した購買力平価（1973年1月〜2022年9月）

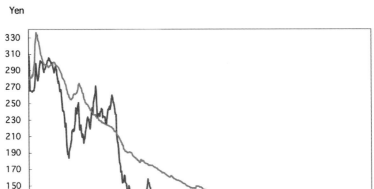

データ出所：日本銀行，米労働統計局，1975＝100。

$$r = r^* + \frac{e^e - e}{e}$$

自国の利子率＝外国の利子率＋為替レートの予想変化率

1円を日本国内で投資すると1年後には$1+r$円になります。1円は$1/r$ドルになりますが，アメリカで投資すると1年後には$1/r(1+r^*)$ドルです。これに予想為替レートe^eをかけると1年後の円表示の予想収益になります[7]。資本移動が国際間で完全に自由なら，自国の債券に投資しても，外国の債券に投資しても同等であることを意味します。このことを両国の債券は「完全代替」であるともいいます。「カバーなし」とはリスクを軽減するために先渡（フォワード）取引などは行わないことを意味します。フォワード取引が入る場合はカバ

---

[7]　$1+r = 1/r(1+r^*)e^e$から整理し，微小項を省くと金利裁定式が得られます。

ー付き金利裁定式といいます。国際間の資金移動が完全でない時は，対外投資をする際にリスク要因が加わり（リスクプレミアム），この場合は両国の債券は不完全代替といいます。

両国に金利差がある場合は，資金が両国を自由に移動することで，裁定取引が行われ，結局両国の収益率は等しくなっていきます。相対的に米日の金利差が大きくなると，日本からアメリカに資金が移動することで，米ドルが上昇し日本円は下落（ドル高円安）します。2020年以降米日金利差とドル円レートの相関関係が強まっていることが観察されています（**図9-11**参照）。

図9-11　米日金利差とドル円レート（2016年9月〜2022年5月）

データ出所：財務省，日本銀行，アメリカ財務省。

■経常収支

経常収支の黒字そのものは，外国為替市場で外貨（例えば米ドル）が供給され自国通貨（円）に交換されるので，ドル安・円高要因になります。他方，対外資産の蓄積が時間の経過とともに中長期的に為替レートに影響を与え続けていく過程に注目することが重要です。貯蓄投資バランスから，経常収支黒字は一国の貯蓄超過に対応し，その超過分は対外資産取得増加となっています。この関係から，経常収支黒字の累積値が対外資産残高に対応しており，中長期的

図 9-12　累積経常収支と円レート

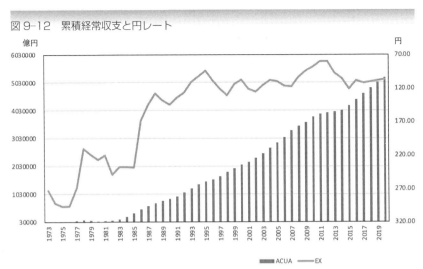

データ出所：日本銀行，財務省。

に円高を引き起こす要因になっているのです[8]。

■標準的な為替レート決定論

　1973 年の変動相場制以前においては，貿易収支や貯蓄・投資などのフロー変数が為替レートを決めるというフローアプローチが主に行われていました。弾力性アプローチやアブソープションアプローチなどです。しかし，変動相場制を経験する過程で，貨幣や債券などのストック変数を重視するストックアプローチが主流となっていきました。ストックアプローチには貨幣を重視するマネタリーアプローチや貨幣に加えて債券など資産全般のストックとしての需給を重視するアセットアプローチが中心となってきました。マネタリーアプローチでは債券の完全代替を前提にする分析が多いのに対して，アセットアプローチは不完全代替を仮定するのが特徴です[9]。

　為替レート決定理論に決定版があるわけではないのですが，アセットアプローチをベースに短期的には両国の金利差を重視し，中期的には累積経常収支を

8　経常収支の役割を重視した論文としては Kouri（1977）があります。

9　為替レートの理論については，詳しくは坂上・小葉（2021）第 12 章を参照のこと。

表9-2　ドル円レートの回帰分析の結果

被説明変数はドル円レート：1973-2020 年，暦年データ			
	購買力平価	米日実質金利差	日本の累積経常収支
回帰係数	0.9961	0.0153	−0.0113
t 値	37.64	1.38	−1.17
p 値	0.000	0.172	0.250
決定係数＝0.98　標準誤差＝0.163　　DW＝0.40 米日実質金利差以外は自然対数値。累積経常収支の始点は 1970 年			

加え，長期的要因には購買力平価を導入したモデルが標準的に使われています。ドル円レートについて見ると，アメリカの金利が日本の金利より大きい状態では，金利差から得られる期待収益率の大きさをねらってドル資産に対して需要が増えるのでドル高・円安が起きます。中期的には経常収支黒字の累積が対外資産残高の増加となり円高・ドル安をもたらします。長期的には，相対的に物価水準が低位安定的に推移する通貨（円）が購買力を反映して円高傾向を示していきます。

　最後に，上述のモデルに従ったドル円レートの回帰分析の例を紹介します。ドル円レートを被説明変数として，購買力平価，米日実質金利差，日本の累積経常収支の 3 つの説明変数で回帰分析を行った結果が**表 9-2**であり，実際のドル円レートと推計値のグラフが**図 9-14**です。分析期間は 1973 年から 2020 年までで，年次データを使っています。3 つの説明変数の回帰係数の符号は理論どおりであり，米日実質金利差の拡大はドル高・円安要因となり，日本の累積経常収支（対外資産残高）の増大は円高・ドル安要因になり，購買力平価はドル円の長期傾向をフォローしています[10]。

【参考文献】
坂上智哉・小葉武史（2021）『トリアーデ マクロ経済学入門 第 2 版』第 8 章 総需要・総供給分析，第 12 章 為替レート決定論，第 14 章 金融政策，日本評論社

10　説明力は非常に高く，購買力平価の t 値は大きく 1% 水準で統計的に有意ですが，他の 2 つの t 値が若干低いのが問題点として指摘できます。

図 9-14　回帰分析の予測値と実際のドル円レート

自然対数値

笹山茂・米田耕士 (2021)『トリアーデ 経済学ベーシック 第 2 版』第 8 章 インフレーショ
　ンとデフレーション, 日本評論社

日本銀行, 「『量的・質的金融緩和』導入以降の経済・物価動向と政策効果についての総括的
　な検証」2016 年 9 月 21 日

Kouri, Pentti J. K. (1977), "The Exchange Rate and the Balance of Payments in the
　Short Run and in the Long Run: A Monetary Approach," in Jan Herin, Assar
　Lindbeck, and Yohan Myhrman eds., *Flexible Exchange Rates and Stabilization
　Policy*, Macmillan.

Krugman, P. (1998), "It's Baaack: Japan's Slump and the Return of the Liquidity
　Trap," *Brookings Papers on Economic Activity*.

The Big Mac Index, *The Economist*, https://www.economist.com/big-mac-index

10. コロナ禍と経済

10.1 はじめに

　2019年11月に中国の武漢市で発生した新型コロナウイルス感染症（COVID-19）は，世界中にあまねく蔓延し，2022年においても収束の時期が見通せない状況です。1918年のスペイン風邪以来100年に一度の禍（わざわい）は，ウイルスが変異を繰り返すたびに感染者数が急増する現象を引き起こしています。ワクチンは予想以上に早く開発され，重症化を防ぐという点では大きな効果をあげましたが，ワクチンを接種したからといって必ずしも感染しないわけでないところが，なんとも悩ましい限りです。日本経済が受けた影響も衝撃的なものでした。2020年の個人消費，輸出，自動車販売数等は軒並み2桁の大幅減少，訪日外国人客数はほぼゼロとなってしまいました。原因は異なりますが，近年の景気後退である2008年のリーマン・ショックと比較しても勝るとも劣らない景気後退をもたらしています。

　この章では，新型コロナ禍がマクロ経済に与えた衝撃を各種統計で確認した後，2008年に発生したリーマン・ショックとの比較で，経済に与えた特徴を明らかにします。次に，新型コロナの基礎知識を踏まえた上で，感染者が増加してから収束するまでを説明する感染症の代表的SIRモデルを紹介します。日本の感染者数の推移はこのモデルにほぼ従っていることが確認できます。ワクチン接種率の増加とともに感染者数が減少していくことも観察されています。

　次に，新型コロナ感染者数を説明する要因の分析を紹介します。経済活動，対人距離，ワクチン接種率の3つの要因で，都道府県別の感染者数の推移をかなりの程度説明できることを明らかにします。密を避ける，ワクチン接種率を高めることで，感染者数を減らすことができます。その一方で，経済活動が活発になると，感染者数が増えざるをえないことも事実です。

　政府によるコロナ対策の1つとしての1人10万円（総額12.9兆円）の特別

定額給付金ですが，消費に向かったのは 27,000 円で残りは貯蓄に回ってしまったとの分析もあります。新型コロナはさまざまな業種に影響を与えていますが，最もマイナスの影響を受けたのは，陸運・交通，小売り，宿泊，飲食，生活関連，娯楽，医療福祉の 7 業種といわれています。他方，テレワークの増加により，ネット接続，デジタル機器関連の業種は上向きました。新型コロナが日本経済へ与えた影響をマクロとミクロの両面からデータに基づいて解き明かしていきます。

10.2 衝撃的な統計

　新型コロナウイルスの出現が日本経済に与えた影響の大きさはさまざまな統計によって明らかになりますが，その大きさは衝撃的であるといっても過言ではありません。表 10-1 は 2020 年の前半部分における主な統計を整理したものです。新型コロナウイルスの実態がよくわからない時期のことでもあり，未知のものに対する恐怖もあったと思われますが，消費，輸出，自動車販売台数，コンビニエンスストアの売上高，訪日外国人客数等について 2 桁以上の大幅な減少を示しています。4～6 月期の実質 GDP は前期比 8.2% も減少しています（次節も参照）。日本だけでなく，アメリカやユーロ圏においても大きなマイナスの影響を受けています。

表 10-1　2020 年の衝撃的な数値

減少程度	統　計	統計出所
11.1% 減	4 月の個人消費額	総務省，家計調査
41.6% 減	1–3 月訪日客の消費	観光庁
99.9% 減	5 月訪日外国人客数	観光庁
28.3% 減	5 月の輸出額	財務省，貿易統計
44.9% 減	5 月の新車販売台数（軽自動車含む）	日本自動車販売協会連合会
8.2% 減	4–6 月期実質 GDP，年率 26.8% 減	内閣府，国民経済計算
10.6% 減	4 月のコンビニ売上高，客数は 18.4% 減	日本フランチャイズチェーン協会
14.4% 減	ユーロ圏の 1–3 月期実質 GDP	Eurostat
70 万人減	アメリカの 3 月の雇用。失業率は 4.4%	アメリカ労働省

10.3 リーマン・ショックとの比較

　新型コロナ感染症が日本のマクロ経済に与える影響をリーマン・ショックとの比較で見ます。2000 年以降で日本の実質 GDP に最も大きなマイナスの影響を与えたのはリーマン・ショックであり，リーマンと比較することで新型コロナ禍の影響の大きさを相対的に捉えることができます。2008 年 9 月のリーマン・ショックは世界金融危機であり，2009 年 1–3 月期の実質 GDP は前期比−4.8％，年率−17.9％ 減となりました。まず外需が減少し（−1.2％），それが投資を減少（−3.4％）させるように波及していきました。それに対して，新型コロナでは，2020 年 4–6 月期の実質 GDP は−8.2％ 減，年率で−28.6％も減少し，リーマン・ショックを凌いでいます。中でも消費の減少が大きく（−4.5％），次に外需の減少（−3.1％）が続いています。リーマン・ショックは投資主導の減少であるのに対して，新型コロナ禍は消費中心のマイナス成長といえるでしょう（**図 10–1** 参照）。

図 10–1　GDP への影響，リーマン・ショックとの比較

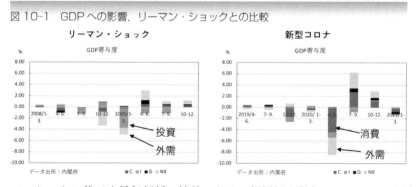

　アンケートに基づく景気判断の統計である日銀短観と景気ウオッチャー調査を比べると，GDP の統計と相まって，リーマンとコロナ禍が経済に与えた影響の違いが浮き彫りになります。企業へのアンケートに基づく日銀短観（四半期統計）ではコロナ禍よりもリーマン・ショックの方が景況感が悪化しています（**図 10–2**）。これに対して，「街角景気」感を捉えるといわれる景気ウオッチャー調査（月次統計）では，逆にコロナ禍での景況感の方がリーマン・ショックより大きく悪化しています。特に飲食関連は 2020 年 4 月では初のマイナス

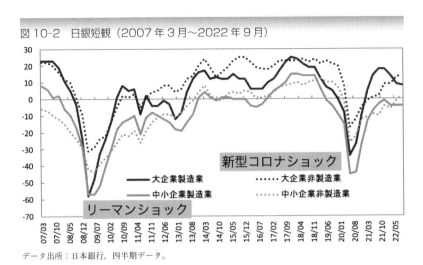

図 10-2　日銀短観（2007 年 3 月～2022 年 9 月）

データ出所：日本銀行，四半期データ。

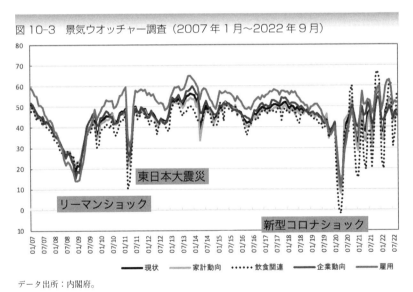

図 10-3　景気ウオッチャー調査（2007 年 1 月～2022 年 9 月）

データ出所：内閣府。

を記録しています。日銀短観は主に企業側から見た景況感を捉えるという統計の特徴がよく現れていることがわかります。日銀短観と景気ウオッチャー調査，それぞれの統計の個性がうかがえて興味深いものがあります。

10.4 新型コロナの基礎知識

　2020 年 3 月 11 日世界保健機関（WHO）のテドロス事務局長が世界で感染が
広がる新型コロナウイルスについて「パンデミックとみなせる」と表明[1]した
ことが公式的なパンデミック宣言となっています。パンデミックは 1918 年の
スペイン風邪以来ですので，今回の新型コロナ禍はまさに 100 年に 1 度の大惨
事です。2022 年 9 月 30 日時点での世界の感染者は 6 億 1,725 万人，死者は
654.4 万人で，毎日世界で感染者が 60 万人増え，死者は 2,000 人増えています。
アメリカでは感染者は 9,600 万人，死者は 100 万人。日本では感染者は 2,114
万人，死者は 4 万 4,580 人。熊本県の感染者は 33 万 531 人で死者は 639 人です。

表 10-2　過去の主な感染症

発生年	名　称	推定死者数	日本の死者数
1918	スペイン風邪	約 5,000 万人	約 38 万人
1957	アジア風邪	約 500 万人	―
1968	香港風邪	約 100 万人	―
2009	新型インフルエンザ	約 16,000 人	203 人
2020	新型コロナ	654.4 万人*	4.4 万人*

出所：『日本経済新聞』2020 年 3 月 13 日，2022 年 9 月 4 日等。　*2022 年 9 月 30 日時点。

表 10-3　主要ワクチンの特徴

	ファイザー	モデルナ	アストラゼネカ	ノババックス	km バイオロジクス
種類	メッセンジャー RNA	ウイルスベクター	組み替えタンパク	不活化ワクチン	
予防効果	95%	94%	76%	80〜90%	―
保管方法	−70 ℃	−20 ℃	2-8 ℃	2-8 ℃	―

出所：『日本経済新聞』2021 年 2 月 9 日等。

　新型コロナウイルスの正式名称は COVID-19（Corona Virus Disease - 2019）
であり，主な症状は，37.5℃ 以上の発熱，のどの痛み，嗅覚・味覚障害，急
速に肺炎が悪化，血栓・脳梗塞，感染していても症状がでないこともある，無

1　2022 年 9 月 14 日テドロス事務局長はパンデミックは「終わりが視野に入ってきた」と発言。

症状者も感染力を持っている，高齢者・既往症者は重症化しやすい。変異株で
は若年層も重症化，重篤な後遺症も，潜伏期間は約2週間。感染しないために
は，3密（密集，密接，密閉）を避けることが基本です。1つでも守られない
と感染する可能性があります。感染防止には，石鹸で手洗い（20秒），アルコ
ール消毒が基本，不織布マスク，人混みを避ける，部屋の換気，飛沫を避ける，
人と人の間は2メートル間隔，他人との会食は避ける，セパレーションの設置
等がありますが，ワクチンの普及が根本解決です。

　2021年2月14日に日本で最初に承認された新型コロナ対応のワクチンは，
アメリカのファイザー社とドイツのBioNtech社が共同開発したメッセンジャ
ーRNA（mRNA）タイプで，同月17日から接種が開始されています。ワク
チンが当初の予想よりかなり早く開発された背景には，元ペンシルベニア大学
研究員としてmRNAワクチンを先駆的に研究してきたハンガリー出身のカタ
リン・カリコ博士の貢献が大であり[2]，現在彼女はBioNTech社の副社長でも
あります。

10.5 │ 感染症 SIR モデル

　新型コロナウイルスのような新たなウイルスが発生し，それが多くの人々に
感染していき，中には死亡するケースもありますが，回復した人々は免疫を持
ちます。免疫を持つ人々が社会の中で多くを占めるようになると，その段階で
この感染症の蔓延は収束していきます。感染症の基本原則を使って感染症のた
どる道を数理モデルで示したのがSIRモデルです。感染症の基本原則とは，
(1) 感染者は倍々ゲームで急増する。(2) 未感染者が感染を経ずに免疫を持つ
回復者になることはない。(3) いったん感染して免疫ができたら再び感染する
ことはない。このモデルは，ワクチンが開発され普及する前の状態を説明しま
す。SはSusceptible未感染者，IはInfected感染者，RはRecovered免疫保
持者，を表します。

　図解すると**図10-4**のようになります。βは1人の感染者が他人にうつす数，

2　カリコ博士については増田（2021）を参照。2005年にmRNAの手法を完成させています。ワク
チンとウイルスについては黒木（2022）を参照。

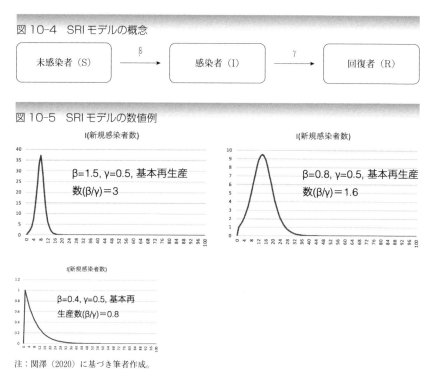

図 10-4　SRI モデルの概念

未感染者（S）　β　感染者（I）　γ　回復者（R）

図 10-5　SRI モデルの数値例

I(新規感染者数)
β=1.5, γ=0.5, 基本再生産数(β/γ)＝3

I(新規感染者数)
β=0.8, γ=0.5, 基本再生産数(β/γ)＝1.6

I(新規感染者数)
β=0.4, γ=0.5, 基本再生産数(β/γ)＝0.8

注：関澤（2020）に基づき筆者作成。

γ は感染者が回復する割合を表します。数値例として，未感染者（S）が 100 人，β=1.5，γ=0.5 の場合を考えてみましょう。ここで，β/γ＝3 を基本再生産数といい，全員に免疫がない場合に 1 人の感染者から何人に感染させるかの平均値を表します。この時，今期の新規感染者数＝前期の新規感染者数＋未感染者数の減少分（＝感染者数の増加分−回復者数の増加分）となります[3]。この数値例で，新規感染者数を求めたのが**図 10-5** の数値例です。この図では基本再生産数が 3，1.6，0.8 の 3 つのケースを示しています。基本再生産数が大きいほど，新規感染者数は急激に増加していくことがわかります。さらに，新規感染者数の推移は感染者数がピークに達した後は急激に減少していく単峰型の形状をとることも見て取れます。

3　関澤（2020）を参照。SIR モデルは大日・菅原（2009），鈴木・西浦（2020）。経済モデルについては Eichenbaum et al.（2020），Fujii and Nakata（2021），経済セミナー増刊（2021）など。

　新型コロナの感染者数の日本のデータは最初に感染者が確認された 2020 年 1 月 16 日から記録されており，厚生労働省のサイトで公開されています [4]。**図 10-6** は 2022 年 9 月 30 日までの日本，東京都，熊本県の新規感染者数を示したグラフです。これまで第 7 波の感染が発生しています。1 波から 5 波までは新規感染者の推移は，前節の SIR モデルが示唆するように，左右対称の単峰型分布をしていることが確認できます。しかし，6 波以降は単峰型の分布は崩れています。数次の感染が発生するのは，コロナの変異株が新たに登場することに対応しています。6 波以降は 1 つの変異株の流行が完全に収束する前にさらに新たな変異株が次々に登場していることがうかがわれます。このパターンは日本全国，東京，熊本（**図 10-7**）すべてで共通に観察されます。

　次に新規感染者数とワクチン接種率 [5] との関係についてある一定の関係が観

図 10-6　新型コロナ新規感染者数の推移（2020 年 1 月 16 日〜2022 年 9 月 30 日）

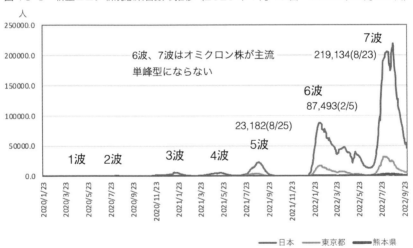

注：7 日間移動平均。
データ出所：厚生労働省。

4　厚生労働省オープンデータ，https://www.mhlw.go.jp/stf/covid-19/open-data.html
5　デジタル庁，新型コロナワクチンの接種状況，https://info.vrs.digital.go.jp/dashboard/

図 10-7　熊本県の新規感染者数の推移

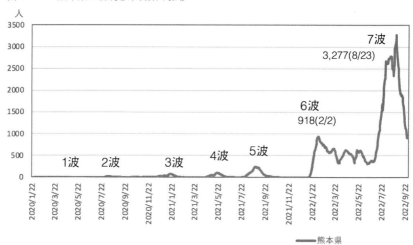

注：7 日間移動平均。
データ出所：厚生労働省。

図 10-8　感染者数とワクチン接種率：第 5 波まで（2021 年 4 月 12 日〜12 月 2 日）

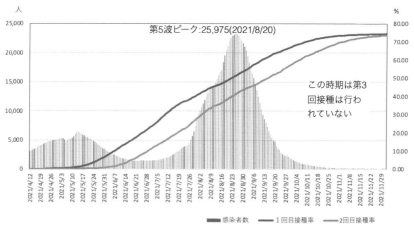

注：感染者数は移動平均。
データ出所：厚生労働省。

図 10-9　感染者数とワクチン接種率：第 6 波以降（2021 年 4 月 12 日〜2022 年 9 月 30 日）

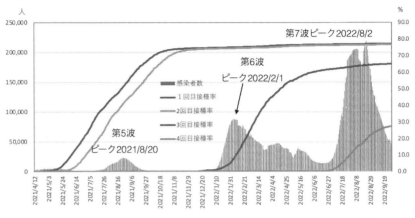

注：感染者数は 7 日間移動平均。
データ出所：厚生労働省。

図 10-10　感染者数とワクチン接種率：1 回目（左）と 3 回目（右）

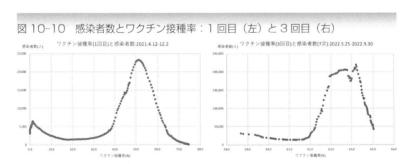

察されます。ワクチン接種率 1 回目が 50% を超えると感染者数は下降に転じ、73% を超えると感染者数は 100 人以下に低位安定します。ワクチン接種率 2 回目が 40% を超えると感染者数は下降に転じ、71% を超えると感染者数は 100 人以下に低位安定します。第 6 波では、オミクロン株が主流になり（オミクロン株の国内初確認は 2021 年 11 月 30 日）、2 回までのワクチン接種の効果が持続せず、3 回目の接種率が 50% を超えてから感染者は減少していますが、十分には減少していません。SIR モデルの基本形が観察されませんが、オミ

クロン株の変種が次々登場していることがその原因であると推察されます。

　以上の事実観察をまとめると，次のようになります。

1. ワクチン接種率2回目が40%を超えると感染者数はピークから反転し減少し，70%を超えると感染者数は100名以下で低位安定する。
2. 感染者数の推移は，感染症モデル（SIR）が示すように単峰型になる。
3. 1と2の観察は第6波（オミクロン株登場以降）では希薄になる。

10.7 感染者数を説明する要因

　新型コロナの感染を防ぐためには，新型コロナウイルス感染症対策専門家会議から「密集」，「密閉」，「密接」の「3密を避ける」ことが推奨されていました。言い換えれば，「密」になるほど感染者数は増加し，クラスターが発生することがわかっています。また，経済活動が活発になるにつれ，感染者数も増えていくことも十分予想されます。中国のように都市の閉鎖や工場のロックダウンを実施した国もあります。他方，感染者数を抑える切り札として期待されたのが，新型コロナに対応したワクチンの開発です。ワクチン接種率が高まれば，免疫保有者の割合が高まるので，新規感染者数を減少させることにつながります。その他，PCRの検査数やテレワークの推進[6]なども感染者数を減らす効果がある可能性があります。感染者数と上で列挙したようなデータの間の相関関係を調べ上げた中から，都道府県別の新型コロナ感染者数を説明する要因として，密を表すデータとして「平均対人距離」[7]，経済活動を把握するデータとして「県内総生産」，免疫を高める要因としての「ワクチン接種率」の3つを選び，回帰分析を行いました。被説明変数として47都道府県のそれぞれの時点までの感染者数，説明変数は「平均対人距離」，「県内総生産」，「ワクチン接種率」の3つです。ここで，平均対人距離＝SQRT（1／人口密度／3.14）であり，各都道府県での人と人との間の平均的な距離を表します。ワクチン接種率以外は自然対数値に変換した値を使っています。2021年12月2日時点

---

[6] データからはテレワークの増加と感染者数の増加が対応しています。感染者が増えるとテレワークが増えるという因果関係です。

[7] 平均対人距離については，山中・甲山・杉原（2020）を参照。

（第5波の時期），2022年4月30日時点（第6波の時期），2022年8月30日時点（第7波の時期）の3時点について，回帰分析を実行しました。**表10-4**がその結果です。第5波時点の回帰分析の結果が最も良い成果を示しています。平均対人距離の増加とワクチン接種率の上昇は感染者数を減らし，県内総生産の増加は感染者数を増加することが明らかになりました。これら3つの要因によって感染者数の92%を説明できます。それぞれの説明変数は統計的に有意です。回帰分析の結果は次のように解釈できます，平均対人距離が1%増加すれば感染者数は0.4%減少し，ワクチン接種率が1%増加すれば，感染者数が0.1%減少するのに対して，県内総生産の1%増加は，感染者数を1.25%増加させます。第6波，第7波の時点でもほぼ同様な結果を示していますが，第6

表10-4　回帰分析の結果

2021年12月2日時点（第5波の時期）　被説明変数は感染者数				
	定数項	平均対人距離	県内総生産	ワクチン接種率
回帰係数	12.27	−0.40	1.25	−0.10
t 値	7.7***	−2.0**	10.9***	−4.3***
p 値	0.00000	0.04942	0.00000	0.00009
決定係数=0.92　標準誤差=0.3854　DW=1.60　　**は5%，***は1%で統計的に有意				

2022年4月30日時点（第6波の時期）　被説明変数は感染者数				
	定数項	平均対人距離	県内総生産	ワクチン接種率
回帰係数	10.83	−0.248	1.045	−0.068
t 値	12.0***	−1.6*	12.7***	−4.8***
p 値	0.00000	0.11	0.00000	0.0000
決定係数=0.94　標準誤差=0.2910　DW=1.43　　*は10%，**は5%，***は1%で統計的に有意				

2022年9月19日時点（第7波の時期）　被説明変数は感染者数				
	定数項	平均対人距離	県内総生産	ワクチン接種率
回帰係数	10.88	−0.091	0.857	−0.081
t 値	16.5***	−0.64	12.4***	−4.7***
p 値	0.00000	0.528	0.00000	0.0000
決定係数=0.93　標準誤差=0.2454　DW=0.92　　**は5%，***は1%で統計的に有意				

波，第 7 波になるにつれ，平均対人距離の統計的有意性が低下しています。第
6 波から第 7 波では感染者数が急増しましたが，このような状況では，平均対
人距離のような「密」を代表する要因は重要度が低下することが示唆されます。

| 10.8 | 経済政策の効果 |

　新型コロナ感染の拡大に対して，政府は 2020 年 4 月 7 日から 2021 年 7 月 8
日まで 4 回にわたる「緊急事態宣言」の発出とそれより制限の緩い「まん延防
止等重点措置」の複数回の適用によって乗り越えようとしました（**表 10-5** 参
照）。緊急事態宣言後にはそれが広く経済社会にマイナスの影響を与えること
を抑制するためのさまざまな政策が実施されました（**表 10-6**）。その中でも最
も多数の国民に影響を与えたのは特別定額給付金でしょう。給付対象者は，基
準日（2020 年 4 月 27 日）において，住民基本台帳に記録されている方（外国人
も含む）で，1 人当たり 10 万円が給付され，予算総額は 12.9 兆円でした。こ
の政策が有効に機能したかについては Kaneda, Kubota and Tanaka（2021）
によるマネーフォワードの家計簿アプリのデータを用いた分析があります。主
な結論は，以下のようなものでした。(1) 給付金のうち 6%〜27% が消費とし
て利用された。(2) 10 万円のうち 27,000 円が使われた（限界消費性向は
0.27）。(3) 労働所得の低い家計，また銀行預金などの流動資産を十分に保有
していない家計は，他の家計に比べより多くの給付金を消費として利用した。
(4)「食費と生活必需品」や「対面を伴うサービス」への支出は給付金支給後
早い段階で反応がある一方，「耐久財」や「住宅ローン・家賃・保険などへの
支払い」による支出は長期にわたり反応があるなど，カテゴリーごとに消費が
大きく異なった。(5) 消費拡大を目指すなら，一律ではなく，低所得層に的を
絞って給付する方が効果的。高所得層ではほとんど貯蓄に回ってしまう。

　総務省の調査でも，貯蓄率は 19 年の 31.4% から 20 年は 35.2% に上昇し [8]，
21 年も 34.2% と高止まりしており，10 万円の給付が支出に向かわず多くは貯
蓄に回っていたことがわかります。逆に，平均消費性向は 19 年の 66.9% から

8　総務省『家計調査報告［家計収支編］』，『家計調査報告（貯蓄・負債編）』，2020，2021 年

表 10-5　4 回の政府の緊急事態宣言

緊急事態宣言の対象	宣言開始	宣言終了
1　新型コロナウイルス感染症緊急事態宣言 東京，神奈川，埼玉，千葉，大阪，兵庫，福岡	2020 年 4 月 7 日	5 月 25 日
2　東京都，神奈川，埼玉，千葉。のち 11 都府県	2021 年 1 月 8 日	3 月 22 日
3　東京，大阪，京都，兵庫。のち愛知，福岡，北海道，岡山，広島，沖縄追加	2021 年 4 月 25 日	6 月 20 日
4　東京都を対象に緊急事態宣言。のち埼玉，千葉，神奈川，大阪府。京都，兵庫，福岡，茨城，栃木，群馬，静岡。北海道，宮城，愛知，岐阜，三重，滋賀，岡山，広島を追加	2021 年 7 月 8 日	9 月 30 日
まん延防止等重点措置，計 16 都県。のち 36 都道府県へ拡大	2022 年 1 月 21 日	3 月 22 日

表 10-6　政府の対コロナ政策

政策の名称	時　期	備　考
特別定額給付金	2020 年 4 月 20 日。申請は受付開始日から 3 か月以内	12.9 兆円，1 人 10 万円
持続化給付金	2020 年 5 月 1 日-2021 年 2 月 15 日	4.2 兆円，中小法人は上限 200 万円，個人事業者は上限 100 万円
雇用調整助成金	2020 年 4 月 1 日-2022 年 9 月 30 日	5.5 兆円
地方創生臨時交付金	2020 年 5 月-2022 年 9 月	15.9 兆円
家賃支援給付金	2020 年 7 月 14 日-2021 年 1 月 15 日	法人最大 600 万円，個人事業者最大 300 万円
住居確保給付金	2020 年 4 月 20 日-2022 年 12 月	実際の家賃を原則 3 か月間支給。延長は 2 回まで
日銀，企業への資金繰り特別支援策	2020 年 3 月 16 日-2022 年 9 月 26 日	中小企業への資金繰り支援
ワクチン接種	2021 年 2 月 17 日-	4 回実施。コロナ予備費 5 兆円

20 年は 5.6 ポイント低下して 61.3% となっています。なお 21 年は 62.8% で，2010 年台の 70% 前半に比べるとかなりの低水準になっています。

　これまでの政府による単発的な政策と同じように，今回も消費者の財布の紐を緩めることはできませんでした。経済学の「恒常所得仮説」によれば，一時的な所得増は消費者の恒常所得に影響を与えることはないということを証明することになったようです。

| 10.9 | 個別業種への影響 |

　新型コロナ感染症は，さまざまな業種にマイナスの影響を与えていますが，特に陸運・交通，小売り，宿泊，飲食，生活関連，娯楽，医療福祉の 7 業種が大きな影響を受けたといわれています（高田 2021 参照）。その一方，アメリカの Zoom Video Communications に代表される IT やネット・通信関連業種では大幅な利益を計上した企業もあります。新型コロナ禍への対策として多くの企業にとっては DX（デジタル・トランスフォーメーション）に取り組むことが有効であることが理解されるようになりました。

　ここでは政府の地域経済分析ツールである RESAS（リーサス：https://resas.go.jp/）を活用して，POS 情報などのオルタナティブデータから得られるコロナがもたらした経済への影響を紹介しましょう。RESAS には，新型コロナが地域経済に与えた影響を，人流，消費，飲食，宿泊，イベント，雇用，

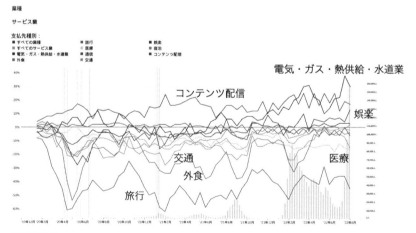

図 10-11　サービス業への影響

出所：JCB／ナウキャスト「JCB 消費 NOW」

注：グラフの期間は 2020 年 1 月 1 日〜2022 年 7 月 31 日。折れ線グラフは 2019 年同期（月）比の増減率を表す。棒グラフは新規陽性者数を表す。以下同様。

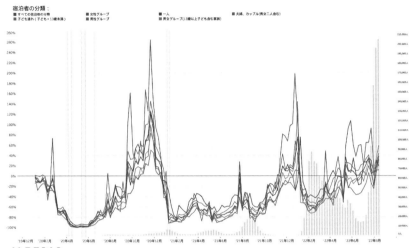

図 10-12　宿泊者数への影響

出所：観光予報プラットフォーム推進協議会（事務局：日本観光振興協会）

事業所の観点からグラフで分析・表示する V-REASAS が用意されています。この中から特徴的な図をいくつか紹介します。

　以下の図はコロナ前の 2019 年を基準にしての増減率を表していますが，旅行，外食，交通，医療，娯楽産業の消費額が大きな減少率を示しているのに対して，コンテンツ配信や電気・ガス等への支出は増加していることがわかります。また，その増減率はコロナ陽性者の増減に対応していることも見てとれます（図 10-11）。特に宿泊者数の増減はコロナ陽性者の増減と反比例していることが顕著です（図 10-12）。POS データは 200 以上の品目についてその消費動向を観察できるので，興味深いものがあります。家庭医療用品（マスクが主なもの）の支出が急激に伸びていること，即席袋めんの消費が確実に増えていることに対して，女性メーキャップ化粧品の消費がほぼ一貫して減少しています。これはリモートワークの影響がうかがい知ることができます（図 10-13）。

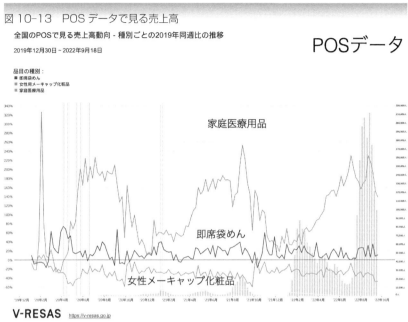

図10-13　POSデータで見る売上高

全国のPOSで見る売上高動向 - 種別ごとの2019年同週比の推移

2019年12月30日 ～ 2022年9月18日

POSデータ

出所：ナウキャスト，株式会社日本経済新聞社「日経CPINow」

10.10 おわりに

　マクロ経済の観点からは，新型コロナ禍はリーマン・ショックより消費へ与えたマイナスの影響度が大きいことが確認できました。第5波までの感染者数はSIRモデルに従っていましたが，第6波（オミクロン株の登場），第7波になって，左右対称の単峰型は崩れました。変異株が次々と登場したことが影響していると判断されます。都道府県の感染者数を説明する主な要因は，平均対人距離，県内総生産，ワクチン接種率の3つであることを示すことができました。新型コロナ対策としては，ワクチン接種率を高める（70％以上）ことが肝要であることも明らかとなりました。今後は国産ワクチンの開発とその育成が課題であることも明らかです。10万円の特別定額給付金は高所得層ではほとんど貯蓄に回り，消費に回ったのは平均的に27,000円です。消費喚起を目指すなら，所得制限を設けて実施した方が効果的であることが示唆されます。

企業の対策としてはDX（デジタル・トランスフォーメーション）の推進が重要であることも認識されるようになりました。新型コロナ感染症とどのように向き合って暮らしていくべきか。ウィズ・コロナの前提としては新型コロナの致死率（2022年9月30日時点で0.22%）がインフルエンザの致死率（0.01-0.05%）並みに下がることが重要です。それまでは用心深くコロナと対峙していくことが求められるでしょう。なにしろ，100年に1度の惨禍なのですから。

【参考文献】

大日康史・菅原民枝（2009）『パンデミック・シミュレーション：感染症数理モデルの応用』技術評論社

黒木登志夫（2022）『変異ウイルスとの闘い』中公新書，中央公論新社

経済セミナー増刊（2021）『新型コロナ危機に経済学で挑む』日本評論社

鈴木絢子・西浦博（2020）「感染症の数理モデルと対策」『日本内科学会雑誌』109巻11号

関澤洋一（2020）「感染症のSIRモデルと新型コロナウイルスへの基本戦略」小林慶一郎・森川正之編著『コロナ危機の経済学 提言と分析』日本経済新聞出版，第11章

高田創（2021）「コロナ危機で「経営問題」から，「医療崩壊」が起きる可能性に要警戒」講談社現代ビジネス

田中聡史（2021）「感染症拡大防止政策のトレードオフ」経済セミナー増刊『新型コロナ危機に経済学で挑む』日本評論社，第3章

仲田泰祐・藤井大輔（2022）『コロナ危機，経済学者の挑戦』日本評論社

細野薫（2021）「感染症モデルと経済」宮川努編著（2021）『コロナショックの経済学』中央経済社，第3章

増田ユリヤ（2021）『世界を救うmRNAワクチンの開発者　カタリン・カリコ』ポプラ社

宮川努編著（2021）『コロナショックの経済学』中央経済社

山中大学・甲山治・杉原薫（2020）「人口密度に比例した総感染者数分布と今後の人類圏への示唆」JpGU-AGU Joint Meeting 2020

Eichenbaum, M., Rebelo, S. and Trabbandt, M.（2020）, "The Macroeconomics of Epidemics," NBER Working Paper, No.26882.

Fujii, D. and Nakata, T.（2021）, "Covid-19 and Output in Japan," RIETI Discussion Paper Series, 21-E-004.

Kaneda, Michifu, Kubota, So and Tanaka, Satoshi（2021）, "Who Spent Their COVID-19 Stimulus Payment? Evidence from Personal Finance Software in Japan," COVID ECONOMICS VETTED AND REAL-TIME PAPERS, April

Kermack, W. and MacKendrick, A.（1927）, "A Contribution to the Mathematical Theory of Epidemics," Proceedings of the Royal Society of London, Series A, Containing Papers of a Mathematical and Physical Character, 115（772）: 700-721.

11. 熊本地震後の消費：消費行動研究会の活動記録

11.1 はじめに

　この章では，**家計調査**のデータを用いて，**熊本地震**後に生じた消費の変化を確認します。この章で紹介する分析や考察のうち多くの部分は，私のゼミに所属する学生を中心とした研究グループ（消費行動研究会）によって行われたものです。私は研究会を指導する立場にありましたが，この章は研究会が得た研究成果をまとめて紹介するものであり，個々の研究成果は本文中に明記する当時の研究会メンバーに属します。

　2016 年 4 月 14 日，16 日に発生した熊本地震は地域経済に大きな打撃を与えました。サプライチェーンや店舗そのものが被災したことで財の供給能力が低下し，たび重なる余震による不安や避難所等における普段とは異なる生活が家計の消費行動を変化させた可能性があります。私はゼミ生に呼びかけて前述の研究会を立ち上げ，家計調査のデータを用いて，各消費財やサービスに対する支出額の動きを追うことにしました。

　家計調査では財・サービスが細かく分類され，それぞれの項目に対する家計の 1 か月間の支出額を知ることができます。全国あるいは都道府県レベルの支出額とともに，県庁所在地レベルの支出額も入手可能です。このデータを用いることで，地震後に消費支出が増加した財あるいは減少した財を明らかにすることができ，またそのような変化が生じた原因を探ることができます。この章ではそのような一連の研究の下で得られた成果を紹介します。

　災害が家計消費に与えた影響を記録しておくことは重要です。平時であれば財は市場メカニズムを通じて効率的に分配されますが，災害によって市場の機能が低下した被災地ではさまざまな非効率が生じます。熊本地震発災以降，被災地は国内外より多くの温かい支援を受けましたが，被災地が必要とする財は復旧・復興の段階によって刻一刻と変化するため，被災地が必要とする財が必

ずしも常に支援されるとは限りません。支援物資の分配機能の低下もあって，支援物資が被災者に分配されないままで積み上がるといった事態が各所で生じました。また例えば湧水が豊富な地域や水道設備がすでに復旧した地域に大量の水が送られてくるなど，さまざまな需要と供給のミスマッチが生じました。災害による消費の変化を明らかにすることは，被災地が各時点で本当に必要としていたものを明らかにすることであり，これは支援の効率化と**需給ミスマッチ**の解消につながり，被災地の早期の復旧・復興に役立ちます。自然災害が多発する日本においては，今後も同様の災害が発生することが避けられません。災害後の消費の変化を明らかにすることは，将来起こりうる災害に備える上で，極めて重要な意義を持つと考えています。

　この章の以下の構成は次のとおりです。11.2 節ではこの章の分析で使用するデータの出自と加工方法について説明します。11.3 節では熊本地震後の消費の動きを紹介し，そのような消費の変化が生じた理由を考察します。11.4 節では熊本地震について得られた観察が，他の災害についても一般に見られる現象であるかを検討するため，**東日本大震災**との比較を行います。11.5 節では一連の研究に関連して得られた知見やその後の研究の展開を紹介します。11.6 節ではこの章の内容をまとめます。

11.2 ｜ データの出自と加工

　この章の分析で用いるデータは全て総務省統計局の「家計調査」から得ました。「二人以上世帯，一世帯当たり一ヶ月間の支出」の（月次）データを用いています。県庁所在地別のデータより，全国及び熊本市のデータを用い，東日本大震災との比較においては仙台市のデータも用いました。時系列方向には 2000 年 1 月から 2019 年 12 月までの 20 年分のデータ（T＝240）を用いました。震災前後という分析期間に対して，時系列方向に比較的長い期間をとっているのは後述する**季節調整**を行うためです。財・サービスの種類は基本的には家計調査の小分類に従い，さらに上位分類である中分類も用いることにして，合わせて 121 種類としました（n＝121）。

■熊本地震の影響だけを捉えるために

　本研究で確認したいのは，熊本地震が家計消費に与えた影響です。財・サービスに対する支出額は地震以外にもさまざまな要因で変動します。そこでまずは統計的手法を用いて，支出額の変動から地震以外の要因による変動を取り除き，熊本地震の影響だけを抽出しなければなりません。そのため原データに対して以下の3つの加工を行いました。

　第1に，季節による変動を取り除くために，標準的な手法（X-12ARIMA法）を用いて季節調整を行いました。各財に対する支出額には多かれ少なかれ季節的な変動が含まれています。例えば飲料に対する支出額は毎年夏に増加する傾向がありますが，これは夏が暑いからであって，地震の影響ではありません。時系列方向に長いデータを用いて季節による平均的な変動を抽出し，元のデータから取り除きました。

　第2に，景気循環など全国レベルで生じた変動を取り除くために，熊本市または仙台市のデータを全国のデータに回帰させて，全国レベルの変動を取り除きました。この操作は実際には季節調整と同時に行っています。

　第3に，生じた変動が有意に例年とは異なる変動と呼べるかどうかを明らかにするために，各消費財について時系列方向で標準化を行いました。標準化変量の性質より，標準化された変数の値が絶対値で1.96を超える確率は5%以下です。この閾値を超える変動が観察された場合に，5%以下の確率でしか生じ得ない「異常な」変動が観察されたものとして注目することにしました。

- 家計調査のデータを用いて，震災後のさまざまな財・サービスに対する支出額を調べました。
- 熊本地震の影響だけを抽出するためのデータの加工（季節変動の排除，マクロ変動の排除，標準化）を行いました。

11.3　熊本地震後の消費行動

　この節では，熊本地震後に生じた消費の変化について紹介します。この節で

紹介する研究成果は，当時の研究会のメンバーであった，中原悠貴氏，藤本修平氏，青木友哉氏，喜佐田向日葵氏によって得られたものです。この研究成果は熊本学園大学内の研究報告会である「2017年度ヒライ学生研究奨励成果発表会」において報告されました。

　私たちは家計調査に含まれる121種類の財・サービスに対する熊本地震前後の支出額の変動を調べ，その結果，支出額の変動には大きく分けて4つのパターンが観察されることを発見しました。**図10-1**は4つの変動パターンについてそれぞれ代表的な財の支出額の動きを描いたものです。それぞれのグラフの横軸は時間を表し，熊本地震が発生した2016年4月を縦線で示しています。グラフは財に対する標準化された支出額を表します。横方向に影を付けたバンド部分は−1.96から1.96の範囲を表し，この範囲から外れる大きな変動を「異常な」変動と考えます。標準化変量の性質より，この範囲から外れる動きは5%以下の確率でしか生じることがない大きな動きです。右下の酒類計の表記が墨付きカッコで囲まれているのは，酒類計がビールや清酒などの下位の分類を集計した中分類であることを表します。

　以下では4つの変動パターンについて，それぞれ詳しく見ていきましょう。

図11-1　熊本地震後の消費支出額の変動

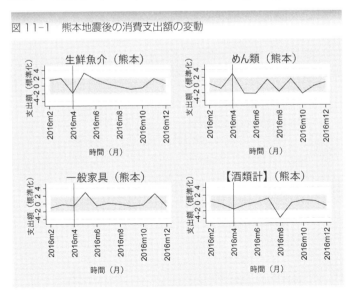

■パターン1：下がって上がる

　図11-1 の左上に示された生鮮魚介に対する支出額は，発災時点に大きく減少しています。同様の変動パターンは生鮮肉，生鮮野菜，大豆加工品（豆腐，納豆など），乳製品などで観察されています。これは地震によって電気・ガス・水道等のライフラインが破壊されたために，**生鮮食品を保存・調理する手段が限定された**ためと考えられます。一方，発災時点で減少した生鮮魚介に対する支出額は翌月には反転して大きく増加しています。これは発災時点では食べることができなかった生鮮食品を食べたいという気持ちが高まったためと考えられます。食料品に対する支出額がショックを受けて変動した場合，その変動に対する反動が生じることがわかります。

　なお，生鮮魚介の支出額は 2016 年 11 月にも増大していますが，この点については後の一般家具についての考察時に説明します。

■パターン2：上がって下がる

　図11-1 の右上に示されためん類（うどん，蕎麦，スパゲッティ，カップ麺など）に対する支出額は，生鮮食品とは逆に発災時点に大きく増加しています。同様の変動パターンは食料品では他の魚介加工品（燻製や塩辛など），他の飲料（茶類，コーヒー，ココア以外の飲料。野菜ジュース，乳酸菌飲料など）で見られます。これは生鮮食品が購入されなくなった代わりに，比較的保存がきいて調理がしやすい食品に対する需要が高まったためと考えられます。この変動パターンを示す家計調査の項目に「他の○○」という項目が多い点にも注意すべきです。平時では独立した項目を立てられない程度に支出額が少ない「他の財」に需要が代替したと考えられるからです。一方，発災時点で増加した**保存食品**に対する支出額は翌月には反転して大きく減少しています。これは発災時点ではそればかり食べていた保存食品を食べたくないという気持ちが高まったためと考えられます。調理の方法が限られる被災地を思いやり，保存食品が支援されることがありますが，被災からしばらくして復旧が進めばこれらの財に対する需要が反転減少する点に注意しなければなりません。

　食料品以外で，この変動パターンを示す財・サービスには補習授業や自転車があります。これらの財・サービスも学校教育や公共交通機関・自家用車の代

替財です。災害によって，ある財に対する需要が減少した時，その代替財に対する需要が増加します。ただし代替財に対する需要の増加は一時的ですぐに反動を伴って大きく減少します。また，めん類に対する支出額は反転減少した後もしばらく上下動を繰り返していますが，これは耐久性を持つ財にしばしば見られる現象で，家庭内においてストック（在庫）の循環が生じたためと考えられます。

■パターン3：直後に上がり，しばらくして再び上がる

図11-1の左下に示された一般家具に対する支出額は，発災直後に一度増加したのち2016年11月に再び増加しています。発災直後の増加は被災によって破損した家具を買い替える際に生じた需要と考えられますが，11月に観察された増加はどのような理由によるものでしょうか。研究会でさまざまな仮説を考えて検討した結果，「住宅着工件数や建築確認申請件数が2016年10月以降に顕著に増加している」（日本銀行熊本支店2017）ことがわかりました。一般家具の2回目の需要増大は住宅の再建が進んだ結果，完成した新居用に家具を購入したことによると考えられます。同様の変動パターンは家事用耐久財（冷蔵庫，洗濯機など），室内設備・装飾品（照明器具，カーテン，カーペットなど），自動車に見られ，住宅に深刻な被害を受けた被災者は秋頃になってようやく新生活をスタートすることができ，生活に必要な耐久財を買いそろえたようです。生鮮魚介の消費も11月に増大しており，新しいキッチンで調理をする姿が目に浮かびます。**家庭用耐久財**については，壊れた財を買い直すための発災直後の需要と，住宅の再建がすすんで新生活が開始されたタイミングでの2回目の需要が生じることがわかりました。

■パターン4：例年需要が高まる時期に下がる

図11-1の右下に示された酒類に対する支出額は，8月に大きく減少しています。この減少は実額の減少ではなく季節調整の影響によるものです。例年暑い夏にはビールや発泡酒を中心として酒類への需要が高まります。しかし震災後ということもあってか2016年8月は酒類に対する支出が「例年よりも」少なかったようです。グラフが示す減少は実際の支出額が減少したものではなく，

支出額が「例年よりも」低かったことを表しています。同様の変動パターンは一般外食，他の教養・娯楽サービス（娯楽施設入場料，観覧料，ネットサービス利用料など），理美容サービスで見られます。震災後ということもあって自粛ムードが生じ，外出して会食したり娯楽施設を利用したりすることが控えられた可能性があります。

　なお，居酒屋等で提供される酒類に対する支出は外食費に含まれるため，ここでの酒類に対する支出は家計がスーパーや酒屋で酒類を購入することを表しています。

- 熊本地震後の消費支出の動きを大きく 4 つのパターンに分けて分析しました。
- 生鮮食品は減少後に反転増加，保存食品は増加後に反転減少しました。
- 家庭用耐久財では，壊れた財を買い直すための発災直後の増加と，新生活が開始されるタイミングでの 2 回目の増加があることがわかりました。
- 酒類や交際費では，例年は需要が増加する時期に，それほど需要が増加しなかったことがわかりました。

11.4 | 東日本大震災との比較

　この節では，前節で見た熊本地震後の消費の動きを東日本大震災後の消費の動きと比較することで，熊本地震後に見られた動きが他の災害においても一般に観察されるかどうかを検討します。この節で紹介する研究成果は，消費変動の研究を引き継いだ喜佐田向日葵氏の研究（喜佐田 2020）により得られたものです。研究成果は熊本学園大学付属図書館の「学生懸賞論文集」に掲載されました。

　図 11-2 は前節で見た 4 つの代表的な財について仙台における支出額の変動を表したものです。東日本大震災は特に東北三県（岩手，宮城，福島）に大きな被害をもたらしましたが，ここで宮城県仙台市のデータを用いるのは以下の理由によります。岩手県盛岡市は内陸部に位置するために津波による被害がなく，支出額の変動が仙台ほど顕著ではありませんでした。また，福島県福島市は地震だけでなく原発事故の影響もあって発災より 2 か月分（2011 年 3 月およ

図 11-2　東日本大震災後の消費支出額の変動

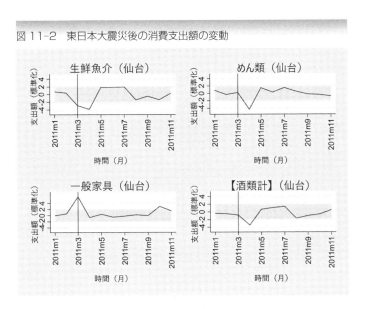

び 4 月）の家計調査のデータが欠損しています。

■パターン 1：生鮮食品

　図 11-2 の左上に示された生鮮魚介に対する支出額は，熊本では発災の月に減少し翌月には反動で増加しましたが，仙台では発災から 2 か月にわたって減少しています。これは東日本大震災の被害の大きさを示すものと考えられます。東日本大震災では地震による直接被害だけでなく，その後に生じた津波によって大きな被害がもたらされました。ライフラインの被災によって生鮮食品の保存と調理の方法が限定されただけでなく，三陸地方を中心に漁船や漁港が甚大な被害を受けたため，生鮮魚介の供給能力も減少したと考えられます。一方，反動増と見られる支出額の増加が仙台でも同様に 5 月から 7 月にかけて観察されています。

■パターン 2：保存食品

　図 11-2 の右上に示されためん類に対する支出額は，熊本では発災の月に増加し翌月には反動で減少しましたが，仙台では発災月の増加は見られず，翌月

には大きく減少しています。生鮮魚介の動きから4月にも地震の影響が色濃く残っていることを考慮すると4月の保存食品に対する支出の減少は反動減というよりもむしろ，震災から1か月が経過した後でも保存食品さえ購入できなかったことを表すと考えられます。被害が大きかった仙台では，サプライチェーンや小売店舗の被災によって，生鮮食品だけでなく保存食品も入手困難な状態にあり，国内外からの支援物資等に頼らざるをえない生活になっていた可能性があります。

■パターン3：家庭用耐久財

図11-2の左下に示された一般家具に対する支出額では，仙台でも熊本と同様に生活再建に伴う2回目の需要増が観察されています。家庭用耐久財について，壊れた財を買い直すための発災直後の需要と，生活再建のタイミングでの2回目の需要があるという点は，少なくとも2つの災害について共通して見られる現象です。仙台が熊本と異なるのは，2回目の需要は，熊本では住宅着工件数や建築確認申請件数が増加する時期に生じましたが，仙台では仮設住宅への入居が本格的に開始されたタイミングで生じています。この時期，避難所として用いられた学校等の施設で2学期が開始されるのに合わせて，避難所から仮設住宅へと移動する被災者が増加しました。東日本大震災の被害があまりに甚大であったために，2回目の需要が新居の完成時期ではなく仮設住宅への移動時期となっています。

■パターン4：酒類

図11-2の右下に示された酒類に対する支出額は，熊本では8月に減少しました。これは例年には支出額が多い時期に支出額が増えなかった場合に，季節調整の操作によって「例年よりも」低かったことが減少として捉えられたものでした。仙台でも8月の減少が観察されていますが熊本ほど顕著ではなく，むしろ4月の減少が目立ちます。これは例年には花見の時期で酒類の消費が多かったところ，震災直後ということもあって自粛する動きが生じたものと考えられます。熊本と仙台では原因こそ異なりますが，同じメカニズムによって酒類の需要が変動していることがわかります。

- 熊本地震後に観察された消費の動きが，他の災害にもあてはまるかを検討するために，東日本大震災後の消費の動きと比較しました。
- 東日本大震災の被害が甚大であったことから生じる違いがあるものの，熊本地震後の消費の動きと同様のメカニズムによると見られる動きが東日本大震災についても観察されました。

11.5 関連して行われた研究

　前節までに，家計調査のデータを用いて熊本地震や東日本大震災の前後について消費の動きを見ました。この節では本研究に関連して得られた知見として，家計調査を用いる場合の注意点，**耐久消費財**に対する消費についての考察，及び新型コロナウイルス感染拡大下の消費に対する本研究手法の適用について概観します。

■家計調査を用いる場合の注意点

　本研究では家計調査に含まれる各消費財に対する支出額のデータを用いた分析を行いましたが，研究を遂行する上で明らかになった，家計調査を用いて災害後の消費の動きを見る際の注意点を以下の3点にまとめます。

　第1に，災害後のデータの欠損やサンプルサイズ（集計世帯数）の変化に注意が必要です。東日本大震災の分析で記したように，家計調査では福島市について東日本大震災後の2か月分のデータが欠損していました。また仙台市についても災害前（2011年2月）の集計世帯数は93世帯ですが，災害後（2011年3月）には23世帯へと減少しています。同様に熊本市では災害前（2016年3月）の93世帯が，災害後（2016年4月）には65世帯へと減少しました。災害による被害が比較的軽微で調査票に回答可能な世帯ばかりが回答した可能性があり，母集団に対するサンプルの歪み（**サンプルセレクションバイアス**）に注意する必要があります。またサンプルサイズが小さすぎるという小標本の問題も災害後にはより深刻になります。

　第2に，単価が大きくふだんの取引量が少ない財についてはデータが安定しない点に注意が必要です（宇南山 2011）。典型的には自動車等購入費がこれに

あたります。単価が大きく毎月は買わない財では、いくつかの家計が同じ月に車を購入しただけで、車の需要が大きく伸びたと判定されることになります。これはサンプルサイズが小さい災害後のデータを用いる場合により深刻です。

　第3に、季節調整の結果として生じる見かけの変動に注意が必要です。酒類に対する支出額の変動で見たように、季節調整後は支出額の「例年と比べた」増加や減少を見ることになります。例えば、家計調査では例年2月に財に対する支出額が全般的に落ち込む傾向があります。これは年末年始に高まった消費支出に対する反動と考えられています。ところが被災地はそれどころではないので2月にも他の月と同様の消費を行うとすれば、季節調整の結果として被災地において2月の消費支出額が増加するように見えます。支出額の変動を解釈する際は季節調整によって生じる見かけの変動を区別する必要があります。

■耐久消費財に対する消費

　この章で紹介した消費行動研究会の研究では、家計調査のデータを用いて災害後の各財の消費変動を観察しました。私はこれらの研究成果を踏まえて、災害後の耐久消費財に対する消費について、理論モデルを構築し、家計調査よりも詳細な日経 POS データを利用した実証分析を行いました（Koba 2017, 小葉 2019）。ここではこれらの研究によって得られた結果を概観します。

　Koba（2017）は、災害によって市場にアクセスできなくなった家計を想定し、そのような家計の耐久消費財に対する支出行動をモデル化しました。モデル分析からは、確率的にしか市場にアクセスできなくなったために、耐久消費財の保有量の調整を連続的に行うことができない家計の消費量は、将来の市場アクセス確率、将来の予想価格、財の耐久性に依存することがわかりました。直感的には、市場にアクセスできない可能性があるならば買えるうちに買っておく、価格の上昇が予想されるならば安いうちに買っておく、耐久性の高い財を買っておく、という理由で、市場アクセス確率が低いほど、将来の価格上昇が予想されるほど、財の耐久性が高いほど、今期の財の需要が増加するという予想が得られました。また、理論モデルから得られた予想を、日経 POS データを用いて検証した結果、理論モデルの予想と整合的な結果を得ました。

　小葉（2019）では Koba（2017）とは異なるタイプの理論モデルを構築しま

した。耐久消費財をあらかじめ備蓄しておいてそれを取り崩すという行動は，貨幣保有行動に似ています。財の取引になんら費用がかからない世界では，家計は財を消費したい時に，その時々のスポット市場で購入すればいいのであって，消費に先立ってあらかじめ財を備蓄しておく必要はありません。この点が人々はなぜ貨幣を持つのかという問題に通じます。つまり，人々が貨幣を保有したり財を備蓄したりする理由は，いつでも使える，いつでも消費できる，という状態を作り出すためです。この貨幣保有と耐久財備蓄の類似性に発想を得て，貨幣保有モデルとして伝統的に用いられてきた2種類のモデル（Money in Utility（MIU）モデルと Cash in Advance（CIA）モデル）を耐久財蓄積モデルへと転用したモデルを構築しました。この枠組みでは Koba（2017）モデルは MIU モデルにあたり，小葉（2019）モデルは CIA モデルにあたります。モデルの CIA 制約は投資理論におけるユーザーコスト（使用者費用）を含む制約式となります。つまり耐久財に対する需要は，利子率，価格変化，耐久性の影響を受けることがわかりました。このことは Koba（2017）モデルにおける財の需要が，入手可能性を含めた利子率，価格変化，耐久性の影響を受けるとしていたことに一致します。

　災害後の消費の変動について，家計調査のデータを用いて確認するだけでなく，耐久財の蓄積に関する理論モデルを用いた検討や，より詳しいデータを用いた実証分析を進めています。

■新型コロナウイルス感染拡大下の消費

　消費行動研究会は熊本地震後の消費の動きを確認することを目的として立ち上げた研究会ですが，研究を進めるうちに，家計調査を用いて消費支出額の変動を確認するための一連のノウハウが蓄積されてきました。メンバーである学生は卒業によって年々入れ替わりますが，家計調査のデータを整理したり分析したりするためのプログラムは過去のメンバーから現在のメンバーへと脈々と受け継がれています。

　2020 年には蓄積されてきた手法を**新型コロナウイルス**の感染拡大というショックに対して適用した研究が吉田千裕氏によって行われました。ここではこれまでのように消費支出額の時系列変化に注目するだけでなく，所得階層別の

消費支出額のデータを用いることで，消費関数の推計を行いました。消費関数の傾きがコロナ禍の前後でどのように変化したかを確認することで，所得階層によってコロナ禍から受ける影響が異なることを明らかにしています。

　災害後の消費行動に関する研究は，過去の研究蓄積を受け継ぎながら，新たなメンバーの参加によってさらに発展しています。

- 研究を進める過程で，家計調査を用いて消費の変動を議論する場合に注意すべきことが明らかになりました。
- 理論モデルの構築やより詳細なデータを用いた実証研究，最近のコロナ禍への適用など，災害後の消費行動に関する研究は，過去の研究成果を引き継ぎながら発展しています。

11.6 ｜ まとめ

　この章では家計調査のデータを用いて，熊本地震後の消費の動きを紹介し，そのような動きが生じた原因について考察しました。

　熊本地震後の財・サービスに対する支出額を見た結果，家計調査に含まれるさまざまな財・サービスに対する支出は大きく分けて 4 つの変動パターンを示すことがわかりました。生鮮食品に対する支出は発災時点に減少して後に反動で増加，保存食品に対する支出は発災時点に増加して後に反動で減少しました。被災によって食料品の保存や調理方法が限定される発災時点で，生鮮食品から保存食品への代替が生じ，後に復旧・復興が進む中で需要が反転したものと考えられます。家庭用耐久財については，発災直後の壊れた財を買い直すための需要増加と，復旧・復興が進んで新生活が開始されるタイミングでの 2 回目の需要増加があることがわかりました。酒類や交際費に対する支出は，例年は需要が増加する夏の時期に例年ほどには需要が増大しなかったことがわかりました。

　熊本地震について得られた結果が他の災害においても一般に観察されるかどうかを検討するために，東日本大震災との比較を行いました。東日本大震災では熊本地震と比較してより甚大な被害が発生したことによる違いも観察されま

したが，熊本地震について観察された 4 つの変動パターンは東日本大震災についても観察されました。

　この章で紹介した研究成果は，私が呼びかけて，ゼミ生を中心に結成した消費行動研究会の一連の研究によるものです。卒業によってメンバーは入れ替わりますが，研究のノウハウは引き継がれ，最近では同様の手法を新型コロナウイルス感染拡大下の消費の分析に適用した研究を行っています。学生の皆さんの積極的な参加によって，今後も災害後の消費行動の研究が進むことを願ってやみません。

【参考文献】

Koba, Takeshi（2017）, "Stockpiling Activities After a Disaster -A Case of Kumamoto Earthquakes." in *Sustainable Development in East Asia Countries*, pp. 320–329.

宇南山卓（2011）「家計調査の課題と改善に向けて」『統計と日本経済』第 1 巻第 1 号，3-28 頁

喜佐田向日葵（2020）「東日本大震災による消費の変化—熊本地震との比較—」『熊本学園大学付属図書館学生懸賞論文集』令和元年度，1-12 頁

小葉武史（2019）「熊本地震後の家計による支出行動」『熊本学園大学経済論集』第 25 巻，37-53 頁

日本銀行熊本支店（2017）『金融経済概観』2017 年 1 月分（https://www3.boj.or.jp/kumamoto/Kinyu_Gaikan.html）

12. 半導体産業と TSMC の熊本進出の地域効果

12.1 はじめに

　世界最大の半導体受託製造企業である台湾積体電路製造（TSMC）が熊本県菊陽町に進出することが決まりました（2021 年 10 月 14 日発表）。TSMC が過半数を出資する子会社である JASM（Japan Advanced Semiconductor Manufacturing）によって，日本国内では初となる工場の建設が 2022 年に開始され，2024 年から生産が開始されます。米中の貿易摩擦による輸入規制やコロナ禍によるサプライチェーンの混乱によって半導体の供給量が減少する中，新型コロナによる「新しい生活様式」によって需要量はますます増加し，近年，半導体は世界的な供給不足に陥っています。国内工場での生産による半導体の安定的な確保は「経済安全保障」の観点からも注目されています。

　TSMC の進出が地域経済に与える影響も期待されます。JASM 本体による設備投資や生産・雇用の増加だけでなく，半導体関連企業が熊本に進出することによる効果もあります。生産拠点の集積は集積の経済や規模の経済を通じてさらに生産効率を高め，地域経済の発展を大きく後押しすると考えられています。TSMC の進出が地域経済に大きなプラスの影響を与えることは間違いありませんが，実際にはどの程度の影響があるのでしょうか。

　この章では，まず，半導体とはなにか，その製造工程を簡単に紹介し，半導体産業の特徴を示し，今回の熊本への TSMC の進出による地域経済効果を検討していくためにその経済波及効果の計測方法について概説し，TSMC の進出が地域経済に与える影響を計測する上で，今後注目すべきことをまとめます。

12.2 半導体とはなにか

　半導体とは，電気を通しやすくしたり，逆に通しにくくしたりする電気的特

性を持った物質であり，その特性を活用して電流の増幅や流れを制御する役割を担い，主にシリコン（ケイ素）が使われています。シリコンは土や石の中に多く含まれ，地球上で酸素の次に多く存在している元素です。半導体は，あらゆる電気製品の中に組み込まれている基本的な電子部品であり，私たちの便利な生活には欠かせない材料です。また，一般的には電子部品・集積回路（IC）・大規模集積回路（LSI）・半導体チップのことも含めて半導体と呼ばれています。半導体は，5G・ビッグデータ・AI・IoT・自動運転・ロボティクス・スマートシティ・DX 等のデジタル社会を支える重要基盤であり，経済安全保障にも直結する死活的に重要な戦略技術といわれています。

■**半導体の製造工程**

　一般に半導体製造は半導体チップの製造のことを意味しています。半導体チップはこのシリコンを厚さ 1 mm 以下の極めて平坦な板としたシリコンウエハ上に微細加工を繰り返して電気回路を配置することで作られるため，集積回路（Integrated Circuit, IC）とも呼ばれます。

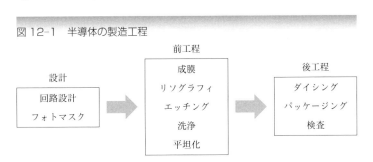

図 12-1　半導体の製造工程

　半導体の製造工程は**図 12-1** のように「設計」「前工程」「後工程」の 3 工程によって行われます[1]。配線回路の設計を行った後，設計どおりの電子回路をウエハの表面に形成する前工程，そして，チップへ切り取って組み込んでいく

1　この製造工程の説明については，「半導体製造工程を全解剖」『週刊東洋経済』2020 年 10 月 24 日，西久保靖彦（2021）『図解入門よくわかる最新半導体の基本と仕組』などを参照した。関連情報は https://finance-gfp.com/「半導体製造装置と材料，日本のシェアはなぜ高い？～日本人特有の気質が生み出す競争力」湯ノ上隆（他）（EE Times Japan 2021 年 12 月 14 日 11 時 30 分公開）などが参考になる。

後工程というフローを経て完成します。設計においては，半導体チップ上に配置する回路を設計し，シミュレーションを繰り返し，そしてコンピュータを用いて透明なガラス板の表面に回路パターンを描き，ウエハに回路を転写するためのフォトマスクを作成します。次に前工程では，まず，ウエハを高温の酸素に晒して表面を酸化させます。次に，ウエハの酸化膜の表面にさまざまな材料の薄膜を付けます。さらに，フォトレジストと呼ばれる感光剤を塗布し，回路パターンを転写するためのネガを製造し，それをウエハに合わせて UV 光を当て，回路パターンを転写（焼きつけ）していきます。これはリソグラフィ（リソ工程）と呼ばれます。そして，形成したパターンに沿って酸化膜 ／ 薄膜を削り取り，配線の形状へ加工します。これはエッチングと呼ばれます。残ったフォトレジストを剥離した後，ウエハ上に残った不純物を薬液に浸けて洗浄して取り除きます。最後に，ウエハ表面を研磨することで凹凸をなくします（平坦化）。次に後工程では，まず，ウエハをプレートで切断することでチップ状に切り出します。それから，チップを保護するために樹脂でパッケージングします。そして最後に，電気特性や外観構造等の品質検査を行って不良品を取り除きます。こうして，最終検査を経た半導体はパソコン・スマートフォン・電化製品・自動車等のさまざまな製品や部品の一部として組み込まれます。このような製造工程には製造装置，材料を供給するためのさまざまな企業のネットワークが形成されていきます。

なお，半導体製品は大きく分けて，IC（集積回路）と IC ではない半導体に分類されます。IC はさらに用途別に 4 つに分類されています。①マイクロプロセッサやマイクロコントローラを含む「マイクロ」，②標準ロジックや ASIC（Application Specific Integrated Circuit）などの「ロジック」，そして③ AD/DA コンバータや電源 IC などの「アナログ」，④ DRAM や NAND フラッシュなどの「メモリ」です。また，IC ではない半導体としては，パワートランジスタや小信号トランジスタのような「個別半導体」，MEMS（Micro Electro Mechanical Systems）を利用した「センサ」，そして，受光・発光ダイオードやレーザー，イメージセンサーなどの「オプト（光）エレクトロニクス」に分類されています。現在，センサー，パワー半導体では日本が強みをもっています。

12.3 | 半導体産業の動向

図 12-2 に示されているように，半導体市場は，特に 2000 年から 20 年にかけて，パソコン，液晶テレビ，スマホなどの普及で電子機器市場とともに成長していきました。こうした成長の背後には半導体の性能の急激な上昇があります。半導体の集積率は，同じ面積の基板上にいくつの半導体素子が集結しているかを指しますが，基本的に，集積率が高いほど半導体の性能は上がるため，半導体の性能を測る指標の 1 つとして扱われてきました。半導体最大手の米インテルの共同創業者の一人であるゴードン・ムーア氏が 1965 年に提唱した半導体技術の進歩についての経験則で「半導体回路の集積密度は 1 年半〜2 年で 2 倍となる」というムーアの法則がよく知られています。半導体の集積率を高める手段で最も主流だったのは，回路線幅の微細化です。半導体の集積率はよく 10 nm（ナノメートル）プロセスなどと表されます。この 10 nm プロセスの IC は，1 つ 1 つの回路線が 10 nm という極めて微細な幅で作られています。微細化技術で重要なのはウエハに回路パターンを焼き付ける露光装置です。2021 年時点で実用化されているのは 5 nm プロセスの IC ですが，それを作れる半導体メーカーは業界トップクラスの数社のみであり，激しい微細化の競争が展開されています。

　さて，半導体需要の市場動向ですが，**図 12-2** に見られるように，20 年以降はさらなる成長期にはいったと予測されています。これは新型コロナウイルスによりデジタルトランスフォーメーションやグリーンフォーメーションが加速しており，あらたな半導体需要が伸びていく可能性が高まったからです。

　ただ，日本の半導体市場における日本企業のプレゼンスは大きく低下しています。経産省は「半導体・デジタル産業戦略」（以下，経産省報告書（2021 年 6 月））の中で「半導体世界市場の拡大にもかかわらず，過去 30 年間で日本の存在感は低下」と，日本企業の凋落に強い危機感を露わにしています。1990 年代初頭には，世界の半導体市場 5 兆円のうち 50% を日本企業が占め，世界の半導体メーカーの売上げで上位 10 社のうち 6 社は日本企業でしたが，現在 50 兆円にまで成長した市場の中で 10% ほどに落ち込み，日本企業はキオクシア 1 社のみです。

図 12-2　世界の半導体市場の推移と日本のシェア

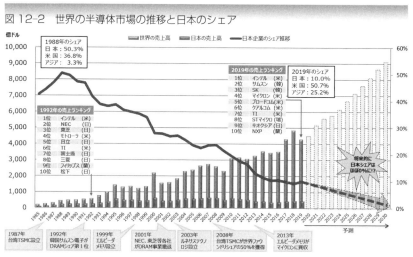

出典：『半導体戦略（概略）』2021 年 6 月，経済産業省。

　この衰退にはいろいろな原因がありますが [2]，(1) 1990 年代の日米貿易摩擦が激化し，最終的に日米半導体協定へとつながり，その結果，世界市場における日本製半導体シェアの縮小と，日本でのアメリカ製品のシェアの拡大がもたらされました。また，(2) 90 年代，半導体のメインストリームがメモリ（記録）からロジック（マイクロプロセッサ〈MPU〉など演算処理を行う半導体）に変わるにつれて，常に最先端の製造装置で大量生産するためには莫大な設備投資が必要になり，そこで海外企業は巨額の投資を必要とする前工程を中心とする委託生産が進みましたが，日本企業は設計・製造を垂直統合で行う組織形態にこだわり，ファブレス（設計）・ファウンドリ（製造）という水平分業型に移行することにも失敗しました。ここで，ファブレスは製造工場を持たずに開発・設計・マーケティングに特化する企業で，生産設備への投資が抑えられるメリット等があり，エヌビディア，クアルコム，メディアテックスなどがあります。ファウンドリとは自社ブランドの製品を持たず，製造の前工程を受託

2　この点に関する考察は「かつて世界を制覇した日本半導体産業の凋落」『週刊東洋経済』2010 年 11 月 13 日を参考。また，『シリコンアイランド九州の半導体産業』伊東維年（熊本学園大学産業経営研究所，2015 年）に詳説されている。

する企業を指し，多くの企業の製品をまとめて委託生産するためその製造コストを下げるメリットがあります。ファウンドリには台湾の TSMC，UMC などがあります。一方，開発と設計と最小限の製造は行うが，先端的な製造を外部に委託する企業はファブライトと呼ばれ，日本では，ルネサスエレクトロニクス，ソニーなどが採用しています。こうした中で日本企業は製造工程の分業パターン，ネットワークの決定判断で立ち遅れました。さらに（3）それまで世界一を走ってきた日本の家電メーカーも 21 世紀に入り，世界的なデジタル市場の進展の中で国内でのデジタル化投資の遅れによって競争力を失い，結果として，国内の半導体の顧客すらも失うことになりました。これらが日本の半導体が衰退する原因となりました。しかし，半導体の製造装置や材料の分野では，かなり上位を占めています。米調査会社 VLSIresearch によると，世界売上高トップ 15 に日本メーカーは 8 社入っています。また，半導体製造のプロセスでは，成膜工程の洗浄液や材料ガス，リソ工程のレジスト（感光材）やフォトマスク，エッチング工程のエッチングガスなどの材料が用いられていますが，これらの材料はトップシェアを誇る日本メーカーが多数です。

■ TSMC の熊本進出

　TSMC（台湾積体電路製造）は半導体受注業（ファウンドリ）分野で世界最大のシェアを誇る台湾の企業です。その TMSC が 2022 年 10 月に熊本県への前工程工場の進出を決定しました。新工場では，当初，回路の線の幅が 22 nm と，28 nm の半導体製造に加え，新たに 10 nm，12 nm と，16 nm の半導体の製造を行うことを明らかにしています。TSMC が計画しているものは，自動車や産業機械など，多岐にわたる領域で用いられる半導体です。現在，わが国では，こうした 40 nm 以下の半導体の製造能力を有していません。経産省では，ミッシングピースという呼び方をしていますが，この部分がないために安定的な供給体制が確保されておらず，大きな地域経済効果が見込まれるだけでなく，経済安全保障の観点から大きな意義があると考えられます。

12.4 産業連関分析を用いた波及効果の計測

　九州フィナンシャルグループ（以下，九州 FG）は，TSMC の進出に伴う経済波及効果を 2024 年からの 2 年間で 1 兆 8,000 億円，2022 から 31 年の 10 年間で 4 兆 2,900 億円と試算しています（2022 年 9 月 7 日発表）。九州 FG が発表した経済波及効果は，傘下の地方経済総合研究所が熊本県の産業連関表を用いた産業連関分析によって試算したものです。TSMC の熊本進出が発表されてから，かなり早い段階で発表されたこの試算は，行政や企業が行動を決める上での参考となる価値の高い分析結果といえます。

　産業連関表は産業間の取引をまとめた統計表です。そこに TSMC の進出による効果などの外生ショックを与えることで，波及効果を含めた経済効果を計算することができます。例えば，自動車に対する需要が増加した場合を考えましょう。この時，まず生産を拡大するのは自動車産業ですが，自動車の増産にはタイヤや電装部品などが必要ですから，ゴム産業や電子部品産業にもその効果が波及します。産業間の取引をまとめた産業連関表を用いることでそのような波及効果を追いかけることができ，自動車に対する需要が増加したことが経済全体に与える影響を，産業間の取引を通じた波及効果を含めて計算することができます。

　ところで，JASM の工場が建設中であり，関連企業の進出が続く中で，現時点での試算は「二重の推計」となっていることに注意が必要です（このことは，現時点で可能な限りの情報を収集し，妥当性を厳しく検討した上で発表された試算の価値を損なうものではありません）。「二重の推計」の意味は以下のとおりです。産業連関分析は産業連関表に外生ショックを与えて計算しますが，現時点では，産業連関表と外生ショックの両方が推計値です。先の自動車の例でいえば，自動車産業がどの産業から部品を調達しているのかと自動車の需要がどのくらい増えたかの両方が推計値ということです。

　第 1 に，国の産業連関表は 10 府省庁の共同事業として 5 年に一度作成され公表されます。現時点（2022 年 10 月時点）で利用可能な最新の産業連関表は 2015 年版です。国による産業連関表の公表を受けて，各都道府県の産業連関表を作成するにはさらに時間がかかります。都道府県の産業連関表は，各都道

府県の産業規模が国全体の何 % かという情報に基づき，取引量を按分したものをベースとして，各都道府県が収集する各種統計と付き合わせて調整することで作成します。大変な作業であり，公表までに時間がかかることはやむをえません。しかし過去のデータに基づいて作成された産業連関表を用いることは，産業構造が過去の時点と同じと仮定することになります。熊本県の場合により深刻なのは，現在利用可能な 2015 年県産業連関表は 2016 年熊本地震という大きなショックよりも前のデータに基づいて作成されていることです。地震を契機に県内から県外へと部品の調達元を変えた企業があった場合，その変化は反影されていません。地震前の産業連関表を用いた試算では波及効果の一部が県外に流出することを捉えられません。

　第 2 に，現時点においては TSMC の進出が経済に与える一次的影響も推計値です。例えば，九州 FG の試算では，TSMC の進出に伴い約 80 社が県内に新たに拠点を構えるか工場を建設すると「想定」し，その設備投資による効果を一次的影響として産業連関表に与えています。進出企業に新たに雇用される労働者（7,500 人と想定）ないし世帯の数，労働者世帯が県内に住居を構える割合についても推計値です。もちろんこれらの値は九州 FG 特に肥後銀行が収集した信頼性の高い情報に基づくものではありますが，当然ながら現時点で存在しない実測値を用いることはできないので，推計値で代用しています。

　つまり，現時点での産業連関分析には，産業連関表自体とそれに与える外生ショックの両方に推計値が含まれており，推計値に推計値を掛け算するということが行われています。このことは推計の上に推計を重ねることになりますから，結果の信頼性は低下します。もちろん 2020 年ベースの産業連関表や進出企業関連の実測値が存在しない現時点において，可能な限り信頼できる情報を収集して試算を行うことはやむをえないことであり，限られた情報の信頼性を吟味しつつ行われた試算の価値を損なうものではありません。重要なことは，今後明らかになる確定値と比較しつつ継続的な検証を行うことで，より精緻な分析へと改善していく必要があるということです。例えば，現在のところ関連企業の進出数は 80 社と「想定」されていますが，帝国データバンクは，TSMC 本体，ソニーセミコンダクタマニュファクチャリング（SCM），ソニーセミコンダクタソリューションズ（SCS）と取引のある企業を特定し，熊本市

等の委託を受けて，熊本県進出の意向について調査を進めています。時間が経過するにつれ，進出企業数や雇用数についてより正確な推計値ないし確定値が明らかになるでしょう。随時，推計値を確定値に差し替えることで，分析の精度をより高めることができます。熊本学園大学産業経営研究所は地方経済総合研究所と連携協定を結んでおり，分析の精緻化に向けた共同研究を行うための協議を開始しました。

　産業連関表を用いた経済波及効果の推計には注意が必要であるものの，公表された値を用いて確実にいえる範囲であっても，TSMC の進出が熊本県に与える影響がとてつもなく大きいことに変わりはありません。JASM の工場建設のために 9,800 億円の設備投資が行われますが，これは熊本県の県内総生産（県 GDP）6.4 兆円（県民経済計算 2019 年度）の 15.4% にあたります（県内企業だけに発注されるとは限りません）。生産が開始されれば年平均で県 GDP を 2000 億円程度，約 3% 押し上げると考えられています（『日本経済新聞』2022 年 10 月 25 日）。たかが 1 社と軽視できる規模でないことは確かです。なじみがないほど大きな数値が次々と発表されますが，県 GDP との比較においてその規模感を正確に捉えることが重要です。

12.5 過去の企業進出事例に学ぶ

　上述したように，統計の公表に遅れがあり実測値が存在しない中での経済波及効果の推計には技術的な限界があります。ある想定が妥当かどうかを議論することは重要ですが，実測値がない中での議論はどこまで行っても答え合わせができません。では，統計データが整備されるまでできることはないのか，といえばそうではなく，過去にあった企業進出の事例からもさまざまなことを学ぶことができます。そして過去の事例であれば統計データはすでに整備されています。

　過去の企業進出の事例は県内外に多く存在しますが，まさに TSMC が進出する菊陽町こそが過去に企業進出の影響を受けた好例といえます。近年人口が急増している菊陽町ですが，その背景には 2000 年のソニーセミコンダクタマニュファクチャリング，2005 年の富士フイルム九州などの大工場の進出があ

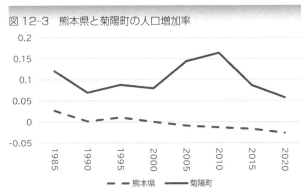

図 12-3　熊本県と菊陽町の人口増加率

出典：国勢調査。

りました。

　図 12-3 は熊本県と菊陽町の人口増加率（5 年ごと）を描いたグラフです。熊本県全体の人口増加率が 2000 年以降はマイナス成長であるのに対して，菊陽町は 2000 年以降に急激に人口が増加しています。菊陽町の人口増加率は，2010 年度の国勢調査では全国市町村の中でも 4 位（16.4%）となりました。菊陽町の人口が急増した時期は先に述べた大企業の進出時期と重なっています。企業進出と平行して住宅地「光の森」の分譲が始まり，2004 年には大型商業施設（ゆめタウン光の森）が開業するなど，社会・生活インフラの整備が進められてきたことが，菊陽町の人口増加率が現在も全国トップクラスであることの原因と考えられます。

　TSMC の進出が地域経済に与える影響を推計するにあたって，過去の菊陽町への企業進出の影響を整理しておくことは極めて有用と考えられます。進出する場所は同じ菊陽町であり，進出する企業は，規模は違えどもおなじ半導体企業です。企業の進出が，どのような経路を通じて，どのような影響を与え，どのように波及していったのかを，すでにあるデータを用いて確認することができます。現在の推計方法を過去の事例に適用した結果を実際に観察された値と見比べることで，見逃されていた経路や効果を発見できるかもしれません。過去の事例を研究することは，現在の推計の精緻化にもつながります。

12.6 県全体の発展へとつなげる

　菊陽町の例で見たように，企業進出の影響はサプライチェーン関連企業だけに留まらず，社会・生活インフラの整備と組み合わされることで，地域住民にとってより便利な生活環境を生み出します。TSMC の進出をきっかけとして生じる経済効果を，県全体の発展へとつなげる必要があります。TSMC 及び関連企業の進出による人流の増加は，まずは菊陽町及び隣接する大津町，合志市のサービス業にプラスの効果を与えるでしょう。中核都市である熊本市や有名な観光地である阿蘇・天草を訪れる観光客も増加すると考えられます。

　一方，集客力のあるコンテンツが少々不足している市町村であっても発展のチャンスがないわけではありません。熊本県を数日間だけ訪れる観光客を呼び込むのではなく，熊本県に長期滞在ないし熊本県に住んでいる人を呼び込むのです。阿蘇や天草は素晴らしい観光地ですが，菊陽町周辺に住む人が毎週末気軽に訪れるにはやや距離があります。毎週末でも訪れることができるような快適な場所を作ることが，TSMC の進出をきっかけとして増加した人流を呼び込むための秘訣ではないかと私は考えています。住民にとって快適な場所を整備することは，従来からの住民にとっても望ましいことです。

　個人のアイデアですが，私はサイクリングロードの整備をすすめてはどうかと考えています。台湾は GIANT や MERIDA など多くの自転車メーカーが存在する自転車大国です。市内には駐輪場や貸自転車のドックが点在し日常の移動に利用されるほか，上級者には自転車での「環島」（台湾島一周）が流行しています（中上級者にとっては白川の河岸段丘を越えることは苦ではありません）。自転車は環境負荷が小さく，健康に良く，コロナ禍の下では一人でもできる娯楽として人気が高まりました。自転車で地域を走ることは，車で観光地を短時間で回る場合に比べて，地域に対する認識と理解をより深めることにつながります。もちろん自転車による交通事故被害を抑えるために，交通ルールの教習（台湾では車両は右側通行）や保険制度についても整備していく必要があります。

　2016 年熊本地震の震災遺構が県内各所に散らばっています。これらを結ぶサイクリングロードを整備してはいかがでしょうか。震災後は国内外から多く

の支援をいただきました。そのおかげもあって復興した熊本を見てもらうための，支援への感謝を伝えるための自転車道です。熊本地震からの復興では，台湾から迅速かつ手厚い支援をいただきました。2016 年 4 月 14 日の最初の地震の後，蔡英文民進党主席（当時。後に中華民国総統）は直ちにコメントを発表し，馬英九総統（当時）や各地の首長からも見舞いの言葉や救助隊派遣等の支援の表明が続きました。各地の首長は自身の給与を寄付することを次々と表明しました。中華民国政府としては 6,500 万円，民進党は 1,000 万円の寄付を表明しています。このような台湾の素早い対応の背景には，2016 年 2 月に台南で発生した地震に対して日本の官民を挙げての支援がありました。しかし，この日本側の行動には 2011 年の東日本大震災の際に台湾の民衆からの街頭募金を中心とした 200 億円に及ぶ巨額の支援を受けた経緯があります。さらに 1999 年の台湾大地震では日本は救援隊を世界に先駆けて派遣しています。このように日本と台湾との間には「恩返しの連鎖」ともいうべき関係が生まれています（野嶋 2016）。震災後はもちろん台湾に限らず国内外から多くの支援をいただきました。熊本を訪れるすべての人に感謝の意を表明したいと思いますが，特に台湾との関係については「恩返しの連鎖」について取り上げるべきと考えます。

　震災遺構のみならず，他にも熊本には見るべきもの学ぶべきものがあります。益城町に生まれ，日清戦争後に割譲された台湾の大甲（現在は台中市大甲区）にて公学校（小学校）に勤務した教育者，志賀哲太郎先生は台湾では「大甲の聖人」として敬愛されています。熊本人が大いに活躍した明治維新から日清戦争に至る近代日本の歴史は，日清戦争後の台湾割譲という点で，台湾の歴史に大きな影響を与えています。日本がいかにして近代化への道を歩んだのかに興味を持つ台湾人も多いのではないでしょうか。

　TSMC の進出をきっかけとして，私たちも現在に至るまでの熊本と台湾，熊本と世界との関係を学び，これまでの長く良好な関係に基づいて，県を挙げて外国人にも訪れやすく住みやすいまちづくりを行うことが重要と考えます。

【参考文献】
伊東維年（2015）『シリコンアイランド九州の半導体産業』熊本学園大学産業経営研究所
熊本日日新聞（2022）「TSMC 進出，熊本への経済効果「10 年間で 4 兆円超」九州 FG が試

算」，2022 年 9 月 7 日

志賀哲太郎顕彰会 Web サイト（https://shigatetsutarou.cloud-line.com/）

高橋玲央「半導体製造工程を全解剖」『週刊東洋経済』2020 年 10 月 24 日，

地方経済総合研究所（2022）「半導体関連企業の進出と地方経済―過去から学ぶ TSMC 進出
　　への備え」調査レポート，2022 年 9 月 9 日

帝国データバンク（2021）「TSMC 進出で，経済波及効果も期待」プレスリリース資料，
　　2021 年 11 月 19 日

西久保靖彦（2021）『図解入門よくわかる最新半導体の基本と仕組［第 3 版］』秀和システム

日本経済新聞（2022）「外資 物件購入・買収に触手（シリコンアイランド・マネー攻防
　　（上））」，2022 年 10 月 25 日，地方経済面（九州）

野口悠紀雄（2010）「かつて世界を制覇した日本半導体産業の凋落」『週刊東洋経済』2010
　　年 11 月 13 日

野嶋剛（2016）「熊本地震の支援に台湾がいち早く動いた事情」東洋経済オンライン

湯ノ上隆（他）（2021）「半導体製造装置と材料，日本のシェアはなぜ高い？～日本人特有の
　　気質が生み出す競争力」（EE Times Japan 2021 年 12 月 14 日 11 時 30 分公開）

コラム： 授業を振り返って

坂本竜之介（平成 28 年 3 月熊本学園大学経済学部卒業）
平成 28 年 4 月財務省九州財務局採用

在学中に，経済学特講（以下「本講義」）を受講したことがきっかけで財務局の仕事に興味を持ち，九州財務局に就職しました。

九州財務局と経済学部による初の共同授業として始まった本講義では，九州財務局等から職員を招き，金融や財政，日本経済や九州・熊本の経済などについて講義を受け，最後のコマでは，学生が講義の中で興味を持ったテーマ等に関して「国への提言」という形でプレゼンテーションを行いました。

元々，世の中のお金の流れについて漠然と興味がありましたが，財政や金融といった面から仕事を考えたことがなく，財務局の業務紹介を含めて本講義の内容は実務的かつ俯瞰的な内容ばかりで，財政や金融に関わる仕事を考える機会となりました。

プレゼンテーションでは，当時関心があった法人課税について発表を行い，当時参加されていた職員の方から「こういう表現をすると伝わりやすいよ」「主張の根拠となるデータはこういう見せ方をすると分かりやすいよ」などといったご指導があり，大変勉強になったことを覚えています。

また，プレゼンテーションの準備段階では，職員の方にアドバイスをもらいながら準備を進めました。財政や金融の知識を教えてもらったり，プレゼンテーションの「見せ方」等についてアドバイスを受けたりと非常に貴重な時間でした。

通常の講義では味わえない緊張感や充実感を得られたこと，財務局での仕事を知り自分の将来を考える機会にもなったことが自分の成長につながったと思います。そして，なにより，当時の財務局職員の方と話したことで，自分がなりたい「社会人像」の具体的なイメージを持って就職活動に取り組めたことが一番大きな収穫でした。

財務局入局後は，大分財務事務所管財課で国有地の管理処分事務，熊本の本局総務部総務課で給与事務，本局理財部融資課で財政融資事務を経験したのち，現在は金融庁へ出向しています。

多様な分野の仕事をさせていただきましたが，どれも専門性が必要で，共通していえることは国の予算と密接でありながら地域社会にも密接であるということです。

国有地の管理処分事務では，国有地の売却などが国の財政収入に貢献するということを感じ，一般競争入札の仕組みなど国の会計法令の基礎も知ることができました。自分が関わった国有地が売却後に民間利用されているのを見たときはやりがいを感じました。

　給与事務では，予算面の制約を考えながら，職員及びその家族の生活を給与事務によって支えることで，地域社会に貢献する財務局の職員のパフォーマンスを保ち，間接的に地域社会へ貢献するという意識をもって働きました。

　財政融資事務では，地方公共団体への融資や，財務状況を把握するためのヒアリング等の業務をすることで，地方債制度などの大きな枠組みが，自分が住んでいる地域の身近な事業などとどう関わっているか知ることができ，非常に良い学びとなりました。

　そして，現在は，金融に関わる仕事がしたいという大学時代からの思いが叶い，金融庁で働くことができております。

　大学時代，大学の講義か何かで聞き興味本位で NISA の口座を開設しました（結局，口座開設のみで特に投資はしませんでしたが）。何となく金融について興味があったため，銀行や証券会社への就職も考えていました。また，職場に入って「つみたて NISA」も始めました。

　そんな興味もあってか，入局後も何となく金融系統の業務を希望していました。現在は，NISA などの金融の仕事に直接携わる部署にいるわけではありませんが，金融行政を行う金融庁という組織に属しています。「何となく金融に関わる仕事がしたいなあ」という学生時代の思いが叶ったことは嬉しい限りです。

　入局後，何度か本講義のアシスタントとして母校を訪れていますが，自分が受講していた頃を思い出し懐かしくなると同時に，学生の意欲や独自の視点に毎回驚かされ，とても刺激を受けています。また，学生に対して具体的なアドバイスをすることで自分自身のスキルアップにもつながるとともに，後輩の「学ぶ」情熱に刺激を受け，仕事へのモチベーションも上がります。

　後輩の皆さまには，論理的思考力やプレゼンテーション能力などに磨きをかけ，また，大学生活を送る中で，自分の興味が注がれるものに全力で取り組んでほしいです。そうすることで，就職やこれから先の人生にいかされると思います。

　学園大（いまではクマガクと呼ぶのでしょうが，私の馴染みのある呼び方で呼んでいます（笑））では，会計の知識，経済学の考え方，数学的な論理的思考の他，ビジネスマナー的なもの（飲みニケーション等）も学ばせていただきました。財務局は学園大（クマガク）生が馴染みやすい職場だと思いますので，ぜひ気になる方は職場訪問などに足を運んでみてください。

　ただ，世の中はますます複雑化しているため，財務局に限らず社会に出ると様々な壁に当たると思います。あまり偉そうなことは言えませんが，大学ではたくさんの学びを経験してほしいです。まずは，何でもいいので興味のあることを全力で取り組んでみてください。

　この本をきっかけとして九州財務局に少しでも興味を持ってくれる方が増えることを願っております。

索　引

熊本経済と財政・金融を学ぶ
　　大学と九州財務局による提案型授業の成果

2023 年 2 月 25 日　第 1 版第 1 刷発行

　　　　　　　　　　　編　者　熊本学園大学
　　　　　　　　　　　　　　　経済学部

　　　　　　　　　　　　　　　九州財務局

　　　　　　　　　　発行者　井　村　寿　人

　　　　　発行所　株式会社　勁　草　書　房

112-0005　東京都文京区水道 2-1-1　振替 00150-2-175253
　　　　　（編集）電話 03-3815-5277／FAX 03-3814-6968
　　　　　（営業）電話 03-3814-6861／FAX 03-3814-6854
　　　　　　　　　　　　　　　　　　理想社・中永製本

伊ヶ崎大理・大森達也・佐藤茂春・内藤　徹　　A5 判　2,420 円
スタートダッシュ経済学　　　　　　　　　　50461-9

齊藤　誠　　　　　　　　　　　　　　　　　A5 判　2,750 円
父が息子に語るマクロ経済学　　　　　　　　50400-8

大瀧雅之　　　　　　　　　　　　　　　　　A5 判　2,970 円
アカデミックナビ　経済学　　　　　　　　　50445-9

ハル・ヴァリアン／佐藤隆三 監訳　　　　　　A5 判　4,400 円
入門ミクロ経済学 ［原著第 9 版］　　　　　　95132-1

川野辺裕幸・中村まづる 編著　　　　　　　　A5 判　3,080 円
公共選択論　　　　　　　　　　　　　　　　50490-9

細江守紀 編著　　　　　　　　　　　　　　　A5 判　3,520 円
法と経済学の基礎と展開　　　　　　　　　　50470-1
民事法を中心に

細江守紀 編著　　　　　　　　　　　　　　　A5 判　3,740 円
企業統治と会社法の経済学　　　　　　　　　50459-6

勁草書房刊

表示価格は 2023 年 2 月現在。消費税（10%）が含まれています。